MÉMOIRES

DE

LOUIS XVIII.

MÉMOIRES

DE

LOUIS XVIII,

RECUEILLIS ET MIS EN ORDRE

PAR M. LE DUC DE D****.

TOME ONZIÈME.

Bruxelles.
LOUIS HAUMAN ET COMP^e.

1833.

MÉMOIRES
DE
LOUIS XVIII.

CHAPITRE PREMIER.

Propos de M. de Talleyrand. — Le roi prouve son injustice. — Nouveau ministère à former. — Prévention du pavillon Marsan. — Liste qu'on y dresse. — Monsieur la présente au roi. — Plaisanterie qui mène à une conversation sérieuse. — Le président de Grosbois. — Marquis d'Herbouville. — Vicomte du Bouchage. — Suite de la conversation avec Monsieur. — Pourquoi le roi veut mettre M. Decazes à la police. — Et le baron de Vitrolles nulle part. — En quels termes le roi s'explique sur le comte Jules de Polignac. — Il instruit le duc de Richelieu de la dissolution du conseil. — Joie qu'en a le czar. — Le roi a une sorte d'explication avec le duc de Richelieu sur des faits passés. — Conversation relative à la liste du pavillon Marsan. — Liste du ministère donné par le roi. — M. de Barbé-Marbois. — M. de Vaublanc. — Embarras pour trouver un financier parmi tant de faiseurs de chiffres. — Comte Corvetto. — Le conseil des ministres dans son complément. — Quelques détails. — Le roi nomme chambellan le prince de Talleyrand.

« Nous avons été joués : c'est une intrigue de

longue main. » Ce propos injuste, échappé à M. de Talleyrand, fut adressé à l'un de ses collègues lorsque tous deux sortaient de mon cabinet, où ils étaient venus m'apporter leur démission. M. de Talleyrand, qui met de la finesse en tout, a peine à admettre que la nécessité soit un devoir. Il ne voit dans ce mot qu'une excuse, à l'aide de laquelle on voile une arrière-pensée ; et en conséquence sa disgrâce lui parut un arrangement fait et médité à loisir. Il m'en bouda et me boude encore, à sa manière toutefois, c'est-à-dire en redoublant ses témoignages d'affection et de dévouement, en se montrant plus assidu que jamais, sauf à se dédommager de cette contrainte par des coups d'épingle lancés à la sourdine, par des intrigues occultes, qui, grâce à Dieu, n'ont eu jusqu'ici rien de bien alarmant.

Je dis que ce propos de M. de Talleyrand était injuste, parce qu'il ne me plaisait pas de voir se dissoudre un ministère composé d'hommes dont je n'avais point eu personnellement à me plaindre, à l'exception du duc d'Otrante, qui déjà en était sorti. Cette dissolution était donc moins l'effet de ma volonté que celui de la marche impérieuse des événemens. Au dedans, une chambre élective un peu plus que royaliste ; au dehors, un nouveau système politique à suivre, un rapprochement forcé avec la Russie, lequel n'aurait pu avoir lieu si M. de Talleyrand eût été placé à la tête des affaires. Voilà les principaux élémens de l'ordre de choses que la prudence me prescrivait d'établir sur l'ancien. M. de Talleyrand n'ignorait pas l'éloignement que l'empereur Alexandre avait pour lui ; dès lors, la loi d'état me forçant d'exiger sa retraite, il n'avait pas le droit de s'en plaindre.

Je donne cette explication pour me défendre contre le reproche d'ingratitude, et afin de devancer les récriminations auxquelles M. de Talleyrand pourra se livrer un jour. Je connais son habileté, et n'ai point oublié le double service qu'il a rendu à moi et aux miens en 1814 et 1815. Je lui en conserve une reconnaissance inviolable; mais tout cela ne faisait pas qu'il pût rester à la tête de mon conseil.

Après son départ et celui de ses collègues, je dus m'occuper de la composition d'un autre ministère. Ici j'allais encore me trouver en présence de plus d'une difficulté.

Le château, se reposant sur l'appui de la coalition, regardait la partie comme entièrement gagnée à son avantage, et se montrait en position de saisir des enjeux : ces enjeux étaient les portefeuilles. On espérait, à l'aide de ce moyen, reconquérir tout ce qu'on avait laissé échapper depuis 1789. En conséquence, et sans traiter avec Monsieur cette question délicate dans toutes ses parties, on l'avait infatué d'un ministère *comme il convenait de le former à cette époque*, et que l'on arrangeait ainsi :

M. de Grosbois, garde des sceaux et ministre des Finances; M. d'Herbouville, à l'intérieur; le duc de Feltre, à la guerre; le vicomte du Bouchage, à la marine; aux finances. M. de Vitrolles, qu'on croyait propre à tout, et qui ne refuserait pas le maniement des fonds du trésor; Jules de Polignac à la police, en attendant mieux. On pensait qu'une fois placé à ce poste, il arriverait insensiblement à diriger la conduite générale des affaires, qu'il remplacerait Blacas; il y avait bien encore à son sujet d'autres prétentions.... mais on n'osait les avouer franchement à cause de leur extravagance. Enfin, comme on savait que la présidence du conseil et le portefeuille des affaires étrangères échappant à M. de Talleyrand, ne pouvaient tomber que dans les mains du duc de Richelieu, on consentait à accepter ce dernier jusqu'à nouvel ordre, et son nom figurait en grosses lettres à la tête de cette liste.

Ce fut Monsieur qui me la présenta, Monsieur si malheureux avec les meilleures intentions du monde. Il me parla avec chaleur, me montrant dans ce choix l'ancre de salut de la France.

« Si je le croyais, je regarderais la France comme perdue, » lui dis-je en riant; car je respectais son erreur, sachant qu'elle provenait de son amour de la chose publique. Mon projet n'était pas de constituer mon ministère conformément à celui-là.

M. de Grosbois, premier président au parlement de Besançon lorsque la révolution commença, n'était pas mon homme. Appelé par l'ordre de la noblesse aux états-généraux, il s'y montra encroûté de préjugés, et ne s'y fit remarquer que par son obstination à tout perdre. Il avait émigré. Il s'était opposé à ce que je souhaitais lors de mes discussions avec le baron de Breteuil, et je savais qu'il gardait dans sa poche un plan tout dressé pour rétablir les parlemens. Des parlemens! je n'en voulais point; j'avais désapprouvé leur désorganisation par le feu roi mon aïeul, combattu leur réintégration par le feu roi mon frère, accueilli de bon cœur leur complet anéantissement par l'assemblée constituante, et à tort ou raison j'étais déterminé à ne pas leur rendre la vie. Or M. de Grosbois, tout parlementaire des pieds à la tête, ne pouvait donc me convenir. Je rendais justice à son désintéressement et à sa loyauté; mais je ne voyais pas en lui cette supériorité de vue, cette habitude des affaires indispensable dans la situation actuelle. Comme M. Dambray, lequel m'avait donné une triste preuve de son savoir faire, M. de Grosbois était resté vingt-cinq ans dans une complète inaction. Rentré à la suite du 18 brumaire, je l'avais nommé conseiller d'état en 1814, et certes cela aurait dû contenter son ambition. Cependant il fit plus particulièrement sa cour à Monsieur, il s'entendait avec le pavillon Marsan, il venait d'être élu par les colléges du Doubs et de la Côte d'Or; enfin il eut pendant la session de 1815, tous les honneurs de la chambre; mais il ne sut pas conserver tant d'avantages.

M. d'Herbouville avait bien son mérite. Destiné d'abord à la carrière des armes, il obtint le grade de maréchal-de-camp lorsque la révolution éclata. C'est à dater de cette époque, ou pour mieux dire de 1787, qu'il se tourna vers l'administration. Il présida l'assemblée provinciale établie à Rouen, et sa conduite lui mérita la confiance de ces concitoyens. Échappé à la tempête anarchique sans être forcé d'émigrer, il fut, en 1800, nommé par Buonaparte préfet des deux-Néthes (Anvers). De là il passa, en 1806, à la préfecture de Lyon, qu'il abandonna en 1810. Certes, M. d'Herbouville avait assez de science administrative pour faire un bon ministre de l'intérieur ; mais j'avais déjà disposé *in petto* de ce portefeuille en faveur de celui qui l'occupa immédiatement.

Le vicomte du Bouchage, dernier ministre de la marine de mon infortuné frère et seigneur, m'était cher à plus d'un titre. Je connaissais son dévouement et ses vertus ; je savais que seul il avait, à la fatale journée d'août, conseillé au roi de ne pas aller chercher un asile dans le sein de l'assemblée, et de repousser avec énergie l'attentat de la rébellion ; qu'il n'avait enfin quitté Louis XVI que lorsqu'il eut été conduit au Temple. M. du Bouchage échappa comme par miracle à l'échafaud républicain, mais non à la police de Buonaparte, qui, l'ayant fait arrêter, ne le relâcha qu'après plusieurs jours de détention et de secret rigoureux. Il était encore en surveillance lors de la restauration de 1814. Je lui avais confié des pouvoirs très-étendus pendant les cent-jours, et je lui devais de la reconnaissance pour la manière dont il s'en était servi à mon avantage.

Quant aux autres candidats inscrits sur la liste de Monsieur, je n'ai pas besoin de les faire connaître, mon opinion sur leur compte, ainsi que ma volonté, étaient fortement arrêtées.

J'ai dit que j'avais aussi ma liste, bien qu'il y eût plusieurs noms inscrits sur celle de mon frère que je ne songeais pas à exclure sérieusement ; mais à aucun prix je n'aurais consenti à appeler à un ministère quelconque cet excellent Jules dont Monsieur avait une si haute idée, et que j'aimais de tout mon cœur. Son amour pour les miens était sans doute un grand mérite, mais cela ne suffisait pas. Si la police lui avait été confiée, ce serait devenu un véritable chaos, où lui-même aurait été en danger de se perdre, où cent intrigans auraient pêché en eau trouble, et où tout enfin se serait fait en dehors de mon service.

J'écartai donc avec aménité un tel successeur de l'habile duc d'Otrante. Je voulais là un homme actif, nourri dans la révolution, en connaissant le fort et le faible, spirituel, éloquent, qui ne s'imaginât avoir aucune importance par lui-même, et qui ne craignît pas par conséquent de mettre la main à l'œuvre lorsque les circonstances le requerraient. Je croyais avoir trouvé cet homme dans M. Decazes. Je lui savais des connaissances, une littérature puisée aux bonnes sources, des idées monarchiques très-arrêtées, un esprit supérieur, et je me rappelais avec plaisir son mot à M. Gilbert des Voisins, qui, après le 20 mars, disait, en parlant de Buonaparte : « La rapidité de sa marche de Cannes à Paris est le meilleur garant de la légitimité de ses droits. — Je n'avais jamais ouï dire, repartit M. Decazes, que la légitimité fut le prix de la course. »

Les manières de M. Decazes me plaisaient en outre beaucoup. Quant à l'expérience des affaires, dont peut-être il pouvait manquer, je serais là pour y suppléer, et certes le droit de faire une éducation politique ne me serait pas refusé par ceux qui savent comment j'ai agi pendant toute ma vie.

M. de Vitrolles ne pouvait plus me convenir. C'était d'ailleurs un personnage moins à moi qu'aux autres ; il avait sa police liée en dehors de mes intérêts. Il s'était imaginé de faire pivot, bien que l'étoffe manquât à cette prétention. Les preuves qu'il venait d'en donner à Toulouse me confirmaient encore davantage dans ma résolution de me passer de lui.

Je dis à Monsieur toutes ces choses, avec ménagement toutefois, car je craignis de l'affliger. L'amitié chez mon frère est un culte ; je dus donc l'amener à mes opinions sans le froisser trop vivement dans ses affections. Nous discutâmes d'abord sur certains noms ; j'en mis d'autres en avant, et il finit par approuver en tout ce que je voulais faire. Il renonça à MM. de Vitrolles et de Grosbois ; mais quant à Jules, le point était plus difficile à obtenir ; il lui fallait absolument un portefeuille, ne fût-ce que celui de ma maison. Je combattis longtemps, toujours poursuivi par les instances de Monsieur. Enfin, poussé dans mes derniers retranchemens, je résolus de repousser la force par la force.

« Mon frère, lui dis-je, si vous et moi proposions à Buonaparte de former mon ministère, le rusé compère n'hésiterait pas à placer en tête le comte Jules. Je conclus donc que je ne dois pas le mettre même à la queue du mien. »

Ma prévoyance fut taxée d'injustice, mon éloignement de prévention que rien ne motivait; enfin, Monsieur s'éloigna presque fâché, et moi je demeurai le cœur navré de ne pouvoir allier les fantaisies de ceux que j'aimais aux besoins de la France.

Dès que mon ministère disgracié m'eut envoyé sa démission, j'en fit part au duc de Richelieu, qui se crut, obligé par reconnaisance, d'aller en porter la nouvelle à l'empereur Alexandre. Ce n'était peut-être pas le moment de faire cette démarche; il fallait craindre toute fausse interprétation, et surtout qu'on ne s'imaginât que je consentais à passer sous l'influence de la Russie, ce que certes je n'aurais voulu à aucun prix. Quoi qu'il en soit, l'empereur Alexandre fut flatté des égards que je lui témoignais en retirant ma confiance à un cabinet dont la présidence ne lui était plus agréable, et d'effusion, il chargea M. de Richelieu de me dire que mes intérêts lui seraient désormais aussi chers que les siens.

M. de Richelieu avait, de son côté, manifesté une sorte de crainte très-honorable en acceptant la responsabilité des traités à intervenir. Il connaissait les prétentions excessives des alliés, lesquels avaient le pouvoir de les soutenir; il savait que, quoi qu'il pût faire, il y aurait nécessairement de l'injustice envers la France dans la forme de son travail; il ne me dissimulait donc pas que cette tâche lui était peu agréable; car, ajouta-t-il, elle pourrait en outre m'ôter la bienveillance de Votre Majesté. Lorsque je lui demandai sur quoi il fondait ses craintes personnelles, il entreprit de me rappeler certaines circonstances de l'émigration. Je l'arrêtai tout d'abord, voyant où il voulait en venir.

—Monsieur le duc, lui dis-je, lorsqu'à ma rentrée en 1814 j'ai perdu la mémoire de tous les actes de la révolution, pensez-vous que je l'aie conservée pour des misères? Non certes, je date uniquement de la restauration, et ne conserve du passé que les années de mon règne *in partibus*.

Je prononçai ces mots en riant, tandis que je tendais la main au rancunier premier gentilhomme de la chambre, qui la baisa avec autant d'attendrissement que de respect. Dès lors nous rentrâmes en pleine confiance réciproque. M. de Richelieu est un parfait honnête homme; ses idées n'ont pas toute la portée de celles de son grand-oncle, mais, il a plus de probité. Il a pu se tromper pendant son ministère; néanmoins il ne mérite aucun reproche, car il a toujours voulu la gloire de la maison royale et le bonheur du royaume.

Lorsque ce point eut été réglé, je passai à un autre; à la composition du ministère. L'usage me prescrivait de me reposer entièrement du choix des ministres sur M. de Richelieu ; mais lui-même parut peu désireux de se charger de ce travail, et il fut le premier à me demander *mes hommes*.

—Tous me sont à peu près indifférens, répondis-je, pourvu qu'ils n'agissent pas de manière à conduire le char dans l'ornière.

M. de Richelieu me regarda avec une expression singulière, et je compris que quelque chose l'inquiétait.

— Qu'est-ce? lui dis-je ; vous aurait-on prévenu pour ou contre quelqu'un ?

—Je ne sais, d'après ce que le roi vient de me dire, ce que je dois faire de ce papier qu'on m'a remis de sa part.

— De ma part ! vous êtes dans l'erreur ; je n'ai chargé ni Pierre ni Paul de vous rien remettre.

— On est venu cependant m'apporter cette liste renfermant les noms de ceux que Votre Majesté m'a-t-on dit , voulait placer au ministère.

— Quel est celui qui m'a fait parler ainsi ? demandai-je avec vivacité. Est-ce un........?

Je ne puis répéter ce que je laisai échapper dans ma colère ; car je vis encore là dedans quelque sourde intrigue.

—C'est, dit M. de Richelieu, dont le sang-froid contrastait avec mon impatience, le comte de.....

— Alors vous aurez mal compris ; le message a été fait sans doute au nom de mon frére?

— Au nom de Votre Majesté.

Cette persistance était propre à me pousser à bout : je déployai la note écrite sur du papier tellière. C'était la même, non d'écriture, mais de rédaction, que Monsieur avait essayé de me faire adopter. Je rayai, avec la plume, que j'avais prise en même temps sur ma table d'Hartwel, les cinq noms dont je ne voulais pas, et ce signe muet soulagea beaucoup le duc de Richelieu.

Les noms, qui devaient être écartés, ayant été effacés de ma main royale, je passai la plume à M. de Richelieu, et prenant l'almanach que je trouvai à ma portée, celui de (1815), je parcourus plusieurs colonnes cherchant à trouver un garde-des-sceaux au milieu de tant de saints. Je m'arrêtai à celui de *Barbé*, auquel on ajoutait *Marbois*.. M. Barbé de Marbois appartenait autant à l'ancien qu'au nouveau régime ; ex-consul général aux États Unis, puis intendant de Saint-Domingue, envoyé comme adjoint à M. de Noailles à l'ambassade de Vienne en 1791, ses rapports avec moi dataient de cette époque, j'eus lieu d'être satisfait de lui. Il sauva sa vie et son honneur du tourbillon démagogique, et lorsque la convention eut établi la constitution de l'an III, il fut élu au conseil des anciens par le département de la Moselle. Je crois qu'il ne resta pas étranger à ce que l'on tenta pour moi à cette époque : je laisse à sa discrétion à faire la part qui doit lui revenir dans ma gratitude. Victime du 18 fructidor, exilé à la Guyane, il fut rappelé par Buonaparte, qui, je dois en convenir, se connaissait en mérite. Les honneurs et les charges s'accumulèrent successivement sur M. de Marbois, qui, ayant été un instant frappé de disgrâce en 1806, fut nommé en 1807 premier président à la cour des comptes ; à ma rentrée je le maintins dans cette place que Buonaparte lui enleva lors des cent-jours ; mais je la lui rendis ensuite, et il en remplissait encore les fonctions quand je me décidai à en faire un garde-des-sceaux.

Le choix était bon ; les exagérés seuls pourraient ne pas l'approuver, mais je les laisserais dire. Je trouvais, dans ceux que je désignais, une considération acquise légitimement : les habitudes de la magistrature, les traditions de la royauté d'autrefois et de l'empire. Je m'y arrêtai donc : je me débarrassais d'ailleurs de ce bon Grosbois, qui aurait terriblement entravé la marche des affaires.

Le portefeuille de l'intérieur échut à M. de Vaublanc, qui était tout *novissimè* préfet de Marseille. Je l'ai déjà fait connaître. Il avait en sa faveur d'avoir été membre de l'assemblée constituante et du conseil des cinq-cents, sa proscription au 18 fructidor et sa nomination au corps législatif, puis ses fonctions de préfets sous l'empire. Je le savais royaliste de corps et d'ame, actif, rompu aux affaires, et d'un caractère ferme. M. de Richelieu lui aurait préféré ou M. Pasquier, ou M. Siméon ; mais je lui montrai sur ma liste le nom de M. Vaublanc, en ajoutant, *quod scripsi, scripsi:* il fallut l'accepter. Cependant j'ai lieu de croire que ce ne fut pas de bonne grâce, et il m'est revenu depuis, par le duc de La Châtre, que M. de Richelieu prétendait qu'on le lui avait imposé ; aussi il en résulta des tracasseries intérieures qui, plus tard, décidèrent la retraite du comte de Vaublanc. Au reste, il appartenait tout à mon frère; je ne l'en blâme pas : mais enfin dans la hiérarchie de ma famille, le roi passe avant Monsieur: peut-être il se peut que cet homme d'état ne s'en soit pas toujours souvenu à propos.

Le duc de Feltre reprit le portefeuille de la guerre ; M, du Bouchage rentra en possesion de celui de la marine, qu'il avait administrée à une époque bien fatale. Le ministère des finances m'embarrassait : j'aurais pris le duc de Gaële ou le comte de Mollien, si je n'eusse pas craint les plaintes de la restauration. En conséquence, je fis dire au baron Louis qu'il rentrerait aux finances si cela lui convenait; il répondit que ce serait plus tard. Le mot me fit rire. En France, on ne peut compter sur l'immortalité d'un ministère. J'avais besoin d'un financier, on me présenta le comte Corvetto, Génois naturalisé français, d'autant plus honnête homme, que ses alentours se dispensaient de l'imiter; qui ne prenait rien pour lui, mais qui, si j'en crois les malins, souffre moins de désintéressement dans certains des siens; véritable Italien par la souplesse, la finesse d'esprit, la sience politique, et capable de jouer sous jambe une demi-douzaine de nos Français les plus retors.

Mon ministère fut ainsi complété, non par le consentement formel de chacune des excellences, dans les premiers momens, puisque M. Barbé de Marbois, par exemple, n'accepta pas tout d'abord, et que je ne désignai pas tout d'abord non plus le comte de Corvetto. Il en résulta que la nomination eut lieu en deux fois : à la première, datée du 29 septembre, entrèrent, ministre des *affaires étrangères*, le duc de Richelieu ; de *la guerre*, le duc de Feltre ; de *la marine*, le vicomte du Bouchage ; de *l'intérieur*, le comte de Vaublanc ; de *la police générale*, M. Decazes, titré seulement alors de conseiller d'état.

Le surlendemain, le conseil fut complété par l'élévation à la présidence du duc de Richelieu ; la nomination du comte de Barbé-Marbois, *garde des sceaux*, et du comte Corvetto, *ministre des finances ;* M. de Barante, conseiller d'état, fut chargé du portefeuille de *l'intérieur*, en attendant la venue de M. de Vaublanc, alors à la préfecture des Bouches-du-Rhône. Je plaçai le comte Anglès à la préfecture de police : c'est un homme d'honneur, qui ne chercherait point à faire parler de lui tout en remplissant son devoir. M. de Saint-Cricq eut la direction des douanes, M. Barairon celle des domaines ; un peu plus tard, M. de Barante eut la direction des contributions directes ; M. d'Herbouville, dont on avait voulu faire un ministre, dut se contenter de *l'intendance générale des postes:* ainsi fut constitué le nouveau cabinet.

J'avais agi pour le mieux, et cependant aucun parti ne fut satisfait : les royalistes se plaignaient que les nouveaux ministres étaient tous patriotes, voire même jacobins en majorité ; leurs ennemis prétendaient que j'avais choisi des hommes qui rappelleraient l'ancien régime avant la fin de la deuxième semaine, et là, encore une fois, je vis combien il était difficile de plaire à tous.

Les Excellences qui s'en allaient reçurent chacune le titre de ministre d'état; je joignis le don de la grande décoration de la légion-d'honneur à la plupart de ces titres. Le duc d'Otrante, par une exception méritée, n'eut sa part d'aucune faveur ; il n'était pas là d'ailleurs ; car immédiatement après sa sortie du conseil, et que je l'eus appelé à l'ambassade de Saxe, il partit avec une hâte qui mieux que tout le reste, prouva l'étendue de sa perspicacité politique.

Il était important pour lui de se voir hors du royaume, car déjà on me pressait de le faire arrêter ; je m'en défendais, et pourtant je ne sais ce qui serait arrivé si le duc d'Otrante se fût trouvé sous la main. Au reste, ne pouvant le pendre après l'avoir tant applaudi, on s'en dédommagea en me poussant à lui retirer avec éclat son ambassade.

De mon propre mouvement, quoique M. de Talleyrand, par un calcul dont j'ai à me plaindre, ait répandu le bruit contraire, je lui fis cadeau de la belle charge de grand chambellan de France, et, par le fait, la première de toutes les charges de la couronne, puisqu'elle établissait des rapports journaliers entre le roi et le titulaire; je savais que dans une retraite générale des membres de mon conseil, M. de Talleyrand méritait une distinction particulière.

La part ainsi faite à tous, je crus que nous n'avions plus qu'à marcher, bien que le duc de Richelieu, s'il était agréable à l'empereur de Russie, inspirât quelque méfiance à la cour de Vienne et de Londres; mais je donnai aux ambassadeurs de ces cours l'assurance que je maintiendrais une balance égale dans nos relations diplomatiques.

CHAPITRE II.

Situation des affaires. — Balance du ministère en sa diversité d'opinion. — On veut imposer au roi un discours d'ouverture. — Il punit une inconvenance par une plaisanterie. — Discours d'ouverture de la session de 1819. — prétention du duc de Richelieu. — Comment le roi la repousse. — On veut que la charte donne la fièvre au comte d'Artois.— Les principaux ultras à la chambre élective. — Parallèle entre le duc de Richelieu et le comte de Vaublanc. — définition d'un coup d'état.— Épisode du serment Polignac.— Physionomie de la chambre des pairs. — Comte Barthélemy. — Marquis de Fontanes.— Parti ultra.— Vicomte de Châteaubriand.— Petite guerre du prince de Talleyrand.— Majorité constitutionnelle dans la première chambre.— Comment les opinions divisées éclatent. — Que l'union aurait été le plus grand des biens.— Séguier aide le plus M. Decazes.

La formation d'un ministère a toujours quelque chose de significatif, surtout dans une monarchie ; elle annonce de quelle manière le souverain veut gouverner, où ses penchans le porteront, et dès qu'elle est connue, amis et ennemis se mettent en mesure. Mon soin principal, en renouvelant mon conseil, était de satisfaire à la fois aux exigences du dedans et du dehors. Les puissances étrangères prétendaient peser de tout leur poids sur le royaume;

et, à l'intérieur, je voyais entrer en fonctions une chambre tellement royaliste, qu'elle me faisait presque peur. J'ai toujours craint l'exagération en toute chose. Je savais que depuis bien long-temps le parti auquel je me ralliais sincèrement se méfiait de moi et qu'il travaillait en dehors de mon influence, bien que dans mes intérêts, prétendait-il; mais je ne continuai pas de le faire, n'étant pas d'humeur à dire comme la femme de Sganarelle, *et si je veux qu'il me batte, moi* ! Je ne voulais, au contraire, être battu par personne, en d'autres termes, qu'on persistât à me servir différemment qu'il me plaisait de l'être.

J'ai toujours cru également que la direction suprême des affaires doit partir du roi seul, car il est seul placé au véritable point de vue pour bien juger de l'ensemble des choses dont tout autre, quel que soit son rang, ne peut embrasser que les détails : or quiconque veut mener le roi, a tort, s'il n'est coupable ; cependant les royalistes ont eu constamment cette prétention. Que seraient-ils devenus à toutes les époques de la révolution française et de la restauration, si le roi eût consenti à se laisser conduire ? Ils se seraient perdus avec la monarchie de manière à ce que ni eux, ni elle, ne pussent jamais se relever.

J'avais donc formé mon ministère dans le but unique de n'être pas entraîné au-delà de ma volonté. Je savais que je serais soutenu dans ce système par MM. Decazes, Corvetto, Barbé de Marbois, et surtout par M. le duc de Richelieu, car celui-là dès son début, se fit chef des libéraux raisonnables ; la majorité serait dès-lors acquise à ma volonté de ne pas reculer quand même M. de Vaublanc demeurerait uni au duc de Feltre et au vicomte du Bouchage ; je comptais encore sur le concours de la chambre des pairs, prudente dans sa majeure partie, pour l'opposer avec succès, en cas de besoin, à la véhémence aristocratique de la chambre des députés.

C'est ainsi que j'avais tout réglé pour me placer sur une base solide en présence des alliés ; car eux-mêmes, en ce moment, le 26 septembre, signèrent (l'Angleterre excepté) le fameux *traité de la Sainte-Alliance*, acte de paix pour tous les peuples, et qui néamoins en inquiéta plusieurs, à cause de sa contexture mystique inspirée par madame de Krudner à l'empereur de Russie. Je consentis plus tard à faire partie de cette ligue royale contre les doctrines subversives de la démagogie, et je m'en trouverai bien.

D'un autre côté, j'apprenais que les députés arrivaient tous remplis d'un saint zèle et disposés à m'accorder plus que je ne leur demanderais ; aussi, voulant me donner le loisir de prendre haleine au milieu de cette confusion d'enthousiasme, je remis au 7 octobre l'ouverture de la session, fixée déjà successivement au 25 septembre et au 2 du mois suivant.

Tandis que mon ministère agissait pour se rallier

la majorité de la chambre des députés, qui paraissaient devoir appartenir moins à mon conseil qu'à ce qu'on appellait alors l'opinion royaliste, je m'occupai du discours que je prononcerais le jour de la séance d'ouverture. Il y a toujours des gens empressés de vouloir faire parler le roi ; ceux-ci, bien qu'ils dussent me connaître, n'en essayèrent pas moins à m'insinuer que je devais puiser dans leur vocabulaire. Ils y eut un *discours du trône*, composé par M. de Vitrolles, qui courut le château, du pavillon Marsan à celui de Flore, et emporta tous les suffrages. Il *fut prouvé* que, si je consentais à le prononcer, je fermerais irrévocablement l'abyme des révolutions : hélas! ceux qui s'exprimaient ainsi n'ignoraient pas que cet abyme est sans fond ; que celui-là est le plus habile, qui peut se tenir devant lui avec assez de force et de prudence pour résister aux tempêtes inopinées dont le souffle peut le précipiter dans ce gouffre toujours prêt à l'engloutir.

Monsieur, selon sa coutume, vint me parler en faveur de cet admirable discours, non que nul songeât à me l'imposer dans son ensemble, mais en se figurant qu'il pourrait servir de base au mien : j'y trouverais, disait-on, des matériaux à mettre en œuvre.

« Mon frère, repondis-je, mon siége est fait. »

Je répétais un mot assez fameux de l'abbé de Vertot, et donnais en même temps à entendre que je n'avais pas besoin du secours d'autrui pour savoir ce que je devais dire aux chambres. Monsieur, prenant fort bien la chose, se mit à rire; j'en fus charmé, car toute discussion sérieuse avec lui m'était pénible. Quand je le vis en si bonne disposition, je le régalai de la lecture de mon discours, fait et écrit par moi. Le voici, tel que je le prononçai au jour indiqué pour celui de l'ouverture des chambres :

« Messieurs,

« Les maux qu'un usurpateur éphémère a laissés à notre patrie m'affligent profondément : s'il eût été possible qu'ils n'atteignissent que moi, j'en bénirais la Providence; mais les peines de mes sujets, de mes enfans pèsent sur mon cœur ; et, pour mettre un terme à un état de choses plus accablant que la guerre même, j'ai dû conclure, avec les puissances qui occupent aujourd'hui une grande partie du territoire, une conventoin qui régle mes raports présens et futurs avec elles. Vous connaîtrez, messieurs, et la France connaîtra le profond chagrin que j'ai dû ressentir; mais le salut même de mon royaume me rendait cette déterminnation nécessaire, et quand je l'ai prise, j'ai senti les devoirs qu'elle m'imposait. *J'ai ordonné que, cette année, il fût versé du trésor de ma liste civile dans celui de l'état une portion considérable de mon revenu ; ma famille, instruite de ma résolution, m'a offert un don proportionné.* J'ordonne de semblables diminutions sur les traitemens et les dépenses de tous les services sans exception. Vous connaîtrez toute l'importance de l'économie que j'ai commandée dans les départemens de mes ministres et dans toutes les parties de l'administration ; heureux si ces mesures pouvaient suffire aux charges de l'état ! Dans tous les cas, je compte sur le zèle de la nation et sur le dévouement des deux chambres.

«Mais, messieurs, d'autres soins plus doux et moins importans vous réunissent aujourdhui ; c'est pour donner plus de poids à vos délibérations, c'est pour recueillir moi-même plus de lumières que j'ai créé de nouveaux pairs, et que le nombre des députés des départemens a été augmenté ; j'espère avoir réussi dans mon choix, et l'empressement des députés dans ces conjonctures difficiles, est aussi une preuve qu'ils sont animés d'une sincère affection pour ma personne et d'un amour ardent pour la patrie.

« C'est donc avec une douce joie et une pleine confiance que je vous ai assemblés autour de moi, certain que vous ne perdrez jamais de vue le bien fondamental de l'état : union franche et loyal des chambres avec le roi, et respect pour la charte constitutionnelle ; cette charte que j'ai méditée avec soin avant que de la donner, et à laquelle la réflexion m'attache chaque jour davantage ; que j'ai juré de maintenir, et à laquelle vous tous, à commencer par ma famille, allez jurer d'obéir. Cette charte est sans doute, comme toutes les institutions humaines, susceptible de perfectionnement; mais aucun de nous ne doit oublier *qu'auprès de l'avantage de l'amélioration est le danger d'innover*. D'autres objets importans s'offrent encore à nos travaux : faire fleurir la religion, épurer les mœurs, fonder la liberté sur le respect des lois, les rendre de plus en plus analogues à ces grandes vues, donner de la stabilité au crédit, remplacer l'armée, guérir les blessures qui n'ont que trop déchiré le sein de notre patrie, assurer enfin la tranquillité extérieure, et par là faire respecter la France au dehors ; voilà où doivent tendre tous nos efforts. Je ne me flatte point que tant de bien puisse être l'ouvrage d'une session ; mais si, à la fin de la présente législature, on s'aperçoit que nous en avons approché, nous devons être satisfaits. Je n'y épargnerai rien, et pour y parvenir, je compte sur votre coopération la plus entière. »

Monsieur écouta ce discours avec une extrême attention, et je devinai à l'expression de sa physionomie qu'il produisait moins d'effet sur lui que le chef d'œuvre de M. Vitrolles : je voulais le possible, je devais être simple ; l'exagération exerce bien plus d'empire sur certains esprits. Monsieur aurait souhaité, me dit-il avec tous les ménagemens de la déférence fraternelle, que j'eusse mis un peu plus d'énergie dans mes paroles, afin de mieux faire comprendre ma détermination de sévir rigoureusement contre toute révolte future. Je crus, moi, avoir dit tout ce qu'il fallait, et je m'y tins. J'assemblai le conseil pour qu'il entendît à son tour la lecture de cette pièce politique. Je ne sais qui s'avisa de persuader au duc de Richelieu que *le discours de la couronne* devait être le travail du ministère, attendu qu'il en était comme la pensée : il enveloppa cela de toutes les circonlocutions propres à me dorer la pilule ; mais moi qui ne vais pas par quatre chemins, moi qui veux être roi dans la plénitude du terme, je répondis, dès qu'on m'en eût dit assez pour me faire comprendre la prétention ;

« Monsieur, le ministère n'a pas de pensée: il est celle du roi, il agit pour le roi, il se charge à ses risques et périls d'exécuter la volonté du roi ; si cela lui déplaît, il se retire; si le roi n'est pas satisfait de sa coopération, il le congédie. Mais si le ministère dictait au roi la conduite à tenir, il serait roi lui-même, et ce serait établir l'oligarchie anglaise. Sachez donc bien que le ministère n'est pas un pouvoir dans l'état, mais le délégué d'un des pouvoirs. Les présidens des chambres donnent des ordres aux huissiers qui les exécutent, moi je commande ce que je veux au ministère. Ainsi, lorsque je parle en public, je dois au conseil la communication à l'avance de mon discours, afin que s'il s'y trouve des choses qui lui répugnent, il puisse se retirer à temps. Ne parler que par l'inspiration du conseil, ce seraile mettre à ma place, et je ne l'entends pas ainsi, ni vous non plus, j'en suis certain. »

Cette façon de s'énoncer, toute royale, j'ose le

dire, surprit le duc de Richelieu sans lui déplaire. Elle lui prouva comment les choses seraient soumises à ma direction. Depuis ce moment, nul n'a eu parmi mes ministres la fantaisie de m'imposer de liscours de la couronne.

Lorsque je prononçai celui-ci en présence des deux chambres, je ne pus me défendre d'une certaine émotion que partagea mon auditoire. La gravité des circonstances, l'incertitude de l'avenir, la trop cruelle réalité des maux présens, ne permirent à personne ces élans de joie qui m'avaient accueilli précédemment dans cette même enceinte. Monsieur y renouvela son serment à la Charte, et cela sans arrière pensée. Je sus qu'on l'en avait beaucoup querellé, qu'on aurait voulu qu'il tombât malade la veille ou l'avant veille de ce jour solennel. Une dame de son intimité lui avait dit avec une chaleur toute fanatique :

— Oh! Monsieur, ayez la fièvre, une bonne grosse fièvre. Si elle ne vient pas naturellement, demandez-la à la sainte Vierge, elle ne vous la refusera pas pour le service de Dieu.

Monsieur crut qu'il était convenable de se bien porter ; je lui en sus gré, et la France aussi.

La chambre assemblée et en fonctions, sa physionomie se dessina plus positivement. Les candidats, pour la présidence de la chambre élective, furent MM. Laîné; prince de la Trémouille, de Grosbois, Chilhaud de La Rigaudie et Clermont-Tonnerre. Je me souciais peu d'appeler M. de Grosbois à la présidence ; trois autres des candidats ne pouvaient convenir non plus à cette place ; d'ailleurs la justice exigeait que M. Laîné fût encore président. Je le nommai donc; ce choix plut à beaucoup de gens raisonnables ; mais la majorité s'en plaignit.

Celle-ci, je ne pus me le dissimuler long-temps, penchait pour les moyens extrêmes. Elle s'attacha dès son arrivée, au pavillon Marsan, de manière à m'inquiéter, même dans le cas où j'aurais dû craindre un parti qui reconnût mon frère pour son chef. Parmi les membres destinés à jouer un rôle durant la session, ou du moins à se mettre en évidence, je désignai, avec la dénomination d'*ultra* que leurs adversaires leur imposèrent, MM. de La Bourdonnaye, de Vitrolles, de Boisgelin, le comte Jules de Polignac, le comte de Juigné, le vicomte de Bruges, le marquis de Puyvert, M. de Villèle, de la Maisonfort, Humbert de Sesmaison, de Bonald, de Corbière, Piet, Pardessus, Sallabéry, Michaud, Hyde de Neuville, Rouville, Bacot, Barthe-Labastide, Bellart, Boisville, Castelbajac, Canuel, Chiflet, Cornet d'Incourt, Clausel de Coussergue, Duplessis de Grénédan, général Dupont, venu là avec une vieille rancune contre ma personne, en raison de sa disgrâce de l'année précédente, comme si j'étais responsable de ses fautes ; Dessumier Fonbrune, de Folleville, de Frotté, de Kergorlay, Lavalette, de Rougé, de Saint-Géry, de Serre, de Trinquelague, etc.

Tous ces messieurs, persuadés, plus ou moins, que par la charte j'étais sorti de la voie monarchique, ne demandaient pas mieux que de m'y faire rentrer à la première occasion favorable, n'importe quelles fussent mes intentions; je n'accuse pas les leurs : ils voyaient mal, c'est tout ce que je me permettrai de dire. Ils allaient à leur tour s'engager dans une fausse route, se séparer de moi, et cela néanmoins avec le désir d'arriver au même but. Je n'avais pas à craindre d'eux qu'ils fissent cause commune avec les familles de mes ennemis: Ils avaient surtout un tel effroi d'une république, qu'ils se seraient écartés de la constitution qu'ils venaient de jurer, plutôt que de se rallier à un système qu'ils détestaient.

Les dispositions de la majorité de la chambre élective me furent complètement révélées par la joie qui éclata sur certains visages, et par l'affectation avec laquelle on vanta son royalisme. Ici, il y en avait de deux sortes, celui des autres et le mien. L'un consistant en attaques téméraires, au plus grand profit du présent; l'autre en actes conservatoires de ce que la Providence avait rendu à la France, afin de ne rien compromettre de l'avenir.

J'aurais du moins été délivré de grandes inquiétudes, si mon ministère n'eût point été composé de tant d'élémens hétérogènes. Les deux hommes que j'aurais surtout désiré voir étroitement unis, se brouillèrent dès qu'ils furent rapprochés; le duc de Richelieu et le comte de Vaublanc. Le premier

n'avait vu la restauration que de loin, le second
l'avait traversée tout entière ; elle n'avait été connue de l'un que par les papiers publics ; l'autre,
forcé de lutter corps à corps avec elle, la détestait,
en raison de ce qu'il en avait souffert. M. de Richelieu ne connaissait en France que les émigrés,
M. de Vaublanc ne pouvait, sans terreur politique,
se retrouver face à face avec tous les anciens agitateurs ; il ne leur accordait aucune confiance, et
il était nécessairement porté vers toutes les mesures
qui achèveraient de les annihiler. Il résultait de
ce contraste que le président du conseil ne répugnait à se servir de qui que ce fût, tandis que le
ministre de l'intérieur voyait dans certains, des
hommes qu'il n'emploierait volontairement à aucun
prix, et qui lui seraient toujours suspects.

Il arriva, de cette diversité d'opinion, que l'un se
rapprocha insensiblement de l'époque actuelle, et
que l'autre s'en éloigna de manière à donner en
quelque sorte la main au passé. M. du Bouchage se
rengea de ce bord avec le duc de Feltre; celui-ci par
la crainte qu'il avait de perdre son ministère, qu'il
voyait envié par des gens plus en crédit que lui. D'un
autre côté, les ministres de la police, des finances
et le garde-des-sceaux, se réunissaient sous la bannière de M. de Richelieu. Mon assentiment leur donnait une grande prépondérance dans le cabinet;
mais cette prépondérance s'affaiblissait en présence
de la chambre élective, sur laquelle de Vaublanc
exerçait une véritable influence.

4.

Je voyais ces divisions avec chagrin; mais ne voulant rien décider légèrement, j'attendis les améliorations du temps. C'était, comme on le dit, compter sans son hôte. En effet, le temps s'écoula, mais les passions, au lieu de s'amortir, augmentèrent de virulence, et me contraignirent à un coup d'état.

C'est chose dangereuse, que d'arrêter trop soudainement dans sa marche une machine dont les ressorts sont en jeu. Un coup d'état d'ailleurs présente toujours une vérité fâcheuse à mettre au jour: c'est que l'union n'existe pas, c'est qu'il y a dissidence entre le pouvoir qui frappe, et la fraction du peuple qui est frappée. Il en résulte qu'alors les indifférens se mêlent à la querelle, qu'ils s'agitent lorsqu'ils ne demanderaient pas mieux que de rester tranquilles; enfin, un coup d'état est le tintement du tocsin politique; il révèle un péril ou une fausse position, et où la foule est appelée pour éteindre l'incendie, elle ne sert souvent qu'à lui fournir de nouveaux alimens.

Je pouvais attendre plus d'union de la première chambre; mais je sus également à quoi m'en tenir dès le début. Deux pairs, MM. Jules de Polignac et Labourdonnaye, avaient, l'année précédente, prêté leur serment avec des restrictions. Celle-ci, on éleva des difficultés pour les admettre aux travaux de la chambre; ils refusaient l'obéissance implicite à la charte constitutionnelle: les ultra parmi les pairs trouvaient cette conduite naturelle; mais la majorité déclara, qu'à moins d'un serment sans conditions, ces messieurs ne siégerait pas à la chambre. Ce fut un grand scandale au château ; les deux pairs persistèrent dans leur refus, et cependant ils ont siégé.

C'était une chose piquante, que l'insistance qu'on mettait à m'imposer pour ministre un homme qui refusait avec obstination d'obéir à mon œuvre chérie : mais les disparates en politique n'étonnent personne; on trouve tout bon de ceux qui pensent comme nous.

La chambre des pairs renfermait néanmoins une forte portion de royalistes exagérés, parmi lesquels je signalerai les comtes Barthélemy et de Fontanes. Le premier, ex-employé secret de mon cabinet d'émigration, était un homme plein de probité et de vertus antiques; il jouissait d'une considération personnelle acquise à juste titre. Le second avait au moins autant d'esprit, et une supériorité d'adresse incontestable : sans avoir rien fait de remarquable, il était parvenu à la sommité des réputations littéraires. On le citait comme une autorité, bien qu'au fond il ne soit connu que par ces discours laudatoires, adressés à Buonaparte, où il mêlait quelquefois des vérités dans un tel déluge de complimens qu'il était difficile de demêler son intention primitive. C'était du reste un beau parleur, ayant été dans son temp fort à la mode, galant et pieux à la fois; acceptant de toutes mains, sauf à ne donner sa reconnaisance qu'avec discernement; habile même dans les choses les plus indifférentes, et ayant amené les ultra les plus rogues de la noblesse à compter avec lui, en leur faisant estimer à haut prix son concours. Ces messieurs se l'approprièrent à tel point, en le débarbouillant de tout reste de nouvau régime, que, pour leur complaire, je dus en faire un marquis, ce qui le rendis *nôtre* de la tête aux pieds.

À côté de ces deux personnages, marchaient les amis de Monsieur; le bataillon sacré, comme je le qualifiais. Celui-ci, infatigable à combattre après la victoire remportée, et qui voulait que je lui rendisse ce que lui-même n'avait pas su conserver. Les cardinaux français, quelques évêques, certains ducs et pairs complétaient ce noyau d'opposition, sur lequel le prince de Talleyrand souffla, à diverses reprises, avec tant de dextérité, que l'étincelle qui en jaillit ne put lui être attribuée; il mit une réserve si admirable à se venger de M. de Richelieu, qu'à part moi, presque tous s'y trompèrent. M. de Châteaubriand, plus impétueux, cacha moins son mécontentement ; il s'y rangea parmi les plus exagérés de l'époque bien que ses opinions réelles fussent modérées.

Cependant, malgré l'influence de tels chefs, la chambre des pairs demeura en majorité constitutionnelle, au moins pendant plusieurs années. Elle repoussa les tentatives qui lui furent faites pour l'amener à marcher sur la même ligne que la chambre élective, et lors de la discussion de l'adresse, elle refusa la proposition de me demander, d'une manière formelle, le châtiment de ceux dont la défection et les menées coupables avaient décidé la catastrophe des cent-jours.

Telle était la situation bien caractérisée du gouvernement ; un roi qui voulait le bon ordre, mais sans l'accompagner de mesures sévères, qui tenait à son œuvre et à son serment; une famille royale quelque peu divisée, ayant néanmoins la volonté du bien ; un ministère séparé en deux parties inégales, la plus forte acceptant la pensée du roi, une chambre des pairs offrant le même aspect, une chambre des députés tellement compacte qu'à peine quinze ou vingt membres se ralliaient au gouvernement, tandis que le reste penchait à faire cause commune avec la minorité du conseil et de la pairie.

Il y avait donc balance en quelque sorte, et c'était déjà un péril. Malheur à l'état où les pouvoirs peuvent se combattre chacun avec espérance de succès! où la volonté du monarque ne domine pas! car, qui plus que lui a intérêt à bien faire? Il faut respecter ses erreurs..... Mais je m'arrête, les gens à courte vue diraient que je défends ma propre cause. Cependant je ne soutiens que celle de la France.

Certes, s'il était une époque où l'union dût être recommandée par tout ce qu'il y a des plus respectable chez les hommes, c'était bien celle où nous nous trouvions. Les embarras, ou plutôt les écueils, nous environnaient de tous côtés ; la tempête soulevée naguère grondait encore. Les partis à l'intérieur se heurtaient prêts à entrer en lice. L'étranger aurait vu avec plaisir les convulsions de la France, qui lui faciliteraient les moyens de peser sur elle. Il fallait donc être insensé pour se jeter tête baissée au milieu de tels élémens de dissolution.

J'avoue que la cause principale de mon éloignement, pour ceux qui s'intitulaient les royalistes purs, provint de leur persistance à exiger au delà de ce que je pouvais faire en leur faveur. Si M. Decazes obtint ma confiance, c'est parce qu'il dirigea son ministère de façon à ce que son influence atténuât le mauvais effet des actes de mes imprudens amis.

CHAPITRE III.

Fin présumée de la revolution. — M. Boissy d'Anglas demande au roi une audience secrète. — Conseil qu'il lui donne. — Que la France seule coupable du fait de la seconde invasion, n'a rien à reprocher au roi. — Traité du 20 novembre, signé à Paris.— Pourquoi le roi n'en parle pas. — Situation intérieure. — Les royalistes aspirent à trop de choses. — Fusion d'où sort le libéralisme. — Il adopte astucieusement La charte. — Ce qu'il veut faire du duc d'Orléans. — Anecdotes sur ce prince et les intrigues qui se forment autour de lui. — Suite des révélations faites au roi. — ..... Fin de sa conversation avec le duc d'Orléans. — Ce prince en Angleterre. —Madame la duchesse, sa mère, se rend son garant auprès du roi. — Monsieur parle aussi en faveur du duc d'Orléans. — Le roi maintient sa détermination. — Le duc d'Angoulème va dans le midi.— Noble discours de Monsieur à la chambre des pairs. — Opinions divergentes de MM. de Richelieu et de Vaublanc relativement aux libéraux. — M. Decazes comprend bien ce parti.—Ce qu'il en dit.

La France touchait cependant au terme du grand drame de la révolution : Buonaparte transporté à Sainte-Hélène, les republicains prêts à être punis dans la personne des régicides, leurs chefs ; la justice nationale armée pour effrayer les mal intentionnés ; enfin le dernier traité de paix se confondant avec celui de la Sainte-Alliance ; toute ces choses faisaient espérer qu'il ne nous restait plus qu'à réparer en silence une partie des maux passés. Certes, pour que j'eusse la liberté d'effectuer cette œuvre importante, pour avoir la force nécessaire à maintenir la tranquillité intérieure, il fallait que je misse fin à tout embarras étranger, il fallait que je terminasse avec la coalition, dont la présence était un obstacle à tout ce que je voulais faire de bien.

Boissy d'Anglas m'avait demandé une audience secrète avec tant d'instance, que je la lui avais accordée. Parmi les choses importantes qu'il me dit, il n'hésita pas de me conseiller d'en finir avec les alliés, à quelque prix que ce fût.

— Sire, ajouta-t-il, si les puissances étrangères s'accoutument à vivre aux dépens du royaume, elles auront peine plus tard à en sortir. Nous sommes tous mortels : dans le cas où Dieu rappellerait à lui l'empereur de Russie, où s'arrêteraient les prétentions des cours de Vienne et de Berlin? Peut-on répondre, d'un autre côté, que des intrigues ourdies par plus d'un parti, ne porteront pas la population à se soulever en sens divers? Quelles seront les suites d'une telle conflagration, quel avantage n'en retireront pas nos ennemis naturels? Renvoyez-les donc coûte qui coûte. Un temps viendra où nous les forcerons à rendre ce qu'ils auront pris ; en attendant, c'est un fardeau dont il faut se débarrasser.

Je pensais comme Boissy d'Anglas, lequel, ce jour-là, me conta des faits qui me firent adopter une mesure dont je parlerai plus tard. Je me déterminai en conséquence à donner le dernier mot à M. de Richelieu. On discuta encore quelques parties du traité qu'on me proposait. L'intervention de l'empereur Alexandre parvint à en diminuer les charges. Enfin je l'acceptai tel quel; on le signa le 20 novembre, et tout fut consommé.

Je ne m'appesantirai point sur cet acte si douloureux à ma gloire et à mon amour pour la France; j'en ai d'ailleurs déjà assez parlé pour craindre de prolonger ce supplice. Je crus remplir mon devoir, et ce n'est pas à la France à me demander compte de ce que j'ai fait. En souffrant le retour de Buonaparte, elle commit une première faute : la seconde, non moins grande, consista à ne pas se réunir franchement autour de moi, après Waterloo; si elle l'avait fait, l'étranger aurait montré moins d'avidité : mais de la révolte, on tomba dans l'accablement ; on ne s'inquiéta plus de l'avenir, et parce que j'étais revenu seul, on jeta sur moi seul tout le poids du fardeau.

Le traité du 20 novembre n'est donc point mon œuvre; il est la conséquence des torts du royaume.

N'importe ; ce traité fatal pesa sur moi, comme si je l'avais provoqué, comme s'il eût dépendu de ma volonté de l'empêcher. Je laisse aux écrivains de l'histoire de mon règne de raconter ce grand événement ; s'ils ont de la conscience, ils me rendront la justice qui m'est due ; à leur défaut je l'attends de la postérité.

Le traité conclu, on vint à la file m'en féliciter; on me devait plutôt des consolations. Je recevais avec une physionomie morne ces discours inconvenans ; mais les ambitieux et les courtisans profitent de tout pour faire preuve de zèle, je les écoutais et m'indignais contre eux en secret.

J'avais obtenu la paix avec la coalition : c'était un grand point ; mais j'aurais voulu y joindre celle de l'intérieur, et ici la chose devenait difficile. Les étrangers avaient des intérêts et non des passions à satisfaire; des concessions de territoire, des sommes d'argent les rendirent traitables. A l'intérieur, au contraire, les intérêts se confondaient avec les passions. Nul ne se contentait d'obtenir une partie de ses prétentions, il les lui fallait toutes, et les haines d'individus à individus aigrissaient les opinions. Les gens d'autrefois trouvaient l'heure propice pour reconquérir leur position perdue; ils croyaient voir à leur tête, ou au moins professant leurs maximes, certains membres de ma famille, ils voyaient en outre les baïonnettes étrangères inclinant plutôt vers le pouvoir absolu que vers une constitution empreinte de l'esprit du siècle. Dès lors ils poussaient à la roue avec une vigueur calculée; ils employaient en jactance, un temps que de plus habiles auraient employé à agir spontanément.

L'opposition à ces sourdes manœuvres, les deux factions buonapartiste et jacobine avaient suivi le cours naturel des choses. Il consiste, on le sait, à réunir momentanément des partis qui s'entre-déchirent, pour en former une masse à opposer aux adversaires plus forts, qui les menacent tous également. Il y eut donc fusion instantanée et complète entre les jacobins et les impériaux. L'amalgame se consomma avec une rapidité incroyable. Où la veille on pouvait voir encore deux partis distincts, on n'aperçut plus le lendemain qu'une masse compacte, n'ayant qu'un œil, qu'un bras, qu'une volonté, ralliés sous un nom de guerre tout nouveau à l'oreille : le *libéralisme*. Les libéraux! qu'était-ce en réalité? Rien. Qu'est-ce que ce mot signifiait! Rien non plus. Les libéraux étaient-ils royalistes? non; monarchistes? non; constitutionnels? non; buonapartistes? non; démagogiques? non encore. Mais ils étaient tout cela ensemble; ils attiraient à eux quiconque avait une de ces opinions; égarant les faibles, trompant les gens d'honneur, et faisant chaque jour d'immenses recrues.

J'eus à compter avec le libéralisme dès le premier instant de son apparition; il inscrivit ma charte sur son drapeau; elle devint son cri de guerre, sa devise, l'objet fanatique de son culte menteur; il la sépara de son auteur avec une dextérité merveilleuse. Si bien que la charte fut tout, et le roi un fantôme. Ce parti, qui mettait tant d'adresse à se constituer, se chercha un chef en position de m'inspirer des craintes; lequel rallierait les niais, et dont on pût se délivrer dès qu'il deviendrait inutile. Le libéralisme jeta tout d'abord les yeux sur le duc d'Orléans.

Pour certains, il était fils de son père, et la revolution allait volontiers à qui avait parlé sa langue et suivi ses erremens. Pour les autres, il était ambitieux et vindicatif; on se targuait de sa conduite équivoque en 1814, des deux mémoires qu'il avait cru devoir adresser au congrès de Vienne. On savait que, tout récemment, il avait refusé de commander en mon nom, lorsque j'étais sorti du territoire français. On affirmait (ce qui était faux) qu'il n'avait pas voulu prendre les armes dans les cent-jours, à la suite des alliés, quoiqu'il eût reçu, ajoutait-on, l'ordre formel du roi d'agir ainsi; enfin, depuis la dernière rentrée, il s'était tenu tout-à-fait en dehors de ma famille. A la chambre des pairs, le jour où on discuta l'adresse, il avait désapprouvé le paragraphe dans lequel on me demandait *la rétribution nécessaire des récompenses et des peines, et l'épuration des administrations publiques.*

On faisait même courir un discours tout entier, que le prince aurait prononcé dans cette circonstance, au lieu de quelques mots qu'il avait réellement dits; on lui faisait de tout ceci un grand titre de gloire et de popularité. Il avait, à entendre ses prôneurs, combattu avec énergie S. A. R. M. le comte d'Artois; on osait ajouter même que mon frère avait manifesté un vif mécontentement à S. A. S. M. le duc d'Orléans, et que celui-ci aurait répondu qu'on le trouverait toujours du côté de la clémence, et jamais de celui de la rigueur.

Cela n'était pas plus vrai que tout le reste. M. le duc d'Orléans n'est, en aucun temps, sorti des formes respectueuses qu'il a pour moi et les miens. Jamais ce prince ne m'a demandé, directement ou indirectement, la grâce d'un détenu politique; je suis donc étonné de la popularité qu'on lui a faite. Sur quelle base s'est-elle établie? Certes ce n'est pas sa libéralité (d'argent) qui a pu la lui obtenir. Son économie est connue, et on peut compter ses pensionnaires......

Le duc d'Orléans devenait donc le point de mire des factieux ; son discours prétendu acheva de le placer sur le pinacle. Le prince ne sortait pas de son enveloppe mystérieuse, mais on intriguait pour lui. Il me revint de bonne source que des démarches avaient été faites en sa faveur, 1° auprès des pairs éliminés par mon ordonnance du 24 juillet dernier. L'un d'entre eux, le comte Fabre de l'Aude, m'avait instruit de tout ce qui s'était passé à ce sujet ; d'autres imitèrent son exemple. On leur demandait si, en cas d'un mouvement populaire, ils ne répondraient pas à l'appel qui leur serait fait de venir siéger, à titre de pairs, sur la convocation d'un prince lieutenant-général du royaume.

2° On intima à tous les pairs, nommés dans les cent-jours par Buonaparte, que ce même lieutenant-général reconnaîtrait leur droit, si, au moment opportun, ils se présentaient devant lui pour se déclarer en sa faveur.

On alla ensuite aux sénateurs que j'avais conservés pairs, afin de savoir de quel côté ils se rangeraient, dans le cas où une circonstance fortuite contraindrait les Bourbons de la branche aînée à sortir une troisième fois du royaume ; on leur promit de ne point leur enlever leurs fonctions, pourvu qu'ils continuassent à siéger. Il y eut enfin les quelques sénateurs que j'avais laissés à l'écart, auprès desquels on fit des démarches semblables, et de plus on leur offrit la pairie...

Toutes ces mesures tendaient à s'assurer d'un noyau au moyen duquel on formerait un simulacre de gouvernement.

Je sus en outre que, dans les départemens, des émissaires avaient visité les hommes qui venaient de faire partie de la chambre, dite des représentans. Un grand nombre s'engagea à marcher sur Paris, aussitôt que le mouvement prétendu national s'effectuerait.

Ce plan paraît sans doute des plus extravagans, sutout lorque la France était occupée par les troupes alliées. Leur présence aurait dû me rassurer ; cependant, s'il faut dire le fond de ma pensée, ces troupes augmentaient mes alarmes. Il y a malheureusement dans la politique trop de machiavélisme, pour qu'elle ne s'appuie pas quelquefois sur des moyens peu honorables. Trois des puissances étrangères voulaient s'agrandir à mes dépens, et elles ne pouvaient parvenir à ce but tant que je serais roi ; mais si, à l'aide d'une faction, on faisait tomber la couronne de ma tête, quel parti ne tirerait-on pas alors d'un usurpateur ? Celui-ci, afin d'être maintenu, accéderait aux conditions les plus dures, et lors même que le complot ne réussirait pas, il suffisait de me placer dans une position difficile pour se flatter d'obtenir ce que l'on convoitait avec tant d'avidité.

Boissy-d'Anglas, en demandant à me voir secrètement, avait à me révéler une partie de ce que je rapporte : il me certifia même que des négociations étaient déjà entamées entre les libéraux et les trois cabinets qui n'hésitaient pas à compromettre le duc d'Orléans. Je répondis que cela ne pouvait être.

— Que le roi suppose un instant que rien n'est plus vrai, et dans ce cas il doit savoir ce qui lui reste à faire.

Cette manière de parler me plut. Il s'ensuivit d'abord la conclusion du traité définitif et le départ du duc d'Orléans pour l'Angleterre. Dans toute hypothèse, il devenait convenable que ce prince s'absentât. On nous jetait si souvent son nom à la tête, que j'en fus enfin fatigué. Je les fis appeler, il obéit à mon ordre. . . . .
. . . .
. . . .

(*Lacune non dans le manuscrit autographe, mais dans celui qui est destiné à l'impression.*)

Je fus très-satisfait des réponses de S. A. S., de ses expressions de reconnaissance et de dévouement. Il convint, sans que j'eusse besoin d'insister, que tout autre à ma place n'aurait pas agi comme je l'avais fait envers lui; que ma famille l'avait comblée consentant à oublier le passé; en un mot, monseigneur le duc d'Orléans ne me laissa pas le droit de lui adresser le moindre reproche; il ne pouvait d'ailleurs, prétendit-il, se rendre responsable des extravagances de ses amis. Je tombai d'accord avec lui sur ce point, et persuadé de son innocence puisque je ne possédais aucune preuve sa culpabilité, je conclus, en le priant avec toute positive de la civilité dont je suis capable, d'aller jusqu'à nouvel ordre prendre l'air en Angleterre.

Je n'ai jamais vu recevoir avec plus de mesure un ordre semblable. Le duc me dit qu'il espérait que son absence ferait tomber les faux bruits qui couraient sur son compte, que ses amis, cessant de le voir, ne s'occuperaient plus désormais de son avenir; que dans tous les cas, il resterait mon sujet fidèle, et qu'il mourrait plutôt que de me donner aucun motif de blâme.

La suite prouvera si je me suis trompé en croyant à la sincérité de ses paroles.

Madame la princesse sa mère, pour laquelle j'ai toujours ressenti une affection méritée, essaya en cette circonstance de détourner ce qu'elle appelait ma rigueur. J'ai conservé sa dernière lettre, où elle me disait que son fils me devait plus qu'à son père; et qu'aussi sa reconnaissance pour moi était sans bornes. Je ne pouvais donc le croire capable, ajoutait-elle, de profiter de ce qu'on tentait en sa faveur, et cela bien à son insu, etc., etc.

Monsieur, ayant appris la disgrâce du duc d'Orléans, me dit :

— Vous traitez sévèrement notre cousin. Je suis persuadé qu'au fond il est ce qu'il doit être.

— Cela se peut, répondis-je, le duc d'Orléans est un homme d'honneur, j'en suis convaincu, mais la prudence exige son éloignement. Il a le malheur de plaire à mes ennemis, et il doit subir les conséquences de ce fait.

Je fus donc inflexible, et monsieur le duc d'Orléans partit. Je me sentis plus tranquille lorsque j'eus mis la mer entre ma défiance et sa vertu. Il m'était bien permis, au milieu des embarras qui m'accablaient, de me délivrer de l'un d'eux.

L'agitation intérieure était loin de se calmer. Je venais de faire partir le duc d'Angoulême pour Lyon et le Midi, où les opinions, en grande effervescence, en venaient souvent aux mains, où une étincelle lancée avec art pouvait allumer un incendie. Le duc, mon neveu, était aimé dans ces contrées : les royalistes fondaient sur lui de hautes espérances, et les libéraux le regardaient comme leur unique protecteur. Il est certain qu'il prenait leur défense avec une rare magnanimité. Il en résultait que nul autre n'aurait mieux rempli mes intentions paternelles.

Le duc d'Angoulême est celui de nous tous qui, depuis 1814, a été le mieux servi par la fortune;

elle lui a procuré les moyens de se signaler par des faits honorables et glorieux. Contraint de faire la guerre civile, il l'a comprise à la façon de Henri IV. Le Midi en particulier lui sut un grand gré, en 1815, des démarches qu'il fit, et que le succès couronna, pour empêcher les Espagnols de pénétrer dans le Roussillon, avec l'intention d'occuper le Languedoc. La manière chevaleresque dont le prince arrêta ce mouvement hostile dont les conséquences auraient peut-être été incalculables, porta la chambre des pairs, dans la séance du 25 octobre, à proposer que des remercîmens, au nom de la nation, fussent votés à S. A. S.

Cette proposition fournit à Monsieur l'occasion de se montrer sous un jour avantageux. Monsieur n'a manqué que des circonstances propres à développer l'élévation de son caractère et de ses autres qualités. Il se trouvait à la chambre des pairs ce jour-là, et il s'empressa aussitôt de répondre au duc de Fitz-James, qui avait ouvert cet avis:

« Si mon fils avait eu le bonheur de déployer contre les ennemis extérieurs de la France le courage que vous voulez honorer en lui, une telle récompense mettrait le comble à ma satisfaction et à la sienne; mais, Français, prince français, le duc d'Angoulême peut-il oublier que c'est contre des Français égarés qu'il a eu la douleur de combattre, et combien a coûté à son cœur cette cruelle nécessité? Permettez donc, messieurs, que je refuse pour mon fils des remercîmens acquis à ce titre. Quant à la retraite des troupes d'Espagne, ce n'est pas au duc d'Angoulême, c'est au Midi entier que nous en avons l'obligation, c'est à l'excellent esprit dont les provinces sont animées, c'est au dévouement et à la fidélité de la France pour son roi, et à l'hommage que le noble caractère espagnol a rendu à cette fidélité, qu'est due la retraite de ces troupes, que le roi d'Espagne n'avait fait approcher de nos frontières que dans les intentions les plus amicales et les plus généreuses. »

La chambre des pairs, respectant la volonté de Monsieur si dignement exprimée, passa à l'ordre du jour. Quant à moi, je suis charmé de trouver une occasion de plus pour rendre à mon cher et royal frère la justice que je lui dois. Son fils allait donc prêcher la paix et la concorde dans ces provinces agitées; il verrait, en passant, Lyon et le Dauphiné. Ici les ennemis de ma famille avaient quelques chances de succès partiels; car l'esprit public des départements de la Drôme et de l'Isère était quelque peu égaré. La dernière usurpation y avait ses partisans, et il fallait porter de ce côté une attention vigilante.

Mon nouveau ministère était à peine installé, qu'il eut à lutter contre une foule d'obstacles, outre sa division intérieure. M. de Richelieu, devenu véritable optimiste, trouvait tout bien; il s'attachait particulièrement à ramener à ma cause les libéraux, en écoutant leurs plaintes et en leur accordant des demandes dont ces messieurs n'étaient point avares; car, tout en attaquant ma famille et mon gouvernement, ils ont toujours cherché à en retirer du profit, et de tous ceux qui me refusent leur amour, aucun ne fait fi de mon argent, lorsque je le leur laisse prendre sous un prétexte quelconque.

M. de Vaublanc, au contraire, prétendait que les libéraux étaient incorrigibles, fourbes et décidés à ne se rapprocher de moi qu'afin de mieux me tromper. En conséquence, il avait pour système que je devais m'appuyer sur les royalistes seuls, leur accorder les places, les faveurs, les récompenses, et aux autres rien qu'une protection accompagnée de vigilance. Il se rappelait les époques de la terreur, il savait de quoi les jacobins sont capables, et s'affligeait de la quiétude de M. de Richelieu, et de la tendance de M. le président du conseil à remettre en place des gens nécessairement ennemis de ma dynastie.

L'un et l'autre exagéraient leur système. M. de Richelieu aurait poussé trop loin la mansuétude, tandis que M. de Vaublanc ne mettait pas assez de ménagemens dans sa conduite envers les libéraux. Quant à moi, qui, placé entre eux, étais à même de mieux juger l'ensemble des choses, je voulais, en m'appuyant sur mes amis, ramener à moi mes ennemis. J'étais merveilleusement soutenu dans cette résolution par mon ministre de la police.

M. Decazes, ayant mis la main à l'œuvre, ne

trompa point les espérances que j'avais fondées sur son mérite; il comprit vite et de tous points mes intentions, et les suivit avec autant de zèle que de capacité. Ses rapports journaliers étaient en quelque sorte un résumé de l'esprit public, que je pouvais embrasser d'un coup d'œil. M. Decazes ne s'attachait pas seulement à me parler d'affaires d'état; il savait varier d'une manière agréable les fréquentes audiences que je lui accordais. Il avait, à la suite d'un travail sérieux, des anecdotes piquante à me raconter ; il parlait des arts en homme qui les aime, de la littérature en connaisseur, et nul mieux que lui n'a su mettre en usage ce précepte de Phèdre :

Animum relaxes, otium des corpori,
Ut adsuctam fortius prœstes vicem.

(Donnez du répit à votre esprit et du repos à votre corps, afin de revenir plus vigoureux à vos fonctions ordinaires.)

C'était un soin que mes autres ministres ne prenaient pas : ils m'abordaient avec solennité, et je ne devais attendre d'eux que ce qu'eux-mêmes trouveraient dans leur portefeuille. Il en résulte qu'insensiblement je m'habituai à la société privée de M. Decazes, et que ses audiences devinrent plus fréquentes. D'ailleurs son travail n'était point embarrassé d'inutilités, il allait droit à son but, et prenait enfin la véritable route pour obtenir ma confiance et mes bontés.

M. Decazes me parut sincèrement royaliste, sans être ennemi des libéraux ; il connaissait bien ceux-ci, et m'a dit plusieurs fois :

— Il est malheureux que le roi ne soit pas assez riche pour acheter ces messieurs en masse, mais je puis affirmer à Sa Majesté que l'orsqu'il lui plaira d'en faire l'emplette en détail, aucun ne reculera.

J'en ai fait parfois l'essai, et il m'a toujours réussi.

On tarda peu à la cour à s'apercevoir de l'affection que je portais à M. Decazes, et aussitôt chacun se leva contre lui. On ne peut souffrir que le roi ait un ami, un confident. Dans l'émigration, on avait détesté le pauvre d'Avaray, lui, l'être le plus inoffensif du monde. Après sa mort, et lorsqu'il fut constaté que le comte de Blacas prenait sa place, il devint à son tour l'objet de l'aversion générale. Blacas écarté, les intrigues, les haines se reportèrent sur M. Decazes. Autant aurait valu me condamner au supplice de vivre dans l'intimité avec tous les habitués des Tuileries.

CHAPITRE IV.

Que la position d'un roi est difficile.— Louis XVIII tient en 1815 la conduite qu'il devait tenir. — Sa sévérité opposée à celle de Buonaparte.—Les catégories militaires.—Détail sur l'évasion de M. de Lavalette.—Ce que le roi dit à une altesse. —Conversation avec M. de B..... — Il dénonce au roi une partie de son ministère. — M. de Barbé-Marbois aux prises avec la chambre des députés. — Distinction à faire dans les articles d'une charte. — Projet de la loi d'amnistie. —M. de La Bourdonnaye.— Son contre-projet. — Division dans le ministère. — Séance à la chambre des députés. — Le projet du roi est mal accueilli de M. de Corbières.

Je crois devoir dire à ceux qui me liront un jour, que je n'ai nullement l'intention de rapporter dans tous leurs détails les actes et les lois rendus sous mon règne, ni même de retracer tous les événemens de cette grande époque. Je choisis dans mes souvenirs ce qui m'est le plus agréable ou le moins pénible dans cette fatale année de 1816. Je dus m'armer nécessairement d'une sévérité commandée par les circonstances, me montrer inflexible, lorsque mon ame était navrée par cet excès de rigueur.

C'est une tâche bien difficile à remplir que celle d'un roi. Chacun juge ses actions, selon que lui-même à intérêt à les applaudir ou à les blâmer. On l'accuse de partialité lorsqu'il est juste, de tyrannie lorsqu'il est ferme ; sa conduite est soumise à la prévention du parti qui l'examine, et, en voulant toujours bien faire, il ne contente jamais.

C'est ce qui m'arriva, principalement à ma seconde rentrée. Ceux qui avaient provoqué mon départ, prétendaient, en me voyant reparaître, que non seulement je devais leur pardonner leurs actes coupables, mais encore les en récompenser. « Malheur à vous, me disaient-ils, si une seule tête tombe, bien que nous ayons fait tomber celle de tous ceux des vôtres que nous avons pu atteindre. Votre lot est de tout souffrir de nous, sans jamais chercher à vous venger. »

En conséquence de cette étrange audace, on m'imputa à crime ma résolution de laisser à la justice son cours naturel. On osa me reprocher le supplice de Labédoyère et celui de Ney. Quelles trahisons cependant avaient amené plus de calamités que la leur? Qui trompa mieux ma confiance, qui fut la cause plus directe de la seconde invasion, que la conduite de ces deux hommes? Et on voulait qu'abandonnant les intérêts sacrés de la France, je laissasse impunie la révolte, et surtout avec la certitude qu'elle pourrait recommencer dès le lendemain.

C'était folie de la part de ceux qui attendaient cet acte de faiblesse, et, de la mienne, c'eût été un crime. J'ai fait non ce que j'ai cru convenable, mais ce que je devais faire, ou ce que je ferais encore, le cas échéant. Je ne repens d'aucune grâce refusée, parce qu'en l'accordant j'aurais compromis l'avenir du royaume. J'aurais pu excuser un complot dirigé contre ma seule personne ; mais tout me commandait la rigueur envers ceux qui avaient travaillé à la ruine de l'état.

Je ne conçois pas davantage les ménagemens à l'égard de ces factieux opiniâtres, de ces agitateurs permanens qu'on rencontre sans cesse à côté de chaque émeute, ou qui se tiennent lâchement en arrière pour en provoquer de nouvelles. Ce fut contre ces hommes dangereux que je dirigeai l'institution des cours prévôtales, laquelle éleva tant de clameurs. Règle commune, les gens de bien, les gens tranquilles n'ont jamais rien à craindre des tribunaux d'exception : on ne va pas les chercher à leurs occupations, dans leurs demeures, pour les mettre en jugement; l'action de la justice politique s'égare rarement, elle n'atteint que les ennemis de la paix, que les séditieux. Or donc, pourquoi s'effrayer de la forme menaçante qu'elle déploie? Ne peut-elle avoir, pour la défense, la célérité de l'attaque, et doit-elle demeurer les mains liées en face du crime agissant?

J'ai dû laisser à la chambre des pairs toute son omnipotence; elle a jugé à une majorité immense chaque affaire politique qu'on lui a soumise, et, la sentence rendue, j'ai consenti à son exécution. C'était un devoir, je le répète; il fallait prouver aux rebelles que ma première mansuétude ne se représenterait plus en cas de nouveaux forfaits.

Le parti vaincu blâmait tout alors. Il désapprouva aussi ma détermination de créer désormais une armée fidèle. Il jeta feu et flamme contre les catégories du duc de Feltre. Eh bien! elles étaient sages, et il ne faut que les connaître pour apprécier l'esprit d'équité qui avait présidé à leur rédaction. Était-il possible que je me confiasse de nouveau à des militaires qui m'avaient si perfidement abandonné. Quoi! ma garde, la défense du royaume, auraient été immédiatement remises à des traitres? Dans quel temps, chez quel peuple a-t-on jamais agi ainsi!

Buonaparte avait d'abord exilé à quarante lieues de Paris mes gardes-du-corps et ceux de ma maison rouge: il avait écarté de son armée les officiers suspects de royalisme, et ce qu'on trouvait bon de lui me serait interdit! Je ne pouvais ranger par classe de confiance les fidèles et les infidèles? Le duc de Feltre me proposa cette mesure : je la méditai, elle me parut juste, j'y donnai donc ma sanction. Au reste, les voici ces catégories célèbres ; car je veux mettre les pièces de ce procès sous les yeux des hommes impartiaux.

1° Les officiers généraux et les officiers de tout grade et de toute arme qui, deux jours après l'arivée de Buonaparte à Paris ont abandonné le service militaire ;

2° Ceux qui, sans quitter le service, ont refusé de signer le serment de fidélité à Buonaparte et aux prétendus actes additionnels aux constitutions de l'empire ;

3° Ceux qui, ayant signé ce serment, ont expié l'oubli de leur devoir en quittant par une démission volontaire le service de l'usurpateur ;

4° Ceux qui, entraînés d'abord, ont abandonné le parti de l'usurpateur.

5° Ceux qui, d'abord employés dans l'armée, ont été destitués comme suspects au gouvernement de Buonaparte, et non pour des motifs infamans ;

6° Tous ceux qui sont restés fidèles au service, mais contre lesquels il existe dans les bureaux du ministère des dénonciations qui honorent leur attachement au roi ;

7° Ceux qui étant en non activité à l'arrivée de l'usurpateur n'ont formé jusqu'au retour du roi aucune demande pour rentrer au service ;

8° Les officiers ou administrateurs qui ont conservé leurs fonctions avant le départ du roi ;

9° Ceux qui ont fait un service sédentaire à l'intérieur ;

10° Ceux qui ont obtenu la confirmation des grades ou récompenses qu'il avait plu au roi de leur accorder ;

11° Ceux qui ont fait partie de l'une des armées formées par Buonaparte ;

12° Ceux des dénoncés ci-dessus qui ont signé des adresses à Buonaparte ;

13° Les officiers qui ont commandé des bataillons de fédérés ou corps de partisans ;

14° Ceux qui se sont déclarés pour Buonaparte vingt jours avant le départ du roi. — Les officiers généraux et supérieurs qui ont arboré de leur propre mouvement l'étendard de l'usurpateur, et publié des proclamations séditieuses. — Les officiers généraux et supérieurs qui ont réprimé ou puni les mouvemens des fidèles serviteurs du roi. — Les commandans des places et forts qui ont refusé d'ouvrir leurs portes, et qui ont bravé tous les dangers d'un siège, s'il est constaté qu'ils ont opposé avec intention une résistance coupable aux ordres du roi. — Ceux qui ont marché contre les troupes royales assemblées dans l'intérieur. — Ceux convaincus d'avoir insulté l'effigie du roi ou des princes. — Les officiers à demi-solde qui volontairement ont quitté leurs foyers pour se porter sur le passage de Buonaparte, et qui l'ont accompagné à Paris. — Enfin les officiers compris dans la quatorzième classe resteront dans l'état de non-activité, à moins que des renseignemens ultérieurs ne fournissent la preuve de leur repentir et de leur retour aux vrais principes.

Telles étaient les catégories. Il m'a semblé que nul ne pouvait raisonnablement s'en plaindre ni trouver étrange que le roi désirât avoir une connaissance exacte de la manière dont chacun l'avait servi.

Les reproches des libéraux sont en général aussi injustes. Ils reposent sur la fausse idée que de leur côté tout est légitime, et que rien ne l'est du mien. Si jamais ils s'emparent de la puissance, on verra qui d'eux ou de moi a mieux exercé le despotisme. Pauvre France, que deviendrais-tu un jour si tu tombais en leurs mains !

La mort du maréchal Ney fut une conséquence de tout ce qui s'était passé. Je donnai des regrets à sa gloire militaire; mais je dus le sacrifier à la sûreté de l'état, qui venait d'être si cruellement ébranlé.

Quant à l'évasion de M. de Lavalette, je n'en fus pas fâché. On répandit au château que j'en étais le premier auteur, que, lorsqu'on m'avait demandé si la justice aurait son cours, j'avais répondu : Le pauvre homme n'en vaut pas la peine. J'ai pu penser la chose, mais je ne l'ai pas énoncée. On ne m'a point mis d'ailleurs en position de déclarer ma volonté. La cour de Bavière fit, par l'organe de son ambassadeur, de nombreuses démarches en faveur de M. de Lavalette ; des notes diplomatiques furent échangées. L'empereur d'Autriche donna également à entendre que l'on me serait obligé de sauver M. de Lavalette. Je ne demandais pas mieux ; mais le supplice du maréchal Ney ne me permettait pas de me montrer moins sévère envers un homme également coupable. J'étais donc fort embarrassé.

Il me fut impossible de manifester trop de colère contre les maladroits qui laissèrent évader ce personnage. Je ne grondai pas non plus M. Decazes, qui ne fut guère plus heureux pour l'empêcher de sortir du royaume. Il est certain que le gouvernement, en cette circonstance, eut une physionomie de complicité avec l'action dont je ne me rends pas bien compte. Je fus peu satisfait de la véhémence que les royalistes montrèrent au sujet de cet incident. Certes, ce n'était pas à eux à jeter tant de regrets sur la fuite d'un malheureux échappé à l'échafaud ! Lavalette n'était pas un de ces jacobins souillés du sang le plus pur; il avait au contraire rendu de nombreux services à mes partisans. Sa faute était toute politique ; elle méritait sans doute d'être punie ; mais exiger que sa tête tombât, c'était aller trop loin.

Je m'expliquai là dessus dans mon intérieur avec une des personnes qui entraient chez moi librement; elle parla d'un ton si amer des complices de l'évasion de Lavalette, que je ne pus m'empêcher de lui dire :

— Est-ce que vous auriez soif de son sang ?

Ce mot la réduisit au silence, ainsi que ceux qui pensaient comme elle. Au reste, on vit dans ce fait le commencement d'une conspiration des libéraux, à laquelle se rattachaient toutes les autorités civiles et militaires. M. de B.... me demanda une audience que je lui accordai.

— Sire, me dit-il, vous êtes trahi jusque dans votre ministère. Deux conspirateurs en font partie.

Monsieur, répondis-je, cette accusation est grave. Et quelles preuves donnez-vous à l'appui ? Qui soupçonnez-vous enfin ?

Il nomma le garde-des-sceaux et M. Decazes. Ces messieurs, à l'entendre, avaient fait un pacte avec les libéraux et le duc d'Orléans : la délivrance de M. de Lavalette en était le gage. M. B.... entra ensuite dans des détails incroyables ; il savait tout ce qu'on avait dit et fait. Je le laissai achever son discours ; puis je lui demandai de nouveau où étaient les pièces probantes de tout cela. Les pièces, il n'en existait aucune, à moins que je ne voulusse admettre, comme article de foi, les commérages de quatre à cinq femmes de réputation plus qu'équivoque, lesquelles, avant même la révolution, avait poursuivi cette intrigue jusqu'à ma rentrée ; puis les propos absurdes d'une demi-douzaine d'intrigans, à ma solde jadis, et qui aujourd'hui réclamaient le prix des services qu'ils ne m'avaient pas rendus. Ceux-là pourtant, prétendait M. de B...., répondaient de tout.

— Et qui me répondra d'eux ? repartis-je. Qui m'affirmera leur véracité, lorsque je ne connais que leurs mensonges ? Vous êtes un honnête homme, monsieur ; aussi vous prennent-ils pour leur dupe. Croyez-moi, chaque fois qu'un individu en accusera un autre devant vous, interrogez d'abord sa propre vie, ses antécédens ; puis appréciez le degré de confiance qu'il faut lui accorder. Ceux dont vous me parlez, hommes et femmes, ont plus ou moins servi la police de Buonaparte, et il en veulent à M. Decazes, parce que peut-être ils ne les paie pas assez cher.

Je ne voulus pas ajouter que M. de Barbé-Marbois était poursuivi particulièrement par une faction royaliste qui ne lui pardonnait pas de remplir des fonctions dont on avait voulu investir le président de Grosbois. Il est certain, que de tous mes ministres, c'était celui contre lequel la haine se manifestait le plus hautement. Il faisait cependant de son mieux pour prouver son royalisme. On lui devait le rétablissement des cours prévôtales et l'épuration de la magistrature. Mais tant de concessions ne désarmaient point un parti qui ne voulait pas s'appuyer sur un étranger ; et il qualifiait ainsi tous ceux qui n'avaient pas toujours marché dans sa voie.

La chambre élective traita mal le garde-des-sceaux : on lui reprochait l'évasion de Lavalette comme son œuvre. Ce fut un scandale sans pareil. Je vis dès lors que ce ministre ne conviendrait pas à la chambre, et qu'il serait impossible de se servir utilement de lui désormais. C'était à lui pourtant à présenter la loi d'aministie. Je la voulais large, complète, et ce n'est pas ainsi que l'entendaient les meneurs. Ceux-ci prétendaient non seulement atteindre les personnes, mais encore ils ne reculaient pas devant la confiscation des biens. C'était aller contre un article formel de la Charte ; mais rien n'arrêtait. D'ailleurs on était charmé d'en violer une partie, afin de trouver plus tard la planche faite pour arriver à d'autres points qui déplaisaient encore plus.

Je sais bien que dans un code fondamental il y a des articles sacrés et d'autres purement réglementaires, que la nature de ceux-ci est, par le fait même de son essence, soumise à ces variations. Le cens électoral, le nombre des députés, par exemple, tout cela doit être subordonné aux circonstances et à la volonté de la masse. Il n'en est pas ainsi de ce qui concerne l'inviolabilité de la propriété, l'inamovibilité de la magistrature, les chambres, le roi, etc. Ici nul ne peut toucher sans se rendre coupable de haute trahison. Et certes, c'était entrer dans cette portion de l'arche sainte que de demander la confiscation des biens de ceux qui seraient condamnés.

Le garde-des-sceaux, pour rester fidèle à ses sermens et à mes instructions, dut s'opposer à cette injustice, et ceci acheva de le perdre dans certains esprits.

Le projet de loi présenté ne contenait que les dispositions de l'ordonnance du 24 septembre. Les royalistes ne s'en contentèrent pas : ils demandèrent beaucoup plus, et le comte de la Bourdonnaye prit l'initiative. Celui-ci prétend aimer la royauté : c'est possible. Tout ce que je puis affirmer, c'est qu'il est constamment en opposition avec le roi. Il ne manque ni d'esprit, ni d'éloquence, mais complètement de mesure et de sens. Il se croit au quinzième ou seizième siècle, et parle comme si, pour le soutenir, il avait à sa disposition toute la noblesse féodale rangée en bataille. Chaque fois que M. de La Bourdonnaye prend la parole, il dénoue un anneau de la chaîne que j'ai tant de peine à tisser. Les libéraux voient en lui l'expression dévoilée de la pensée secrète de mon gouvernement; et ils m'accusent de cette exagération que je blâme le premier. Ce n'est pas que M. de La Bourdonnaye n'ait peut-être raison au fond ; mais dans ce monde ce n'est pas assez d'avoir le bon droit de son côté, il faut encore que ce qu'on fait convienne à la masse. Privé de force au point du départ, l'homme sage louvoie et ne demande que ce qu'il peut obtenir. M. de La Bourdonnaye au contraire veut tout ou rien.

Il s'est posé de telle sorte que son entrée au ministère, si par hasard la chose arrivait, équivaudrait au coup de canon de détresse de la monarchie.

M. de La Bourdonnaye s'appuya, pour devancer mon projet de loi et pour présenter le sien, sur l'une de mes proclamations de Cambrai, où j'avais réservé aux chambres le droit de décider du sort des coupables. Mon intention en associant les chambres à cette mesure était de montrer que je n'entendais pas condamner sous l'impulsion de ma vengeance personnelle. Je me flattais néanmoins de diriger toujours la marche de cette affaire; et comme je penchais vers la clémence, j'espérais ne trouver aucun obstacle dans ceux dont je m'adjoindrais le concours. Ce fut une erreur; je n'avais pas assez réfléchi à la violence de l'esprit de parti, qui outre tout dans sa haine comme dans son amour.

En conséquence, et prenant pour droit les propres expressions royales, M. de La Bourdonnaye proposa :

« D'accorder amnistie pleine et entière à ceux qui, directement ou indirectement, avaient pris part à la conspiration du 20 mars, tant pour les rébellions antérieures qui s'y rattachaient que pour celles qui ont eu lieu jusqu'au 8 juillet, jour de l'entrée du roi à Paris.

« Seront exceptés de cette amnistie ;

« 1º. Les titulaires des grandes charges administratives et militaires qui avaient constitué le gouvernement de l'usurpateur, lesquelles charges seront déterminées par la chambre;

« 2º Les généraux commandans de corps et de place, les préfets qui avaient passé à l'usurpateur ou commis des actes de violence contre l'autorité légitime;

« 3º Les régicides qui ont renoncé à leur amnistie en acceptant des places de l'usurpateur, en siégeant dans les deux chambres ou en signant l'acte additionnel. Les hommes désignés par les paragraphes 1 et 2 seront arrêtés et traduits, savoir : les militaires devant les conseils de guerre; les magistrats et citoyens devant les tribunaux compétens, et comdamnés, si les faits sont constans, aux peines prescrites par l'article 87 du code pénal, contre ceux qui renversent le gouvernement établi. Les individus désignés dans le paragraphe 3 seront également arrêtés et traduits devant les tribunaux compétens, puis condamnés, si les faits sont constans, à la déportation.

« Les revenus des biens appartenant aux contumaces seront séquestrés, déposés à la caisse d'amortissement, et ne pourront être remis à leur famille qu'après le délai fixé pour la mort présumée des absens, et sous la déduction des frais de gestion et de réparation dûment constatés. »

Ce fut avec un vrai chagrin que je lus cette pièce, qui dépassait tellement mes intentions. Ce chagrin augmenta encore lorsque j'appris que la majorité de la chambre, au lieu de repousser un projet de loi attentatoire au respect qui m'était dû, l'avait au contraire bien accueilli; que d'autres projets semblables avaient obtenu le même suffrage; et qu'enfin les royalistes étaient disposés à me forcer la main en cette circonstance. La commission nommée pour faire le rapport me sembla aussi significative : on y voyait MM. Berthier de Sauvigny, de Villèle, de Chifflet, de Corbière, de Sesmaisons, Feuillant, Aldegonde, Pardessus et Jolivet.

Je me demandai si je devais me laisser devancer par la chambre, puis refuser sa proposition, ou présenter également mon amnistie telle que je l'entendais. Je pris ce dernier parti.

Je fus étonné, lorsque je le communiquai au conseil des ministres, de la divergence d'opinions qui en ressortit. La minorité voulait que je laissasse l'initiative aux deux chambres; que j'approuvasse ce qu'elles feraient, sauf à adoucir pour certains coupables la juste rigueur de la sentence. La majorité, au contraire, soutenait que je devais conduire cette affaire ; que paraître abandonner à d'autres le soin du châtiment, aurait l'apparence d'une duplicité incompatible avec la majesté royale : ceci était mon avis. En conséquence, il fut décidé que l'on porterait à la chambre le projet de loi tel que je l'avais dicté.

M. de Richelieu prit cette tâche. Il parut le 8 décembre à la tribune ; et à la suite d'un discours conçu en des termes qu'il crut propres à lui rallier la majorité, il lut le projet de loi ci-après.

« L'ordonnance du 24 juillet 1816 continuera d'être exécutée à l'égard de tous les individus compris dans l'article 1er de ladite ordonnance. Les individus compris dans l'article sortiront de France dans les deux mois qui suivront la promulgation de la loi ; ils n'y pourront rentrer sans une autorisation expresse du roi, le tout, sous peine de déportation.

« Tous les membres et alliés de la famille Buonaparte et leurs descendans, jusqu'au degré d'oncle et de neveu inclusivement, sont exclus à perpétuité du royaume. Ils en sortiront dans le délai d'un mois, sous la peine portée par l'article 91 du code pénal ; ils ne pourront y jouir d'aucun droit civil, y posséder aucuns biens, titres, rentes ou pensions à eux concédés à titre gratuit ; et ils sont tenus de vendre dans le délai de six mois les biens de toute nature qu'ils possèdent à titre onéreux.

« L'amnistie présente n'est pas applicable à toutes les personnes contre lesquelles des poursuites sont actuellement dirigées, contre lesquelles seraient intervenus des jugemens avant la promulgation de la loi.

« Ne sont pas non plus compris dans l'amnistie les crimes ou délits contre les particuliers, à quelque époque qu'ils aient été commis. Ceux qui s'en sont rendus coupables pourront être poursuivis conformément aux lois. »

Un murmure de mécontentement non équivoque accueillit la mesure proposée par M. de Richelieu. La contenance de la chambre était morne et silencieuse ; on eût dit qu'on venait d'entendre l'aveu de quelque nouvelle calamité dont l'état serait frappé. Le projet du gouvernement fut renvoyé à la commission déjà désignée pour rendre compte des quatre autres projets, et on nomma M. de Corbière rapporteur.

Ce personnage est un vrai Breton, et assurément de descendance romaine. Ses manières sont simples ou plutôt austères, sa parole rude; il a peu ou point d'aménité; mais il est probe, loyal et honnête homme dans toute l'étendue du terme; il est royaliste par amour, par réflexion ; du reste avocat de la tête aux pieds, détestant les hommes de lettres, quoique bibliophile; méprisant les arts, dont il ignore les avantages, et fermement convaincu, en s'appuyant du Code de Justinien, que ma puissance relève de Dieu seul. Ce n'est peut-être pas de l'affection que je porte à M. de Corbière; mais du moins c'est de l'estime fondée sur la connaissance que j'ai de sa vertu. Je pourrais me méfier de certaines personnes plus élevées en dignité et bien autrement comblées de mes bienfaits; mais de lui, jamais.

Cependant je n'ai pas toujours été satisfait de M. de Corbière; il se peut que cela vienne de ce qu'il m'aime à sa manière, et que je veux l'être à la mienne. Il est certain que dès cette première session des chambres, je me mis à le gronder de ce qu'il me voulait plus sévère qu'il ne me plaisait de l'être; mais j'eus beau faire et dire, je ne pus rien obtenir de cette tête bretonne, et, bon gré mal gré, les conclusions du rapporteur, approuvées par la commission, renversèrent de fond en comble l'économie de ma loi, en lui en substituant une plus rigoureuse.

CHAPITRE V.

Suite des débats relatifs à la loi d'amnistie.— Réponse du roi au duc de Richelieu. — La France persiste à vouloir bannir les régicides.— Le roi cède.— Discours qu'il dicte au président du conseil.—Pourquoi il avait d'abord qualifié la chambre d'*introuvable*.— Loi des élections présentée par M. de Vaublanc à la chambre des députés.— La chambre en renverse les dispositions. — Anecdote de la lettre des quatre prélats pairs.— M. de Bausset.— Les pairs réformant la loi anticonstitutionnelle.— Le roi en fait préparer une seconde. — Le rameau d'olivier.— La chambre remanie le projet de loi.— Détails de la séance qui décide M. Lainé à se démettre de la présidence de la chambre élective. — Clôture de la session.

Les débats furent vifs à la chambre des députés, par suite du rapport de M. de Corbière. Toute la droite, qui formait la grande majorité de la chambre, se prononça en faveur de la pénalité la plus sévère. MM. de Benoît, de Salaberry, de Botded, de La Bourdonnaie, de Castelbajac, de Bouville, parlèrent dans ce sens. Leur éloquence fut ardente, passionnée, cruelle peut-être ; mais enfin, c'était leur conviction, et il fallait la respecter surtout en reconnaissant qu'elle avait pour but de mieux affermir le trône légitime.

Mes ministres répondirent ; M. de Vaublanc en faisant par forme oratoire, sans doute, toutes sortes de concessions aux principes de la majorité : le vicomte du Bouchage avec mollesse, et M. Decazes avec verve et talent. Ils furent secondés par MM. Lainé, Pasquier, Siméon et de Serre, tous hommes habitués aux affaires, et connaissant la valeur d'une clémence qui se montre à propos. Ils produisirent néanmoins peu d'effet; la chambre voulait rendre terrible l'action du gouvernement, et le conseil acquit la certitude que son projet de loi serait écarté pour faire place à celui de M. de La Bourdonnaye, quelque peu amélioré par la commission.

C'était la volonté de la chambre substituée à la mienne. Il y eut des avis pour amener au terme moyen de la loi. On proposa au ministère de consentir au bannissement des régicides qui avaient administré ou servi dans les cent-jours ; mais le ministère ne pouvait accepter ce *mezzo termine* sans avoir pris mon attache, et le duc de Richelieu me le soumit de sa part.

Pendant que ce pourparler avait lieu. M. Decazes instruit de ce qui se passait en arrière des royalistes, parmi des intrigans, me donna les premières notions du désir que l'on avait de mettre Monsieur à ma place. Il y avait, en province et à Paris, des réunions secrètes où l'on agitait la question épineuse de savoir jusqu'où l'on peut aller, lorsqu'il s'agit de se déclarer contre le monarque, dans l'intérêt de la monarchie. Ces conspirateurs, qui l'étaient par excès de royalisme, s'autorisaient, disaient-ils, de l'opiniâtreté que je mettais à soutenir les grands coupables de la révolution. Ils s'étonnaient que j'hésitasse à les sacrifier, et, pour en trouver le motif, ils ne craignaient pas de se livrer à d'odieuses conjectures.

Le devoir du ministre de la police était de m'instruire de tout, et sa franchise déplaisait aux meneurs. Je me chagrinais de voir que, malgré nos efforts, on prétendait s'intéresser plus que moi à la conservation de ma couronne, et j'étais dans cette disposition pénible, lorsque le duc de Richelieu m'apporta l'*ultimatum* de la majorité.

« Non, monsieur, répartis-je, il ne me convient pas que l'on change en loi de trouble et de discorde ce que j'ai voulu donner en gage de pardon et de paix : à ma première rentrée, lorsque, par un article formel de la charte, j'ai remis aux régicides la peine de leur crime, je les ai pleinement replacés dans le droit commun; on ne peut aujourd'hui leur reprocher que leur participation aux actes de la seconde usurpation de Buonaparte; vouloir remonter plus haut est une injustice. Si ces messieurs tiennent tant à une aggravation de peine, dites-leur que je consens à exiler hors du royaume dans le délai de deux mois, ceux qui, avant cette époque, n'auraient pas été soumis à la rigueur d'un jugement judiciaire, et à étendre le bannissement des Buonaparte à la troisième ou quatrième génération. Cela doit suffire ; me demander au delà serait trop exiger de moi. »

Le duc de Richelieu rapporta mes volontés à la chambre royaliste, qui n'en tint aucun compte. Je ne sais quel malin génie lui inspira la pensée de me contrecarrer encore. On osa dire que, puisqu'il ne me plaisait pas de venger la mort du roi mon frère, c'était à la chambre à en prendre le soin. On réveilla, pour tromper celle-ci, les vieilles calomnies de l'émigration, et, malgré ma volonté expresse, on maintint le bannissement des régicides.

Ces hommes de sang qui, après avoir été pardonnés, s'étaient encore rendus coupables, méritaient bien, par le fait, une punition exemplaire; mais en les frappant on allait contre le texte de la charte, on montrait plus de sévérité que moi. Je me demandai un instant si je ne retirerais pas la loi, et certes je pouvais le faire ; les conspirateurs n'en auraient pas moins été châtiés, puisqu'il eût suffi pour cela de la seule action des tribunaux. Cependant je ne le fis pas ; je cédai aux instances des personnes qui me sont chères, et à l'avis de la minorité du conseil; je réservais plus de fermeté pour d'autres lois, et je parus consentir à celle-ci, telle qu'on l'avait amendée. Néanmoins, je voulus constater aux yeux de la nation l'espèce de violence qui m'était faite : en conséquence, je rédigeai moi-même le discours que M. de Richelieu prononça, lequel était conçu en ces termes :

« Après avoir appelé la chambre des députés à

concourir à la loi d'amnistie qu'il a voulu donner, le roi nous a chargé de vous présenter le projet de loi qui la contient. Sa Majesté, dans le cours des discussions qui ont eu lieu à la chambre des députés, avait déjà consenti à deux amendemens; mais il a été fait par la chambre, à la fin de cette délibération, une addition importante à cette loi. Elle consiste à expulser à jamais de la France, des hommes qui, au mépris d'un premier acte de clémence sans borne, n'ont pas craint de devenir une seconde fois les instrumens d'une odieuse usurpation. Malgré cette criminelle récidive, l'inépuisable bonté de Sa Majesté, inspirée par le vœu du roi martyr, répugnait à séparer leur cause de celle des autres Français égarés dans ces derniers temps : mais le vœu énergique, et l'on peut dire unanime, qui éclate dans une assemblée composée des députés du royaume, ne permet pas de douter que le vœu de la France entière est conforme à celui que viennent de manifester ceux qui sont chargés le plus spécialement de faire connaître au roi les sentimens et les besoins de son peuple.

« Il ne faut rien moins que le concours d'une nation et de ses députés pour vaincre le cœur du monarque. *Cédant enfin au cri qui s'est élevé de toute part*, Sa Majesté a ordonné de comprendre, dans la proposition de la loi, la disposition additionnelle qui en formera l'article 7. Lorsque le premier corps de l'état aura sanctionné le vœu exprimé par les députés de la France, Sa Majesté retirera la main qu'elle avait étendue sur des sujets aussi coupables, et ils seront abandonnés à leur destinée.

« Une chose fait croire à Sa Majesté que la justice divine se fait entendre par la voix de son peuple ; c'est que l'expression de ce vœu a été, dans la chambre des députés, le signal de la concorde, et que, dès ce moment, ont cessé des dissentimens d'opinions qui avaient éclaté dans la discussion. »

J'avais cédé de bonne grâce, et on chanta victoire arrogamment. On prétendit que la révolution venait enfin d'être vaincue, malgré la protection spéciale que le roi s'était complu à lui accorder. Une malveillance que rien ne légitimait, j'ose le dire, éloignait de moi les membres d'une chambre à laquelle, dans le principe, j'avais adressé un compliment flatteur, en la qualifiant d'*introuvable*. L'épithète d'abord fut méritée ; la chambre était éminemment royaliste, j'en conviens ; ses intentions étaient toutes monarchiques ; mais elle manqua d'expérience, elle commençait son éducation politique, et elle ne comprit pas que le premier devoir du royaliste est une soumission absolue à la volonté du roi ; que le roi, mieux placé que lui, sait ce qui convient au royaume, et que par conséquent sa volonté doit être respectée en tout ce qui touche à l'intérêt du royaume.

La chambre suivit une autre voie ; elle s'imagina follement, je ne crains pas de l'avancer, qu'il fallait affermir la monarchie contre le monarque même. Partant de ce faux principe, elle s'abandonna à la direction de certains ambitieux, qui lui firent croire que rien ne serait plus facile que le retour vers l'ancien régime, seul port assuré au vaisseau de l'état contre la tempête démagogique. La chambre, en donnant dans cette erreur, faillit tout perdre, et se perdit.

La France manque d'instrumens d'état ; les propriétaires ne connaissent ni l'histoire générale, ni celle de l'administration ; ils ne peuvent par conséquent s'élever à de hautes questions ; leur sphère est circonscrite à des intérêts privés ou locaux ; mais cette ignorance disparaîtra par l'usage du gouvernement constitutionnel. Le temps enfin viendra où, à la place d'hommes à préjugés et à passions, on aura des hommes d'état.

J'étais déjà presque fâché contre la chambre élective, lorsqu'une nouvelle pomme de discorde fut jetée entre nous. Une loi des élections était nécessaire, les dispositions de la charte ne permettaient pas qu'on pût se servir de celle qu'on avait appropriée aux formes de l'ex-empire ; d'un autre côté, il ne me convenait pas de déterminer par ordonnance ce qui devait être établi constitutionnellement. Je chargeai donc le comte de Vaublanc d'en présenter une. Il le fit avec beaucoup de talent ; sa loi, bien en harmonie avec la charte, renfermait des dispositions réglementaires, propres à procurer à la couronne l'influence matérielle qu'elle doit avoir sur les élections. Une des choses avantageuses de la constitution anglaise est le fait des *bourgs pourris*, de ce nombre de nominations qui se trouve entre les mains du ministère, sous forme légale. M. de Vaublanc, ne pouvant établir en France ce que la succession des siècles a seule amené en Angleterre, y avait suppléé avec beaucoup de bonheur, par *les électeurs de droit*. Son projet de loi présentait d'ailleurs une apparence démocratique, avec des résultats monarchiques. Je n'hésitai pas à adopter ce projet, que même je me rendis personnel, en y travaillant dans certaines parties.

On le présenta à la chambre des députés, qui s'avisa de le dénaturer, non pas cette fois dans l'intérêt de la royauté, mais dans celui des députés eux-mêmes. Le projet, basé sur les articles de la chambre, laissait le renouvellement partiel, le meilleur de tous, sans contredit, puisqu'il amène peu de secousses violentes, et qu'il annonce de loin par ses résultats, ce qui devient la volonté de la nation. Mais les députés avaient une autre pensée, celle de se perpétuer dans leur masse intégrale pendant cinq ans, et comme le projet de loi s'y opposait, ils n'hésitèrent pas à le démolir, ou à l'accommoder à leur fantaisie.

Cette conduite ne me plut pas. Je le leur fis dire; ils s'aigrirent de ma résistance, et les choses tournèrent mal. La loi, amendée si misérablement, fut blâmée des membres les plus sages de la chambre des pairs : un cardinal et trois archevêques pairs m'écrivirent (M. de Bausset tenant la plume), pour me prévenir contre l'exagération de la chambre élective. Cette lettre très-remarquable par le point des signatures, et par les raisons qui en appuyaient le texte, fit sur moi une forte impression. Elle contraria beaucoup les meneurs, déplut au pavillon Marsan, et MM. de Périgord, archevêque de Paris, de La Fare, archevêque de Sens, et M. de Girac, ancien évêque de Rennes, se prononcèrent contre, avec une chaleur qui m'amusa. Cette lettre, très bien combinée, frappait juste : elle me montrait la chambre élective allant, par des empiétemens successifs, à une sorte d'omnipotence d'où étaient découlées toutes les fautes commises par l'assemblée constituante. Je lui dus de me maintenir dans mon opinion, déjà formée dans le même sens.

M. de Bausset, ancien évêque d'Alais, en avait été le principal instigateur. Je l'en félicitai un jour que M. de La Fare se trouvait là : je mis les dignes prélats aux prises, et le zèle du dernier alla si loin, que je le vis au moment de fulminer l'excommunication contre son confrère. Lui, ayant bec et ongles, se défendit bravement ; il spécifia un par un les empiétemens de la chambre élective sur le pouvoir royal ; il la présenta ; démembrant par lambeaux la charte constitutionnelle : or, ce dont M. de La Fare se souciait le moins, c'était de mon œuvre chérie ; il en aurait fait, je pense, bon marché à qui aurait voulu s'en accommoder, à la condition de l'exporter hors de France. L'ancien évêque d'Alais la regardait au contraire comme la pierre fondamentale de la monarchie.

Cet appel à la charte fit donc faire une sorte de grimace à M. de Sens, et la discussion prit une nouvelle vivacité, sans aucun résultat, sauf que pendant plusieurs années M. de Bausset n'a pas été bon à jeter aux chiens. Il commence cependant à revenir un peu sur l'eau, parce que, de temps à autre, par amour pour la paix, il se rapproche du principe qu'il avait d'abord combattu. Cela n'est pas étonnant; il vieillit, et il est si rare de conserver son énergie primitive lorsque vient la décrépitude! Heureuse l'ame assez fortement trempée pour ne point céder aux infirmités de l'âge!

La chambre des pairs, bien inspirée, repoussa la loi d'élection amendée par celle des députés. C'était un avertissement pour l'engager à plus de mesure; cependant, elle se souleva avec encore plus de véhémence, et déclara qu'on chercherait en vain à la faire dévier de sa route; elle en fournit promptement une autre preuve. Je tenais, non plus à proposer une seconde loi sur le même objet, ce qui ne se pouvait pas; mais à sortir du régime des ordonnances, dans le cas où d'autres élections deviendraient nécessaires. Je crus y parvenir en faisant présenter un nouveau projet en deux articles ainsi conçus :

« Les ordonnances des 13 et 21 juillet 1819 ont force de loi, et tout ce qui est relatif à la composition des colléges électoraux, tels qu'ils ont été convoqués par suite de ces ordonnances, sera maintenu, sans nouvelles adjonctions, jusqu'à ce qu'il ait été statué autrement par une loi. »

C'était tout ce que je me croyais permis. Je respectais la charte en écartant les dispositions des ordonnances précitées, où j'avais soumis à révision quatorze de ces articles, ce qui, ayant eu lieu dans un moment de crise, n'était plus nécessaire lorsque les choses auraient repris leur cours naturel. Je doutai si peu que la chambre accueillerait ce projet de loi par un assentiment presque unanime, que je dis, en le présentant au comte de Vaublanc, *l'ami intime* des députés dans leur majorité :

— Allez leur porter ce rameau d'olivier.

Il s'y rendit en la compagnie de M. Decazes. L'un et l'autre, après une conférence préliminaire avec MM. de Villèle et de Corbière, prirent sur eux de faire quelques légers changemens à la rédaction des deux articles, quoique résolus en conseil, et revêtus de ma signature; tout cela fut inutile. L'idée fixe de ces messieurs était de bouleverser la charte et de se perpétuer pendant cinq ans. Mon projet de loi s'opposait à cette double fantaisie ; en conséquence, leur commission le défigura avec une rudesse qui m'obligea de rompre définitivement avec cette chambre, aussi maladroite qu'indocile. Or voici ce que je voulais, voici ce qu'elle m'opposa.

« 1° Les ordonnances des 13 et 21 juillet ont force de loi, provisoirement, dans toutes leurs dispositions (*ce qui se rapportait aux quatorze articles de la charte, dont j'ai parlé plus haut*).

« 2° Les colléges électoraux, tels qu'ils ont été convoqués par suite de ces ordonnances, seront maintenus sans nouvelles adjonctions, jusqu'à ce qu'il ait été statué sur une loi définitive d'élection, qui sera proposée dans la session de 1819. Ils ne pourront être appelés à aucune autre élection qu'à celles qui seraient nécessitées par une dissolution de la chambre, en vertu de l'article 50 de la charte. »

Ces ordonnances annonçaient assez clairement que la chambre ne voulait pas consentir à un renouvellement partiel, ni perdre le droit, prétendu acquis par mon ordonnance, de révision de la charte, droit qu'une autre ordonnance pouvait anéantir, et qui l'était, par le fait, en vertu de ce projet de loi. La chambre, en outre, empiétait sur mon pouvoir, sur le texte inflexible de la charte qui entendait le renouvellement partiel. En un mot, les amendemens frappaient par leur inconstitutionnalité et l'esprit d'égoïsme qui les avait dictés.

Ce fut le dernier acte qui provoqua mon mécontentement. J'y ajouterai la conduite de la majorité de la chambre envers M. Laîné, qu'elle outragea tellement en cette circonstance, qu'il me fut prouvé que c'était ma personne que l'on attaquait en lui.

M. de Villèle avait été nommé rapporteur de la commission; c'était lui qui présenterait à la chambre le contre-projet, tel que je viens de le transcrire.

M. Laîné présidait; on était alors dans la force de

la discussion du projet. La majorité, qui avait l'intention de me faire la loi, voulait me contraindre à accepter son œuvre inconstitutionnelle, en me menaçant, en cas de refus, de se venger sur le budget. Dans ce but, on pressa M. de Villèle, qui, arrivant au milieu de la discussion, demanda à faire la lecture du rapport relatif aux élections.

M. Lainé, sincèrement attaché à la charte et à la monarchie, comprenant d'ailleurs le piége que l'on préparait, dit d'abord à M. de Villèle qu'on ne pouvait interrompre ainsi une matière entamée; que rien ne nécessitait la prompte lecture de ce rapport qui, n'étant pas à l'ordre du jour, ne passerait qu'après le budget. M. de Villèle, certain d'être soutenu, insista. Le président dit alors en s'adressant à la chambre :

« Le réglement exige que les rapporteurs des commissions préviennent d'avance le président du jour où ils entendent faire leurs rapports, afin qu'ils puissent être mis à l'ordre du jour. Dans les journaux d'hier, j'ai lu que le rapport de la loi sur les élections devait avoir lieu dans cette séance. J'ai cru que c'était une erreur, puisque je n'avais pas été prévenu. Ce matin, à midi moins un quart, les ministres m'ont fait demander si le rapport aurait lieu aujourd'hui; j'ai répondu que non. Je dois maintenir le réglement, et je m'oppose formellement à ce que le rapport se fasse aujourd'hui. La chambre décidera ce qui lui semblera convenable. »

Rien n'était plus mesuré que cette explication;

cependant elle indisposa les impatiens, et M. Forbin des Issarts s'avisa de dire à haute voix, avec une vivacité toute provençale :

— M. Laîné a été prévenu.

— Je ne l'ai pas été, répliqua le président, indigné de ce démenti. Et lorsque je le déclare d'une manière aussi positive, c'est me manquer, c'est manquer à la chambre que de soutenir le contraire.

La chambre eut quelque honte de l'attaque peu convenable de M. Forbin des Issarts, et elle l'en punit en lui refusant la parole lorsqu'il la demandait pour donner une explication. Pendant ce temps, M. de Villèle montait doucement à la tribune. Quand il y fut établi :

— Messieurs, dit-il, la commission que vous avez nommée s'est assemblée, et samedi, j'ai prévenu M. le président.

— Vous m'avez dit que vous ne feriez pas aujourd'hui votre rapport, répliqua M. Laîné dont l'indignation allait croissant.

Mais M. de Villèle n'était pas homme à s'effrayer ; et, poursuivant comme il avait commencé :

— Mon intention n'est pas de dire que les faits ne sont pas tels que M. Laîné les a rapportés, mais de les offrir tels qu'ils se sont passés. Je n'ai pas prévenu M. Laîné officiellement, puisque je n'étais pas encore nommé rapporteur. Néanmoins, lorsque je lui ai donné cet avis, il m'a répondu qu'il s'opposerait de tout son pouvoir à ce que le rapport fût fait avant que la discussion sur le budget soit terminée. S'il faut prévenir M. le président officiellement vingt-quatre heures à l'avance, il est certain que je ne l'ai pas fait; car la commission n'a cessé ses opérations qu'au moment où commençait la séance.

L'espèce de dénonciation contenue dans les paroles de M. de Villèle porta son fruit; car des murmures dirigés contre le président s'élevèrent des diverses parties de la salle. M. Lainé répliqua :

— Ou ma mémoire est infidèle, ou M. de Villèle se méprend. Je me rappelle seulement lui avoir dit que le rapport pourrait bien être fait pendant que l'on s'occuperait du budget; mais que la discussion n'aurait pas lieu avant que celle du budget fût terminée.

M. Forbin des Issarts prenant alors la parole, qu'on lui concéda à tort, dit :

Le réglement veut que le président soit prévenu, mais il n'exige pas de loi. D'ailleurs le président déclare lui-même l'avoir été. Je n'ai donc manqué ni à la dignité du président, ni à celle de la chambre, quoique M. Lainé ait voulu le faire entendre.

L'attaque cette fois était trop directe; et, quelle que fût l'irritation de la chambre contre le président, elle ne put le laisser insulter aussi ouvertement. Des cris demandèrent le rappel à l'ordre de M. Forbin des Issarts, et le président ne retarda pas cette juste vengeance. Ce fut une sorte de défaite que le côté droit essuya. M. de Bouville, venant à son aide, dit :

— Je puis attester, quant au fait, que M. de Villèle

a annoncé à la commission qu'il avait prévenu M. le président, et que M. le président lui avait répondu qu'il laisserait difficilement faire le rapport et interrompre la discussion du budget. Au reste, il y a eu malentendu : la question est de savoir si la chambre juge le rapport assez urgent pour qu'il soit fait dans cette séance. Quant à moi, je le crois, et je demande la parole pour le rapporteur.

C'était attaquer plus franchement, et cette tournure prise, M. Lainé se sentit battu ; il mit donc aux voix la proposition. Une première épreuve fut douteuse, la seconde décisive, et le président se hâta d'en proclamer le résultat, et la chose faite, il ajouta :

— L'état de ma santé m'empêchant de présider l'assemblée, je prie M. de Bouville, vice-président, de me remplacer.

Ceci produisit un certain effet, mais ne changea en rien la volonté inflexible de la chambre. M. Lainé alla dans la pièce voisine où il écrivit sa démission de la présidence, qu'il m'envoya sans retard.

Cette décision me contrista et m'exaspéra davantage encore contre une chambre dont le royalisme consistait à se mettre en opposition avec le roi. Le duc de Richelieu répondit en mon nom; il témoigna la part que je prenais à ce qui s'était passé ; et il ajouta que je priais M. Lainé de continuer ses fonctions jusqu'à la conclusion du budget.

Dès ce moment, tout fut dit entre la chambre des députés et moi. Elle vit les pairs casser de nouveau son œuvre inconstitutionnelle ou plutôt la laisser mourir de sa belle mort. La chambre se traîna encore jusqu'au 29 avril, jour où la clôture en fut faite, et je me promis qu'avant de la rappeler je tenterais toutes les voies possibles pour me passer d'elle à l'avenir. Il n'est pas une époque depuis 1789 où les royalistes n'aient manqué de faire la sottise qui devait les perdre. Ils sont malheureux et maladroits.

CHAPITRE VI.

Causes qui déterminent le roi à retirer à M. de Vaublanc le portefeuille de l'intérieur. — Il explique sa position. — Ce qu'il avait promis à Monsieur. — Une phrase d'un discours de M. de Vaublanc détermine sa retraite. — Démarches de Monsieur en sa faveur.—M. de Barbé-Marbois est congédié. — M. d'Ambray reprend les sceaux. — Éloge des congédiés. — M. Lainé ministre de l'intérieur. — Mouvement à Grenoble. — Lettre du général Donadieu. — Le roi est trompé. — Il ne peut ramener à lui les libéraux. — Il se plaint des royalistes. — Conversation avec madame de..... — Nécessité de marier le duc de Berri. — A qui revient le trône de France à défaut de la branche aînée des Bourbons. — Le roi croit que c'est à la maison d'Espagne. — Que le duc d'Orléans régent l'a lui-même reconnu.—Que la couronne est à qui le peuple la donnera.

La chambre des députés s'était mise en opposition ouverte avec la prérogative royale et la charte. Elle avait voulu lier l'une et violer l'autre ; elle s'était attaquée durement à son président, à un homme d'honneur, et de plus, en prétendant établir mon trône sur une base solide, elle en provoquerait peut-être la ruine.

Dans cet état de cause, ce que j'avais de mieux à faire était de la renvoyer afin d'aviser sans embarras à la marche à suivre plus tard. Elle partit donc peu après son offense envers le président, et on put soupçonner que je ne m'arrêterais pas là ; je voulus prouver à la France d'une manière éclatante mon mécontentement, et pour y parvenir, je formai le projet d'appeler M. Laîné au ministère. Le portefeuille fut bientôt trouvé, M. de Vaublanc ne pouvait plus rester à l'intérieur.

Cet homme d'état avait cru que pour le bien de mon service il devait se lier intimement avec la chambre des députés, le pavillon Marsan et ce qu'on appelait alors les purs. Il en était résulté que dans le château on ne jurait que par lui. Ses rapport fréquens avec Monsieur en qualité de chef suprême de la garde nationale accordée à ce prince lui donnaient des privautés qui tourmentaient les autres ministres.

M. de Richelieu n'aimait pas M. de Vaublanc; il lui reprochait la prétention de vouloir le conduire ainsi que le cabinet, vers une tendance un peu trop despotique, et peut-être aussi son antipathie de l'influence russe. M. de Richelieu était intéressé à la nier plus que tout autre, mais on doutait de ses paroles. M. de Vaublanc prétendait que la France reprendrait son rang en s'appuyant sur elle-même; il avait fait des tentatives pour composer une armée nationale et royaliste en dehors de l'armée militaire, qui se formait difficilement. Ses actes administratifs, ses circulaires, ses préférences, tout dénotait en lui le ferme désir de rétrograder vers l'ancien régime, et de s'étayer uniquement de ma famille.

Certes, la chose en elle-même était bonne, mais l'expérience aurait dû démontrer au comte de Vaublanc que la monarchie ne pouvait se soutenir avec le seul secours des royalistes purs. Ceux-ci avaient-ils empêché le renouvellement de l'usurpation de Buonaparte? Non. Il fallait donc, en les appelant au soutien du trône, y convier avec eux cette masse d'individus ennemis jurés de l'ancien ordre de choses, sans l'être pour cela d'une monarchie constitutionnelle; hommes qui voulaient que le gouvernement datât de sa nouvelle intronisation, hommes enfin qui formaient la plus nombreuse partie de la nation.

Ma famille aimait M. de Vaublanc, on le caressait on le consolait même. Le duc de Richelieu en prit de l'ombrage ; il crut que si ce ministre continuait à diriger l'intérieur, il perdrait, lui, son influence qu'il appliquait au maintien de la charte. L'empereur Alexandre, je ne sais pourquoi, craignait les mesures de M. de Vaublanc; il le voyait, confondu avec la chambre élective qu'il n'aimait pas. Le czar me témoignait d'ailleurs tant d'amitié que bien que je ne prisse ni ses avis ni ses inspirations. j'étais chagrin de ce qu'il mandait à M. de Richelieu. Celui-ci m'avait donné à entendre qu'il ne pourrait continuer à rester dans le cabinet s'il lui fallait sans cesse lutter contre le comte de Vaublanc.

Je faisais la sourde oreille; le ministre de l'intérieur ne m'était pas désagréable, j'estimais sa personne, j'aimais son travail, et je ne sais trop ce qui serait arrivé, si lui-même n'eût donné trop belle prise à ses adversaires. Il s'avisa, lors de la discussion de la loi d'élection, de déclarer publiquement :

« Qu'autant il était convaincu qu'un ministre doit s'unir de pensée et d'action avec ses collègues pour la marche du gouvernement, autant il croyait qu'il lui était permis de conserver son opinion individuelle sur les matières de haute législation. Je déclare donc, poursuivit-il, que personnellement, j'ai toujours désiré le renouvellement intégral... »

Certes M. de Vaublanc était très-libre d'avoir son opinion particulière, et de l'énoncer même sous forme oratoire. Cette tournure est reçue en Angleterre, où elle ne déplaît à qui que ce soit ; mais il n'en fut pas de même en France en cette occasion. Un cri général s'éleva contre le ministre qui se séparait de ses collègues, et n'appuyait la volonté du cabinet et celle du roi que par de vaines paroles. Bref, on m'en dit tant, que je dus le congédier.

Mais ceci offrait des obstacles : les miens portaient à M. de Vaublanc une extrême affection. Monsieur me le recommandait chaque jour : Madame royale ne manquait jamais l'occasion de faire son éloge; enfin, j'avais dû promettre à mon frère de le prévenir lorsque je voudrais me séparer de ce ministre.

En m'engageant ainsi envers Monsieur, je n'avais cru faire qu'un acte d'obligeance; mais aujourd'hui la chose présentait des inconvéniens qui ne s'étaient pas d'abord offerts à moi. Cependant je remplis ma promesse, et je profitai du premier moment où je me vis seul avec mon frère pour lui faire part de la nécessité où je me trouvais de congédier M. de Vaublanc. J'appuyai en même temps cette détermination sur des motifs que je jugeai sans réplique. Néanmoins Monsieur me conjura de revenir sur cette décision: et lorsque je lui eus fait observer qu'il fallait choisir entre son protégé et M. de Richelieu; que le départ de celui-ci, dans l'état des choses, deviendrait, pour ainsi dire, une question européenne, alors mon frère s'adressa au président du conseil.

Ici il ne fut pas plus heureux : le duc manifesta une répugnance invincible à demeurer le collègue de M. de Vaublanc, qui troublait, disait-il, l'union du ministère, et qui, par le fait, ne suspendait aucunement l'opposition craintive du duc de Feltre et du vicomte du Bouchage. La raideur de M. de Richelieu déconcerta Monsieur, et le rendit mécontent. Il vit que ses efforts seraient inutiles pour retenir M. de Vaublanc à l'intérieur. Dès lors, voici ce qu'on me proposa :

M. de Barbé-Marbois déplaisait de son côté aux royalistes; ils lui gardaient rancune de l'évasion de Lavalette, dont on persistait à le rendre responsable; on espérait d'ailleurs porter à sa place l'équivalent de M. de Vaublanc. Le duc de Richelieu, auquel la per-

9.

sonne du garde-des-sceaux était indifférente, consentit volontiers à donner aux ultra cette fiche de consolation. D'ailleurs il les aimait dans le fond de son ame; et, en dépit des opinions philosophiques qu'il avait sucées dans sa jeunesse, les sentimens de caste et de position sociale débordaient toujours. Libéral en paroles il était ultra d'inclination, et quand il se laissait entraîner vers les uns, ce n'était jamais sans jeter un regard de regret sur les autres.

Il sacrifia donc M. de Marbois pour se débarrasser de M. de Vaublanc. Mais qui mettrait-on aux sceaux? Je tranchai la question en déclarant que la place de ministre secrétaire-d'état au département de la justice demeurerait vacante jusqu'à nouvel ordre, et qu'en attendant la nomination à intervenir, le chancelier reprendrait le portefeuille. Or, comme M. d'Ambray était aux royalistes, ils s'en contentèrent, et MM. de Vaublanc et de Marbois partirent ensemble.

Je les regrettai : ils avaient l'un et l'autre des qualités précieuses; ils ne réussissaient pas toujours dans ce qu'ils entreprenaient, mais du moins leurs intentions étaient bonnes.

La nomination de M. Lainé, survenu huit jours après le renvoi de la chambre élective, annonça clairement ma détermination d'en finir avec elle. Ce fut un coup d'éclat qui retentit dans le parti. Chacun voulut le parer, afin sans doute d'avoir la liberté de m'en porter d'autres. On m'assaillit de témoignages de respect et d'amour ; on m'assura que les torts récens seraient réparés à la nouvelle session, et que le malentendu cesserait dès qu'on se serait rapproché franchement. Tout cela était fort édifiant, mais il n'en était pas moins vrai que la chambre avait voulu me mettre sous sa dépendance, et se montrer plus royaliste que le roi.

Le 8 mai, MM. de Vaublanc et de Barbé-Marbois étaient sortis du ministère, et dès le 3 avait éclaté le mouvement séditieux dans le Dauphiné, que l'on qualifia de révolte de Grenoble. Un certain Didier, homme de tête et de main, peu satisfait de ce que le gouvernement lui avait accordé, bien que certes on l'eût récompensé bien au-delà de son mérite, lors de la première restauration ; ce Didier, dis-je, ayant perdu sa place de maître des requêtes au conseil-d'état dans les cent-jours, en conçut une rage qui le poussa à la trahison. Il se rendit dans son pays, le Dauphiné, se donna pour agent suprême de Buonaparte, d'accord avec l'empereur d'Autriche ; et ayant ramassé un noyau de conspirateurs, il tenta un coup de désespoir contre la ville de Grenoble. La plupart de ceux qui l'accompagnaient ne soupçonnaient pas qu'ils marchaient au renversement de mon trône ; un grand nombre même s'imaginait venir à une fête publique.

On les dispersa sans peine : quelques coups de canon suffirent pour cela. Il resta six morts sur le champ de bataille. Le général Donadieu, qui commandait dans l'Isère, s'avisa d'écrire en ces termes au ministre de la guerre :

« Vive le roi ! monseigneur. Les cadavres de ses ennemis couvrent tous les chemins aux environs de Grenoble, et je n'ai que le temps de dire à Votre Excellence que les troupes de Sa Majesté se sont couvertes de gloire. A minuit les montagnes étaient éclairées par les feux de la rébellion dans toute la province. Ils me croyaient parti pour aller occuper la ligne que doit parcourir S.A.R. le duc de Berri ; mais ils ont bientôt appris que les fidèles troupes du roi étaient là. Je ne saurais trop faire l'éloge de la brave légion de l'Isère, et de son colonel, le chevalier de Vautré. Déjà plus de six cents séditieux sont en notre pouvoir. La cour prévôtale va faire une prompte et sévère justice. J'aurai l'honneur de rendre compte à Votre Excellence aussitôt que tout sera terminé. Je remonte à cheval à l'instant. Toutes les autorités civiles et militaires ont fait leur devoir. On évalue le nombre des brigands qui ont attaqué la ville à quatre mille, etc... »

D'autres rapports coroborèrent celui-ci et le surpassèrent même en exagération : je ne cache pas qu'ils me convainquirent de l'existence d'un complot éminent qui ne tendait rien moins qu'à renouveler le malheur de l'année précédente. Toutes les autorités se réunirent pour donner de l'éclat à cette affaire, et elle retentit dans toute la France. Mais à Paris, et particulièrement dans le château, on s'en empara pour me représenter combien ma clémence était dangereuse, et que les séditieux ne se tiendraient pas tranquilles tant qu'ils croiraient leur impunité assurée. On me dit tant que l'indulgence engendrait le crime au lieu de le repousser, on mit sous mes yeux tant de preuves à l'appui de cette assertion, que, trompé par les rapports du général Donadieu, et par la multitude des clameurs qui s'élevaient à ce sujet, je ne pus douter plus long-temps de la véracité du fait, et je pris la résolution d'approuver toutes les mesures de justice qui me seraient proposées.

On les connaît, je ne les rappellerai donc pas. Le ministre de la police tomba dans la même erreur que moi, ou plutôt l'excès de son zèle le mit dans une épouvante telle, qu'il oublia les formes conservatrices voulues par la loi. Didier périt justement; d'autres subirent le même sort. Ils étaient certainement criminels, quoiqu'égarés, mais enfin peut-être eût-il été nécessaire d'instruire la procédure avec plus de circonspection.

Quoi qu'il en soit, la révolte de Grenoble fut très-profitable à ceux qui la repoussèrent. Ils en retirèrent de la gloire, des complimens, de l'influence et des récompenses honorifiques. L'attachement de M. Dambray à la cause royale l'a rendu sévère envers les coupables, il était de son devoir de se montrer inflexible ; je respecte son opinion.

Tandis qu'on attaquait la royauté à force ouverte dans le département de l'Isère, d'autres complots avaient lieu en diverses provinces de la France et jusque dans Paris. On n'attend pas de moi, sans doute, que j'enregistre dans mes mémoires ces tentatives insensées autant que criminelles. Il en coûterait trop à mon cœur et à ma fierté. J'aurais voulu que tous les Français me portassent l'affection que je leur avais vouée ; je laisse donc à d'autres à recueillir ces pages pénibles de mon histoire, à rappeler à la postérité que mes efforts, mes concessions, mes faiblesses même avaient été inutiles pour ramener à moi ceux qui s'en étaient éloignés. Certes, c'est bien à eux qu'on peut appliquer ces deux vers d'Ovide.

Non est in medico semper relevetur ut œger :
Interdùm doctâ plùs valet arte malum.

(Il n'est pas toujours au pouvoir d'un médecin de guérir son malade, et souvent le mal est plus fort que toute la médecine.)

Véritablement, il y aurait à moi de la bonhomie à prétendre rallier les esprits infestés par la révolution, lorsque je ne pouvais fixer à ma fortune ceux qui l'avaient partagée dans mon exil. Je parlerai à cet effet de madame de...., admise dans mon intimité, parce qu'à un royalisme fort éclairé d'ailleurs, elle joignait une affection réelle pour ma personne et mes intérêts. Elle venait souvent, et était toujours bien reçue. Ce n'est pas que parfois elle aussi ne me mît en colère; mais ma mauvaise humeur avait alors quelque chose de doux que je n'éprouvais pas lorsque d'autres la provoquaient.

Madame de..., libérale au fond, était ultra vis-à-vis moi, aussi avions-nous des attaques terribles où elle osait me tenir tête, vu les droits du sexe et la galanterie du roi. Je m'apercevais surtout qu'elle aimait peu ceux qui m'étaient agréables. D'abord elle avait été très-froide avec M. de Blacas et elle se tenait dans une réserve digne envers M. Decazes dont, grâce au tact exquis de celles de sa robe, elle pressentait le crédit à venir, lorsque d'autres en étaient encore à se demander si ce ministre pouvait se maintenir long-temps.

La chambre venait d'être renvoyée incertaine de son avenir, que j'ignorais moi-même, lorsque madame de...arriva. J'étais seul, je réfléchissais; car

Que faire en un gîte à moins que l'on ne songe?

J'avais, dans la matinée, donné force signatures pour le prochain mariage de mon neveu, et je me demandais ce qu'il adviendrait de cet hymen avec une nation si turbulente et une cour qui s'obstinait à marcher à part; madame de... arriva, dis-je.

— Bonjour, madame.

— Le roi n'est-il pas gêné de ma présence?

— Point. Si j'avais voulu être seul, j'aurais défendu ma porte.

Et je disais cela du ton d'un homme qui ne demande pas mieux que d'entamer une querelle. Or, ce qui nous plaît est ordinairement ce dont les femmes ont le moins d'envie, et celle-ci pour l'honneur du corps prit une voix douce et pateline. Elle me flatta, me cajola à tel point que, poussé à bout :

— Pour Dieu, madame, repartis-je, au lieu de faire mon apothéose avant décès, vous devriez plutôt me congratuler en face sur quelques-uns de ces bons contes dont on amuse à mes dépens les habitans de cette demeure.

Au cri que jeta madame de..., on aurait cru qu'elle venait de voir le diable ou au moins de l'entendre parler.

— En vérité, sire, dit-elle ensuite, est-il possible que le roi nous croie tant d'audace, de malice et d'ingratitude ?

— Ah, bonne âme! n'avez-vous jamais médit que de ceux qui vous ont fait du mal ?

— J'avoue, repartit madame de... en souriant, que parfois il m'est arrivé de déchirer quelque peu ceux qui avaient le plus de droit à mon affection.

— Dès lors vous n'avez pas toujours épargné l'oint du seigneur, votre roi.

— Eh bien! puisque votre majesté fait un appel à ma franchise, je lui dirai naïvement que, pas plus tard qu'hier soir, nous nous sommes permis, en petit comité, de trouver à redire à sa dernière œuvre.

En petit comité! c'est-à-dire avec le vieux d'Avaray, le duc d'Aumont, l'archevêque de Sens et tous mes fidèles qui m'écorchent sans pitié, bien que leur amour pour moi soit sans borne ?

— Si l'on tire à bout portant sur le roi, c'est bien par excès de zèle.

— Pourriez-vous parler plus clairement ?

— On souffre de voir le roi abandonner ceux qui ont toujours arboré son enseigne, pour appeler à lui les soldats du drapeau tricolore.

— Mort de ma vie, m'écriai-je, on croirait, à entendre madame, que je siégeais au champ-de-mai de Buonaparte. On s'imagine donc que je suis seulement le monarque des Tuileries? Morbleu, il n'en sera rien ; car je veux l'être du reste de la France et de tous mes sujets. Je sais que certains voudraient me garder pour eux; mais cela ne se peut, et malheur à ces quelques-uns, si je faisais la folie de suivre leur fantaisie.

— Le roi, répondit madame de..... en affectant un chagrin dont je ne fus pas dupe, le roi prouve assez, par le choix qu'il fait, que son intention n'est pas de s'éloigner de la plèbe ; il lui accorde une trop bonne part de ses faveurs.

— Je conviens que je devrais rétablir l'ordonnance Ségur, et annoncer que désormais les seuls gentilshommes de nom et d'armes auront les grades militaires, que pour entrer dans la magistrature et dans l'administration on fera preuve de quatre quartiers de noblesse. Si je m'avisais d'agir ainsi, on verrait ce qui adviendrait avant la fin de l'année.

J'étais réellement en colère : cette fois madame de..... qui le vit, répliqua :

— Quand on veut bien les choses, on trouve toujours moyen de les exécuter. Voilà, par exemple, ce pauvre comte de Vaublanc mis à la porte, et remplacé par M. Lainé, que nous ne pouvons souffrir.

— On le portait aux nues en 1814, et même en 1815, on ne jurait que par lui; mais, attendu qu'il s'est avisé dernièrement de prendre en main la cause du roi, les royalistes n'en veulent plus. Il reviendra pourtant, car justice lui sera rendue. C'est un homme d'honneur et de bien.

— Et cette chère chambre ?

— Elle s'est déclarée contre ma volonté.

— C'était au plus grand avantage du roi, et dans le château, il n'y a qu'une opinion sur son compte.

— Et sur le mien aussi. On m'accuse de pousser à la république. Je suis un roi fort étrange, qui tient à régner, et à ne pas retourner en exil.

Je conjure le roi de mieux juger ses fidèles. Tous veulent son bonheur, et surtout que *le sceptre ne sorte plus de Juda*. Or, qui peut le maintenir sur son trône! Les dévoués Israélites, et non les Moabites et les Samaritains maudits de Dieu.

Madame de.... a de l'esprit, je l'ai reconnu dans nombre de circonstances. Les formes qu'elle employa me ramenèrent insensiblement à une sérénité peu ordinaire chez ceux qui règnent, et je me mis à causer de bonne amitié. Je lui manifestai mon chagrin de ce qu'on interprétait si mal mes intentions, et je passai en revue les fautes commises par ceux-là mêmes qui me blâmaient. Elle convint de leur tort, puis détournant la conversation :

Enfin, dit-elle, on va donc rire dans ces Tuileries

solennelles. Le roi conviendra que la cour a besoin de distractions, et l'auguste princesse qui nous arrive retiendra sans doute dans son département les bals, les fêtes et autres plaisirs.

— Elle est Italienne, et doit naturellement aimer les arts ; elle est jeune, donc elle se plaira aux amusemens de son âge.

— Qu'elle vienne vite alors, et tout ira mieux; il faut bien employer son temps à quelque chose, et comme la politique est la seule occupation de nos augustes maîtres, chacun s'en mêle à leur exemple; au lieu de se réjouir on intrigue ; espérons que la jeune princesse ramènera la cour de France à ses anciens erremens.

Je reconnus bien là le caractère français, et je me dis qu'en effet le meilleur moyen de calmer tant d'esprits inquiets et remuans, était de leur donner des fêtes et des plaisirs. Ces réflexions me firent souhaiter que madame la duchesse de Berri s'emparât à son arrivée de cette arme si puissante, que nous avions trop négligée jusqu'alors.

Ce mariage était, de toute manière, d'une nécessité absolue pour la famille royale, celui du duc d'Angoulême continuant à être stérile. L'avenir des Bourbons reposait donc sur M. le duc de Berri. Si celui-ci en se mariant se voyait revivre dans une postérité nombreuse, la branche aînée de notre maison recommencerait à briller d'un nouvel éclat; sa puissance en serait mieux affermie, et y regarderait à deux fois avant que de tenter de renverser un trône soutenu par de jeunes héritiers. Les factions intérieures qui, dans la situation présente, avaient des chances de succès, finiraient aussi par se rattacher franchement à nous.

D'ailleurs, la branche d'Orléans, forte de si nombreux rejetons, et qui, pendant quarante ans encore, peut se croire l'héritière présomptive de la mienne, se verrait prodigieusement reculée, et dès lors se tiendrait plus tranquille. Elle aurait une rivalité à craindre de la branche d'Espagne, qui certainement n'abandonnerait pas son titre à la couronne de France.

Ce sera un point très-litigieux à régler, si jamais la succession collatérale du trône de France est ouverte, que de reconnaître où est le bon droit.

Les Bourbons de Madrid descendent des fils de Louis XIV, les Orléans de son frère, et dans le droit commun, par le simple texte du Code civil, les Bourbons de Madrid seraient naturellement appelés à recueillir l'héritage.

Mais ils ont renoncé à tous leurs droits par l'acte de Philippe V.

Toute renonciation est nulle, qui engage une postérité.

La chose est si vraie, que le petit-fils de Louis XIV est monté sur le trône d'Espagne en vertu d'un droit prétendu annulé par la renonciation d'Anne d'Autriche, sa bisaïeule, et de Marie-Thérèse, sa grand'mère.

La maison d'Orléans serait d'autant plus en droit

d'opposer au roi d'Espagne la renonciation de Philippe V, que le duc d'Orléans, régent de France, a lui-même protesté, par écrit périodique, contre l'effet de cette renonciation qu'on voulait lui opposer. Il s'est porté pour héritier éventuel, et à son tour, de la couronne d'Espagne, d'après sa descendance d'Anne d'Autriche, qui avait solennellement renoncé aux droits paternels. Or, ce qu'il a soutenu être légitime dans son intérêt, ses enfans pourraient-ils le méconnaître, lorsque les Bourbons de Madrid viendraient réclamer la couronne de France, comme leur échéant à juste titre.

L'héritier naturel de cette couronne est donc la branche d'Espagne.

Une seule objection raisonnable peut lui être faite, c'est quelle a cessé d'être française par l'effet du temps. Cette question pourrait être soutenue avec avantage les armes à la main ; car autrement les droits d'aubaine étant abolis, je ne vois pas ce qui empêcherait un Espagnol de se porter l'héritier d'une succession héréditaire par ordre de progéniture qui s'ouvrirait en France à son bénéfice.

Dans tous les cas, ce sera la volonté nationale qui jugera en dernier ressort ce grand procès.

CHAPITRE VII.

Récit des démarches faites pour marier le duc de Berri avant 1814. — Femme qu'on lui offre après sa rentrée. — Démarches de la cour de Russie. — De la cour de Vienne. — S. A. R. Caroline de Naples. — Le duc d'Avray et M. de Fongy vont la recevoir à Marseille. — Générosité du duc de Berri et du roi. — Maison de madame la duchesse de Berri. — Le maréchal de Reggio. — Le duc de Lévis. — Une des lettres de M. le duc de Berri à sa fiancée. — Une des réponses de la princesse. — Elle est reçue à Fontainebleau. — La vieille étiquette. — Ce qu'en dit le roi. — M. de Chabrol. — Cérémonie du mariage le 17 juin 1816. — Fêtes et amnistie. — Les ducs de Coigny, de Feltre, le marquis de Bernonville, le comte de Viomesnil. — Le duc d'Orléans fait des démarches pour rentrer. — Sollicitation de la famille royale en sa faveur. — M. le marquis de L..... — M. de L.... banquier. — Opinion du roi sur l'un et l'autre.

Il était donc, pour la famille royale, d'une nécessité absolue que M. le duc de Berri se mariât.

J'avais, avant la restauration, essayé plusieurs fois de l'établir d'une manière digne de son rang, et mes efforts infructueux m'avaient trop fait connaître combien une maison souveraine dans le malheur a de peine à se perpétuer par un hymen convenable. J'ai raconté dans le temps que la main de la princesse Christine de Naples, d'abord promise à ce prince, lui fut enlevée par les intrigues d'Acton, ce ministre de Ferdinand III, Français de naissance, et qui détestait tous ses compatriotes, les émigrés non moins que les autres.

Peut-être, avec des peines infinies, aurais-je pu caser mon royal neveu dans la maison d'Autriche; mais, outre que je craignais de mécontenter la France par cette alliance, elle devint plus tard impossible, lorsque Buonaparte y fut entré si insolemment. M. le duc de Berri n'aurait pu obtenir une femme d'aucune des maisons souveraines placées sous le joug direct de cet homme si redouté. L'Espagne, le Portugal, l'Allemagne auraient répondu par un refus. Deux seules puissances, l'Angleterre et la Russie, se seraient montrées en position de braver Buonaparte. Mais à part la différence de religion, le duc de Berri était-il dans l'apogée de notre infortune un parti à rechercher par ces couronnes? Non, sans doute, un mariage avec ce prince eût été un obstacle aux relations continentales de l'Angleterre et de la Russie.

Mon royal neveu ne pouvait donc trouver une femme que parmi les petites familles princières d'Allemagne, qui encore en contractant cette union, se seraient livrées à toute la colère de l'usurpateur. Ou bien M. le duc de Berri s'unirait à une maison noble et émigrée française. Ceci aurait eu, dans la suite, des inconvéniens incalculables mon royal neveu, je me complais à le qualifier ainsi, était donc très-difficile à marier, ou plutôt la chose me paraissait impossible.

Je m'en occupais cependant lorsque la restauration arriva, et le mariage, qui n'avait pu se faire avec la princesse Christine de Naples appelée à une autre destinée, se renouait avec la princesse Ferdinande Caroline et devait s'effectuer un jour. Mais des obstacles, partis il est vrai d'une autre source, s'y opposèrent encore.

La Providence avait parlé: Buonaparte tomba, et ma couronne me fut rendue. Dès lors les femmes ne manquèrent plus à mon neveu. On m'en offrit de tous les coins de l'Europe. Si l'empressement n'était plus flatteur, il n'en demeurait pas moins honorable.

Parmi les prétendues je remarquai, à part celles de mon choix, la princesse de Naples, celle de Saxe, une archiduchesse d'Autriche, et une grande-duchesse de Russie. L'impératrice mère de l'empereur Alexandre tenait beaucoup à une alliance avec la maison de France, et pendant 1814, des propositions réitérées me furent faites de ce côté. J'aurais voulu répondre à cet empressement; mais la différence de religion formait de ce côté un obstacle invincible; je présumais que l'orgueil impérial de la maison de Holstein ne consentirait pas à ce que l'archiduchesse qu'on me proposait pour M. le duc de Berri, abjurât la communion grecque, et je ne voulais pour nièce qu'une catholique.

Je refusai donc, motivant ce seul point qui me

semblait insoluble; ma surprise égala mon embarras lorsque l'impératrice mère me fit dire que cet obstacle n'en était plus un dès qu'on insistait sur l'abjuration. Cette proposition me tourmenta beaucoup, et je tâchai de m'en délivrer en alléguant des arrangements conclus avec la cour de Palerme.

Ce refus, car c'en était un, irrita la famille impériale de Saint-Pétersbourg, moins contre moi toutefois, que contre le prince de Talleyrand, auquel on le reprocha très à tort. Je puis dire maintenant que cet homme d'état ne m'avait pas conseillé de repousser cette alliance, mais qu'il s'en était même montré le partisan zélé. Il y voyait des avantages qui échappaient à d'autres. Il en résulta néanmoins cette froideur excessive avec laquelle le czar le traita au congrès de Vienne, et la répugnance que plus tard il manifesta de conclure la paix par son intermédiaire.

On essaya de ramener cette négociation dès que j'eus remis au duc de Richelieu la direction principale des affaires. Celui-ci m'en parla tout d'abord; mais je lui fermai la bouche en lui disant que si le mariage du duc de Berri n'était pas depuis longtemps arrêté, je n'aurais pas attendu à faire de mauvaise grâce ce que j'aurais été enchanté de conclure plus tôt.

L'Autriche me proposa une sœur de l'archiduchesse Marie-Louise, mais bien que l'empereur François eût rompu l'union contractée, par force sans doute, entre sa fille aînée et Buonaparte, j'avoue que je n'aurais pu consentir à ce que M. le duc de Berri devînt le beau-frère de cet usurpateur. Je remerciai avec reconnaissance; on comprit mes raisons, et on n'insista pas.

J'aurais préféré l'alliance saxonne ; la princesse Amélie était digne d'une couronne, mais ce n'était pas sur la terre qu'elle devait la porter long-temps.

Je ne me laisai donc entraîner par aucune considération; j'avais désigné la princesse de Naples pour en faire la seconde de mes nièces chéries, je savais par instinct combien elle plairait à la France, combien elle se ferait aimer, je connaissais sans les avoir vus sa grâce, ses charmes, ses talens, ses qualités si précieuses et son amour des siens; toutefois il ne m'était pas donné de deviner que dans ce frêle corps, le ciel avait renfermé une ame ausi énergique; que l'on y retrouverait en cas de besoin tout le courage de notre maison.

Ce fut le duc de Blacas qui mit la dernière main à cette alliance et en discuta toutes les conditions. Cette négociation pouvant devenir publique, je me hâtai de la communiquer aux chambres, qui m'en félicitèrent. Paris, à cette nouvelle, manifesta de la joie. L'allégresse des royalistes fut à son comble.

S. A. R. madame la duchesse de Berri, partie de Naples, débarqua le 30 juin à Marseille, où elle fut reçue par le duc d'Avray que j'avais envoyé à sa rencontre accompagné du conseiller d'état de Fougy ancien intendant de ma maison.

Les Marseillais accueillirent avec enthousiasme

la jeune princesse. Ils lui donnèrent les premiers la mesure de l'amour que la France lui porterait.

Son mari l'attendait avec une bien vive impatience. Toute la conduite de M. le duc de Berri en cette occasion fut parfaite ; un million lui avait d'abord été accordé par les chambres, pour composer son revenu, on y ajouta cent mille francs à cause de son mariage. Mon digne neveu déclara que pendant les cinq premières années il distribuerait cette somme supplémentaire aux départemens qui avaient le plus souffert de la dernière invasion; il m'imita, car j'avais renoncé pour le même espace de temps à dix millions annuels de ma liste civile.

Je me serais cru déshonoré et indigne de ma qualité de roi de France, si j'avais conservé dans son intégralité tout ce qui composait mon revenu. De quel droit aurais-je pu demander des sacrifices pécuniaires à la nation, si ma bourse avait été fermée tandis que la sienne serait ouverte?

La maison de madame la duchesse de Berri avait été formée par mes soins : *premier aumônier*, l'abbé de Bombelles.

Dame d'honneur, madame la maréchal duchesse de Reggio. Je tenais à ce qu'un de ces noms, les plus honorables de l'armée, et à ce qu'une des plus vertueuses femmes de l'époque, figurassent dans la maison de ma nièce, pour prouver que je voyais du même œil l'ancienne et la nouvelle noblesse. *Dame d'atours*, comtesse de la Féronnays. *Dames pour accompagner*, madame la comtesse de Béthisy, comtesse de Lauriston, comtesse de Bouillé, comtesse de Haute-Fort, marquise de Gourgue, *Chevalier d'honneur*, le duc de Lévis ; c'est l'un de nos plus aimables littérateurs, il ne manque ni de profondeur ni d'élévation, et je le donnais à ma seconde nièce comme un habile intermédiaire entre elle, les lettres et les arts. *Premier écuyer*, le comte de Ménars.

Le reste de la maison était digne de ce premier choix, et je savais que tous ceux qui la composeraient s'attacheraient à faire valoir le mérite de leur auguste et charmante maîtresse. La jeune princesse trouva à Marseille un détachement de la garde royale qui devait lui faire connaître cette armée belliqueuse dont elle avait tant entendu parler. Elle était en outre attendue à son débarquement par mesdames de Reggio, de la Féronnays, de Gontaud et de Bouillé ; par le duc d'Avray, l'un de mes capitaines des gardes, chargé de la complimenter en mon nom. Le duc de Lévis et le comte de Ménars complétaient cette brillante escorte grossie encore d'une foule de jeune noblesse impatiente de rendre ses hommages à celle qui ferait revivre la cour.

S. A. R. reçut à Marseille une lettre ainsi conçue :

« Je profite, madame, du départ de madame de Reggio pour vous dire combien votre seconde lettre m'a touchée, cette lettre que vous avez écrite en sortant de la cérémonie où vous avez confié votre destinée entre mes mains. Je suis chargé de votre bonheur, et ce sera la douce et constante occupation de ma vie. J'ai vu avec peine le retard de votre départ de Naples. La quarantaine que vous serez obligée de faire, quoiqu'elle soit abrégée autant que possible, me fait présumer que ce ne sera que vers les derniers jours du mois prochain que j'aurai le bonheur de vous voir. Que je regrette de n'avoir pu aller à Naples moi-même vous chercher ! mais il faut nous soumettre aux volontés de nos chefs; premiers sujets, nous devons donner l'exemple de l'obéissance. Toute la France vous attend avec impatience, et moi plus que personne. Je vous recommande madame la duchesse de Reggio, qui, malgré sa faiblesse, a voulu partir. Elle se trouve bien heureuse de pouvoir se rendre à son devoir auprès de vous.

« Adieu, madame, je suis impatient de recevoir une lettre de V.A.R., de France. Le vent qui souffle avec violence me fait trembler.

« CHARLES-FERDINAND.

Paris, ce 10 mai 1816.

Parmi les réponses de la princesse, je choisirai celle qui est datée de Marseille, du 2 juin.

« Quel plaisir pour moi, monseigneur, de recevoir à cinq jours de date vos lettres très-aimables;

mais aussi écrites trop rapidement; permettez-moi d'en faire le reproche à V.A.R. Vous m'excuserez quand je vous dirai que le bonheur que j'ai à vous lire est retardé par l'étude que je suis forcée de faire de votre écriture. N'allez pas d'après cela me juger difficile et grondeuse.

« Je suis arrivée hier au soir de Toulon, où tous mes instans ont été employés à recevoir des hommages et des fêtes sur terre et sur mer. La ville entière était décorée d'emblèmes, d'inscriptions allégoriques. Il est impossible de décrire l'enthousiasme de ces bons habitans de la Provence. Je suis profondément touchée par les expressions répétées de leur amour pour leur roi et sa famille. Ils ont en même temps la délicatesse de joindre des acclamations pour la maison de Naples. Toutes les autorités semblent soutenir ce bon esprit. J'ai vu avec plaisir ce brave Roux de Toulon, le seul qui ait fait reconnaître Louis XVII, et qui continue par un dévouement désintéressé à se rendre utile à son pays et à son roi.

« L'on m'a conduite dans les arsenaux. Celui de terre, qui n'existait pas il y a quatre mois, est maintenant en état d'armer plus de trente mille hommes. On le doit à l'activité infatigable du colonel La Ferrière, qui en est chargé. En général, ce petit voyage m'a beaucoup intéressée. On ne peut prendre nulle part, je crois, une idée plus juste des moyens et de la puissance de la France que dans ce beau port. S'il a fait cet effet sur moi qui n'y entends rien, que doit-il produire sur des personnes plus expérimentées? C'est dans treize jours, monseigneur, que je serai réellement à même d'apprécier tout le bien qu'on me dit de votre cœur, de votre esprit, et que je pourrai vous répéter que je suis et serai pour la vie votre fidèle et affectionnée

« CAROLINE. »

C'était à Fontainebleau que cette chère nièce devait se réunir à nous. Toute ma famille s'était rendue à cette ancienne demeure de notre cour royale. Instruits le 14 juin que la princesse arrivait, nous nous réunîmes dans la forêt à la croix de Saint-Hérem, où deux tentes richement ornées étaient dressées par le soin du surintendant des Menus-Plaisirs. Le cérémonial observé dans cette circonstance fut le même que celui mis en usage à la réception de la femme de mon auguste aïeul Louis XV, et à celle de ma belle-sœur, l'infortunée Marie-Antoinette.

Je me trouvai là avec Monsieur, *Madame*, M. le duc d'Angoulême et M. le duc de Berri. Malgré la pompe voulue par l'étiquette, et dont ce bon Brézé s'occupait avec une tendre sollicitude, nous laissâmes agir notre cœur. Le nouvel époux trouva la princesse de Naples charmante; il ne fut pas le seul de cette opinion. Nous entrâmes dans le château, où tout encore eut lieu conformément à l'usage. Quant au reste ce sont lettres closes que le grand-maître des cérémonies de France n'a pas été chargé d'enregistrer sur ses calepins.

Le lendemain nous rentrâmes à Paris, espérant merveille de l'avenir commencé sous de si doux auspices. Les félicitations ne me manquèrent pas. Je dis au comte de Chabrol, préfet de la Seine, lorsque, à la tête du corps municipal, il vint me rendre ses hommages et m'apporter les complimens de la ville de Paris :

« Vous le voyez, M. le préfet, je rentre accompagné de mes enfans ; vous connaissez mon cœur paternel, et vous comprenez mon bonheur. C'est une bien grande jouissance pour moi que de le voir partagé par mes fidèles sujets. »

Les Chabrol sont des gens de mérite, des administrateurs très-recommandables. Ils sont parmi les hommes du régime impérial ceux que j'ai adoptés avec le plus de satisfaction, et qui me prouvent leur reconnaissance en remplissant consciencieusement des devoirs à l'avantage de mes sujets.

Le 17 la cérémonie du mariage eut lieu avec pompe à Notre-Dame, bien qu'elle eût été célébrée à Naples par procuration. Je fis attention pendant la route à la physionomie du peuple ; elle était véritablement joyeuse. Le mariage de mon neveu devenait un gage de tranquillité future pour tous les habitans de la capitale. Nous fûmes couverts d'acclamations, et, contre la règle établie, on interrompit par les cris de vive le roi, vive la duchesse et M. le duc de Berri, le silence d'étiquette du château des Tuileries ; et comme on voulait mettre fin à cette inconvenance :

— Laissez, dis-je, ce sont les cœurs qui parlent, et le mien les excuse.

Au milieu des magnificences de la cour qui s'étaient surpassées en cette occasion, j'avais désiré faire honneur à ma nièce, et lui prouver qu'elle entrait dans une famille digne de l'apprécier. En conséquence, je m'étais fait accommoder un habit bleu de roi, c'est ma couleur, orné d'une broderie rehaussée de perles ; j'avais chaussé des demi-bottes de velours, mis le *régent* à mon chapeau, le *sancy* à mon epée ; en un mot, j'étais convenablement équipé, et chacun m'en faisait compliment de manière à témoigner en faveur de ma simplicité habituelle.

Les bals, les fêtes, les représentations solennelles eurent lieu comme d'ordinaire en semblables occasions. Je ne me refusai pas la douce satisfaction d'amener les malheureux à en prendre leur part. J'ordonnai que toutes poursuites ou séquestres opérés à la diligence de l'administration de l'enregistrement et des domaines, pour quelque cause que ce fût, cessassent d'avoir leur effet, et que les biens immeubles confisqués et acquis par l'administration par suite d'expropriations forcées seraient restitués aux propriétaires ou à leurs heritiers.

Les déserteurs de la marine eurent la remise légale des peines qu'ils avaient encourues. J'aurais bien voulu étendre la même faveur sur ceux de l'armée de terre ; mais comme, lors de ma première rentrée, cette grâce avait déjà été accordée, on me fit entendre que la renouveler trop promptement nuirait à la discipline militaire. Je dus y renoncer.

Je fis, à peu de distance du mariage de mon neveu, quatre nouveaux maréchaux de France. Deux appartenaient à l'époque antérieure à la révolution, le duc de Coigny et le comte de Viomesnil ; le troisième, le marquis de Beurnonville s'était principalement illustré lors des guerres de la république; le quatrième, le duc de Feltre, ex-ministre impérial, m'avait, depuis ma rentrée, donné des preuves de son zèle. Ces choix furent approuvés de tout le monde hors des frondeurs de profession.

MM. de Coigny et de Viomesnil avaient acquis sur le champ de bataille une haute réputation. Le marquis de Viomesnil avait pareillement des droits au bâton de maréchal de France, et de tout temps les fonctions de ministre de la guerre ont équivalu à un commandement en chef.

Le même jour, 3 juillet, je donnai la grande croix à mes deux neveux, et à LL. AA. SS. le duc d'Orléans, le prince de Condé et le duc de Bourbon, afin de montrer à l'ordre insigne de la Légion-d'Honneur le cas que moi et ma famille en faisions.

M. le duc d'Orléans, qui déjà m'avait écrit pour me faire ses complimens sur le mariage de mon neveu avec sa nièce, s'empressa, cette fois encore, de m'exprimer sa reconnaissance de cette autre faveur. Il me disait qu'en le gratifiant du cordon de la Légion-d'Honneur, je le liais davantage au respect et à la soumission qu'il me devait, que ce gage de ma bonté royale lui rappellerait toujours qu'il l'avait obtenue avant de la mériter, mais qu'à défaut de guerre extérieure, je le verrais constamment se placer entre les rebelles et le trône, si par cas des séditions criminelles avaient lieu : en même temps, il me témoignait le désir de revenir apporter à mes pieds les expressions de son inaltérable fidélité.

Je fus dès ce moment assailli des sollicitations de madame la duchesse douairière d'Orléans, qui me demandait, les larmes aux yeux, que son fils lui fût rendu. Madame la duchesse de Berri n'était pas moins pressante, elle voulait revoir son bon oncle dont la présence était nécessaire pour compléter son bonheur.

Je luttai d'abord, parce que je crus devoir le faire dans l'intérêt des miens et de la France, dans celui même de la maison d'Orléans que des intrigues pouvaient compromettre. Je savais qu'on agissait plus que jamais pour lui, à notre détriment, que des hommes appartenant à la république, à l'époque impériale, s'occupaient à faire un parti dont il pût profiter. Je placerai, à la tête de ce complot, M. de L..... et M. L..... ; je ne sais comment on s'y était pris pour gagner le premier, mais il me revint de très-bonne part qu'il avait dit :

— Je suis en pourparler avec le duc d'Orléans; il se contentera de la présidence d'une république fédérative; et en garantie de sa sincérité, je serai investi, ma vie durant, du commandement suprême des gardes nationales de France, office qui ne pourra m'être enlevé que par cause de forfaiture évidente, et jugée par les chambres, telles qu'elles existeront alors.

La personne à laquelle M. de L..... tint cet étrange langage lui répondit ;

—Mais êtes-vous certain que le duc d'Orléans, une fois au faîte du pouvoir, se contentera de la présidence d'une république?

— Nous saurons bien l'empêcher de vouloir au delà. D'ailleurs, il s'alliera à ma famille, par son fils.

— Avez-vous du moins la promesse par écrit de toutes ces choses ?

— Pas encore ; mais elles ne manqueront pas au moment venu, j'ai pleine confiance dans nos intermédiaires.

Ces intermédiaires, par leurs intrigues, compromettaient le nom et les sentimens de M. le duc d'Orléans, qui certes ignorait ce qui se passait, et M. de L..... était, dans cette circonstance, dupe de plus fins que lui, ainsi que cela lui est arrivé à toutes les époques de sa carrière politique et privée.

M. L....., le second chef de cette cabale, est un homme bouffi d'orgueil, parce qu'il est riche; il manque de l'étoffe nécessaire à occuper une première place; il n'a aucune instruction : accoutumé au despotisme de boutique et de comptoir, il s'imagine que, parvenu au timon des affaires, on lui obéira avec cette soumission qu'il obtient dans sa maison de banque. C'est une grande erreur, et sa chute suivrait de près son élévation.

Quant à M. de L....., j'espère qu'il s'en tiendra à ses causeries de salon, à ses complots de bonne compagnie. Il y a peu de républicains aussi grands seigneurs que ce personnage, et de marchands aussi féodaux. Tous ces apôtres de la liberté et de l'égalité n'en souffrent point dans leur maison. Quel dommage que le peuple ne puisse les voir en déshabillé! Il aurait besoin pour dernière épreuve de tomber sous la férule de ces prétendus libéraux, il verrait alors qui d'eux ou de nous prennent le plus d'intérêts à sa fortune, à sa gloire et à son bonheur.

CHAPITRE VIII.

Le roi consent au retour du duc d'Orléans.— Ce qu'il dit à ce sujet.— M. Decazes.— Causes de l'attachement que lui porte le roi.— Pourquoi il gagne ce que perd le duc de Richelieu. — Aveu important.— M. Decazes plaît au roi.— On a eu tort de le dire son favori.— Raisons qui le rendaient désagréable à certains.— Le roi imagine de dissoudre la chambre des députés. — Il en parle à M. Decazes.— Il veut inspirer cette pensée au duc de Richelieu.— Détails curieux sur ce fait.— Récit de la séance où la dissolution est décidée au conseil des ministres. — Secret gardé.— Conversation paternelle.— Préparatifs du coup d'état.— Préambule et texte de l'ordonnance du 5 septembre.— Effet qu'elle produit.

J'avais donc de bons motifs pour persister à prolonger le séjour du duc d'Orléans hors de France. Mille rapports qui m'étaient faits m'apprenaient que les mécontens, bien persuadés de la difficulté de ramener Buonaparte, commençaient à se tourner vers notre cousin. Ils se flattaient d'ailleurs d'en avoir meilleur marché ; cependant les supplications de ma famille l'emportèrent, et je consentis enfin au retour du duc d'Orléans, au commencement de 1817. Je ne pus m'empêcher de dire au ministre qui me présentait la signature nécessaire à ce rappel :—Qu'on garde cette plume, elle servira à l'abdication de ceux qui me font faire cette faute.

Parmi les empressés à voir revenir M. le duc d'Orléans, je dois placer M. Decazes. Il était tellement persuadé que ce prince ne pourrait nullement troubler la paix publique, lors même qu'il le voudrait, qu'il me conjurait avec instance de le rappeler. Je parlais souvent de ceci avec M. Decazes, parce que je trouve du plaisir dans sa conversation : un mot fin, une allusion, rien ne lui échappe ; son langage a quelque chose de piquant, de pittoresque, et souvent on y démêle une pensée profonde sous une forme aimable et gracieuse.

J'ai peu vu d'improvisateurs de sa force ; il parle quelquefois plus d'une heure aux chambres, sans préparations ; il aborde une matière toute nouvelle avec une haute supériorité de vue et une rare éloquence.

A cette qualité si importante dans un homme d'état, une grande connaissance en administration, et une extrême facilité du travail, M. Decazes joignait le mérite particulier d'un amour sincère pour la personne du roi ; il le confondait avec celui qu'il portait à la monarchie. Il ne comprenait pas un trône où le souverain n'eût siégé que comme assistant, et il ne se serait nullement accommodé d'une autorité étrangère patente ou occulte, exercée à mon détriment. Il voyait surtout, avec chagrin, la chambre élective aspirer à me faire la loi.

Ce fut lui qui me montra combien M. de Vaublanc avait tort de se séparer en quelque sorte de ma volonté pour s'unir à la chambre élective ; ce fut lui encore qui m'avertit des fréquentes relations de mon frère avec ce ministre. Certes, je suis certain que je n'ai pas de sujet plus fidèle et plus dévoué que Monsieur ; néanmoins, je ne souffrirai jamais que mes ministres, sans mon commandement exprès, lui rendent compte de mes affaires, ou aillent prendre ses ordres sur celles qu'ils ont à me soumettre. M. de Vaublanc était coupable de cette faute ; je dus l'en punir ; mais je le fis à regret, car je le place au rang des meilleurs ministre de mon règne.

Je trouvais dans l'intimité de M. Decazes un attrait que ne m'offrait pas celle du duc de Richelieu. Le premier prenait plaisir à s'instruire avec moi, le second croyait son éducation faite, et parce qu'il avait régné, pour ainsi dire, à Odessa, il s'imaginait qu'on ne pouvait lui rien apprendre. Il était d'ailleurs peu amusant, ne sortant jamais des formes solennelles d'un ancien habitué du château, il avait en un mot cette fine fleur de galanterie chevaleresque tant connue autrefois. La politesse de M. Decazes, au contraire, avait quelque chose d'un peu gourmé, au milieu de laquelle il se laissait aller à des familiarités involontaires qui me divertissaient beaucoup ; j'aimais à lui voir jouer le grand seigneur avec sa mine bourgeoise, rôle dont il s'acquittait moins bien que Molé. Ce qui était plaisant, surtout en lui, c'était cette attention continuelle à se tenir sur le qui vive du cérémonial auquel il manquait tout à coup par ignorence.

Il avait d'ailleurs tant d'anecdotes réjouissantes à raconter, qu'il puisait dans la chronique scandaleuse de la cour et de la ville, il assaisonnait ces récits d'une gaîté si franche et si spirituelle, que je le voyais toujours arriver avec plaisir.

M. de Richelieu fumait, et je déteste la pipe et les *pipeurs;* il avait en outre une santé délicate, des maux de nerfs qui souvent le rendaient inattentif à ce que je lui faisais l'honneur de lui dire, tandis que M. Decazes se portait à merveille, et ne laissait échapper, quand je lui parlais, ni un mot, ni un regard; c'était enfin un homme tout à moi, un homme de ma création, qui en me perdant perdrait tout. Le sort du duc de Richelieu, au contraire, était indépendant de mon affection ou de ma haine. Il jouissait d'une considération, je puis dire européenne, et quoiqu'il n'en fût rien, on le croyait placé sous l'influence de la Russie. Il en résultait qu'on m'accusait de gouverner d'après le bon plaisir de cette puissance, et involontairement j'en voulais au duc de Richelieu, qui cependant ne m'a jamais parlé de cette cour pour une détermination quelconque.

Je m'étends un peu sur ce sujet, afin de faire comprendre d'où provenait la confiance croissante que, dès cette époque, j'accordai à M. Decazes. Je me voyais seul pour ainsi dire dans le royaume, puisque j'avais à tenir tête aux libéraux d'un côté, et de l'autre aux royalistes; à la chambre des députés, qui voulait faire de la monarchie en dehors du monarque, aux personnes de mon intérieur, qui me boudaient, et au clergé, lequel, loin de me remercier de ce que je lui accordais, se montrait mécontent. Mes anciens serviteurs, depuis leur rentrée, voulaient obtenir plus que je ne pouvais leur donner; bref, la cour et la ville, amis et ennemis, tiraient sur moi, avaient leurs hommes presque dans mon ministère; et les miens, où étaient-ils? Je les cherchais vainement.

M. Decazes sur ces entrefaites me témoigna un dévouement sans bornes et complètement désintéressé. Dès lors il se mit aux prises avec ceux qui prétendaient qu'on m'aimât et qu'on ne me servît qu'après eux seulement. J'ai dit que les libéraux abusaient du nom du duc d'Orléans; eh bien! les royalistes abusaient de celui de Monsieur jusqu'à m'en importuner, si cela était possible. Il y avait des ministres qui n'hésitaient pas à me faire entendre que telle ou telle disposition contrarierait Monsieur, et qu'il fallait y renoncer. M. Decazes ne me fit jamais une objection qui eût un autre que moi ou le trône pour objet; il ne connaissait que mon service. Je rendais justice à ses talens, et il prenait insensiblement une supériorité incontestable sur tous ceux qu'on lui opposait.

Il advint de tout ceci qu'à mesure que je me convainquis de l'attachement de M. Decazes à ma personne, je lui accordai une part plus entière dans ma confiance, et ensuite une non moins grande dans mon affection. Il fut mon ministre, et par une autre conséquence aussi naturelle, on en fit mon favori.

Le duc de Blacas l'avait été de la même manière, et d'Avaray avant eux encore. Un roi ne peut avoir un ami, c'est chose prouvée. On veut flétrir un attachement fondé sur l'estime en l'attribuant à un vain caprice.

M. Decazes, presque dès son entrée au ministère, deplut à ma famille; je n'ose penser que cette défaveur provenait de son dévouement pour moi, et j'aime mieux croire que les ambitieux qui espéraient arriver au ministère par l'entremise de mon frère et de Madame royale cherchèrent en les prévenant contre M. Decazes à se débarrasser d'un concurrent dangereux.

Cependant une année s'écoula depuis la formation du conseil dont il faisait partie jusqu'à l'époque de l'ordonnance du 5 septembre, où les attaques qu'on lui porta, d'abord mesurées, ne tardèrent pas à éclater plus ouvertement. La chambre des députés avait aussi, je ne sais pourquoi, pris en haine M. Decazes. Les députés lui reprochaient toujours d'avoir aidé à sauver Lavalette, et en dernier lieu d'être l'auteur principal du renvoi du comte de Vaublanc. Mais ce n'était pas dans ce double grief qu'il fallait chercher la cause réelle de cette colère virulente : elle provenait plutôt de la constance avec laquelle M. Decazes avait soutenu la prérogative royale et la charte constitutionnelle, soit lors de la discussion de la loi d'amnistie, soit lors de celle des élections. Ils savaient que dans le conseil ce ministre n'avait pas craint de déchirer le voile, et de montrer clairement que le but unique de la chambre était de se perpétuer pendant cinq années dans son intégralité sans renouvellement partiel.

M. Decazes avait mis d'abord le doigt sur la plaie. Il enlevait aux députés leur vernis de pureté royaliste. Donc, il fallait le punir de sa perspicacité. Les majorités sont imprudentes; celle-ci ne cacha pas son dessein, dès sa rentrée, de rejeter toutes les lois qui lui seraient présentées par le ministre, afin de l'obliger à la dissoudre pour la reconstruire dans un ensemble *plus monarchique*, c'est-à-dire tout entière à la dévotion de la coterie.

Cette détermination, qui ne tendait à rien moins qu'à me faire passer sous la tutelle de certaines personnes que je ne veux pas nommer, acheva de m'indisposer contre la chambre élective. Je fus le premier à dire au ministre de la police que je la verrais revenir avec peine. Le ministre, à cette déclaration inattendue, tressaillit; et, sans me répondre directement, il me demanda si j'avais daigné en parler à M. de Richelieu et à M. Lainé.

— Non, répondis-je; je n'en ai encore parlé qu'à vous. Mais quelle est votre opinion à ce sujet ?

M. Decazes, certain dès lors de ne pas me déplaire en s'exprimant franchement, m'avoua qu'il n'était pas lui-même sans inquiétude sur le retour de la chambre, non seulement à cause des faute dont elle avait donné un si bel aperçu dans la sesssion précédente, mais encore pour les tracasseries qu'elle me susciterait de son côté. Ce fut alors qu'avec plus de hardiesse il mit sous mes yeux les rapports de ses agens dans les diverses parties du royaume. Tous représentaient les esprits dans un état d'irritation excessive, et les modérés fort mécontens de la chambre des députés. A les entendre, elle avait ranimé au fond des provinces les espérances des hobereaux et du clergé, épouvante pour quiconque psssédait un lopin de terre d'origine nationale, et que, par conséquent, si elle persistait à suivre la même voie, de grands malheurs fondraient sur le royaume.

Ces rapports me confirmèrent davantage dans mon dessein. Je recommandai à M. Decazes de ne rien apprendre de ce qu'il tenait de moi, mais de tâcher de faire adopter à M. de Richelieu l'idée d'appeler une autre chambre, de manière à ce qu'il prît sur lui la résolution de me le proposer. Je m'en tins à ce plan, afin de ne pas faire naître de nouvelles divisions entre les membres du cabinet ; car mes intérêts exigeaient que M. de Richelieu en conservât encore la présidence pendant quelque temps.

M. Decazes y mit tant d'habileté que M. de Richelieu s'appropria la pensée qu'on lui suggérait ; son premier soin fut de chercher à me le faire adopter; puis il me demanda l'autorisation de le communiquer à MM. Laîné, Decazes et Corvetto.

Ces messieurs feignirent de discuter ce projet, après quoi ils l'approuvèrent complètement. On s'occupa alors d'un travail statistique des personnes appuyé sur la correspondance de certains préfets, et sur les renseignemens fournis dans d'autres départemens par des hommes influens auxquels le ministre de la police s'était adressé, ou par ses propres agens. Les calculs donnèrent l'assurance d'une majorité assez imposante pour que la minorité ne pût lutter à forces égales, ce qui eût été dangereux.

Ce point terminé, il fallut le mettre à exécution, et cette fois, initier au secret les deux ministres qui jusque là étaient demeurés à l'écart, ceux de la guerre, de la marine et le chancelier de France. On ne pouvait guère espérer leur assentiment, puisqu'ils soutenaient la chambre qu'il s'agissait de congédier définitivement. Il était à craindre pour la réussite du projet que, l'ayant éventé au moyen de leurs intelligences dans le conseil, les royalistes exagérés ne fissent des brigues, et ne l'emportassent à l'aide de cette sorte de terreur, laquelle en ce moment comprimait en France tous ceux qui ne pensaient pas comme eux.

L'écueil d'ailleurs étant inévitable, il fallait bien aller droit à lui. On s'assembla donc. J'ouvris le conseil par une allocution dans laquelle je me plaignis sévèrement des attaques que la chambre élective avait osé faire contre moi pour en venir à son but. Je présentai cette attaque comme ayant réagi sur le royaume et provoqué une conflagration générale ; j'ajoutai que mon autorité méconnue, que ma suprématie contestée, que la charte violée en ses dispositions solennelles devaient nous faire pressentir jusqu'où on n'hésiterait pas à aller à la session prochaine, que de cette lutte ouverte entre les députés et le roi naîtrait sans doute un incident fâcheux, que pour y remédier il fallait prendre des mesures efficaces qu'on trouverait dans la charte elle-même ; et qu'en conséquence je proposais au conseil la dissolution de la chambre des députés.

Cette manière de poser la question simplifia l'affaire ; le chancelier, appelé à donner son avis, parla, il est vrai, dans le sens de la conservation de la chambre actuelle ; mais quatre ministres se prononcèrent contre. Le duc de Feltre, reconnaissant à l'union de ces avis que la partie était nouée à l'avance, eut peur en résistant d'être congédié avec la chambre ; il finit donc par se ranger du côté de la majorité du conseil. Son vote entraîna celui du vicomte du Bouchage, et M. Dambray, après quelqu'hésitation, imita cet exemple, de sorte qu'au second tour l'unanimité fut acquise à la raison, ce que moi et M. Decazes n'avions osé espérer.

M. de Richelieu, prenant ensuite la parole, dit

que tout ne consistait pas à approuver la dissolution des chambres, mais qu'il fallait encore s'assurer du succès ; que pour cela un secret inviolable était nécessaire, et qu'il le demandait à ses collègues dans l'intérêt du service du roi. Tous le promirent, et l'ont fidèlement gardé. Cependant un bruit sourd se répandit à ce sujet; le pavillon Marsan en conçut de l'inquiétude, et, selon son usage, il me dépêcha Monsieur afin de savoir ce qui en était.

Mon frère a le tact trop exquis pour se permettre la moindre question directe sur une affaire d'état; mais il fit un pompeux éloge de la chambre que j'avais qualifiée d'introuvable, répéta-t-il,

— Oui, répliquai-je, et je persiste à lui donner ce titre.

— On assure néanmoins que le roi est mécontent de son royalisme.

— Ce serait un grand tort; la chambre introuvable a tant respecté le roi et ses volontés !

— Elle veut consolider la monarchie que certaines gens cherchent à ébranler.

— Et quels sont-ils ?

— Les libéraux, les jacobins, et les buonapartistes.

— Ajoutez aussi les ultra, dis-je au prince.

— Sire, on vous inspire de la méfiance contre vos fidèles sujets. La chambre sent le besoin de fortifier moins le gouvernement que la monarchie. Elle s'attache plus aux principes qu'aux hommes.

— Je suis fort obligé à la chambre de ses intentions et je puis vous dire comme Hermione à Pyrrhus :

> Seigneur, dans cet aveu dépouillé d'artifice,
> J'aime à voir que du moins vous lui rendez justice.

Mon frère se récria, je l'arrêtai et poursuivis:
—Oui, la chambre introuvable me sépare de ma couronne, elle veut que je m'occupe d'abord d'elle et de moi peut-être en troisième. Mais cela ne me convient nullement, et je me charge de le lui prouver à notre première entrevue.

La fin de cette phrase, dictée par ma prudence habituelle, enchanta Monsieur. Il y vit le démenti de ce qu'il craignait, et prenant la parole à son tour, il chercha à me prouver que les chambres avaient raison de me placer avant toute chose. Mais il ne put me convaincre ; je suis tellement roi que je me crois inhérent à la monarchie. Mon frère donc ne me convertit pas; seulement il partit plus tranquille, et alla raconter la nouvelle que si j'étais en colère contre la chambre je le lui dirais dans un discours d'ouverture ce qui contre-disait la volonté qu'on me supposait de la renvoyer.

Je me trouvai bien, et le conseil aussi, de cette petite ruse de guerre. Cependant on mit la main à l'œuvre, et l'ordonnance royale du 5 septembre fut préparée par M. Laîné qui en rédigea le dispositif tandis que le préambule fut écrit par le baron Pasquier, sous mon inspiration, puis transmis à M. Decazes. M. Pasquier se rapprochait beaucoup du ministère : c'est un homme que j'aimerai toujours à employer. Il joint à la connaissance des erremens de l'ancien régime, celles des exigences du moment. C'est un partisan de l'autorité royale absolue, saturé d'une dose suffisante de constitutionnalité. Il sait jusqu'où il faut pousser l'omnipotence souveraine sans franchir la barrière populaire. Il a une grande facilité de travail, des moyens oratoires assez remarquables, et il ne sera jamais déplacé dans une combinaison ministérielle.

Cette ordonnance me fut trop personnelle pour que je ne la transcrive pas dans mes mémoires, d'autant mieux qu'on en parle encore sans bien la connaître.

« Louis, par la grâce de Dieu, etc.

« Depuis notre retour dans nos états, chaque jour nous a démontré cette vérité proclamée par nous dans une occasion solennelle, que, à côté de l'avantage d'améliorer, est le danger d'innover. Nous nous sommes convaincu que les besoins et les vœux de nos sujets se réunissent pour conserver intacte la charte constitutionnelle, base du droit public en France et garantie du repos général. Nous avons, en conséquence, jugé nécessaire de réduire la chambre des députés au nombre déterminé par la charte et de n'y appeler que des hommes de l'âge de quarante ans. Mais, pour opérer légalement cette réduction, il est devenu indispensable de convoquer de nouveaux colléges électoraux, afin de procéder à l'élection d'une nouvelle chambre des députés.

« A ces causes, nos ministres entendus, nous avons ordonné et ordonnons ce qui suit :

« La chambre des députés est dissoute. — Le nombre des députés des départemens est fixé conformément à l'article 36 de la charte, suivant le tableau ci-annexé. Les colléges électoraux d'arrondissemens et de départemens restent composés tels qu'ils ont été reconnus, et tels qu'ils ont été complétés par notre ordonnance du 21 juillet 1815. Les colléges électoraux d'arrondissemens se réuniront le 25 septembre de cette année. Chacun élira un nombre de candidats égal au nombre des députés du département. Les colléges électoraux des départemens se réuniront le 4 octobre. Chacun d'eux choisira au moins la moitié des députés parmi les candidats présentés par les colléges d'arrondissemens. Si le nombre des députés du département est impair, le partage s'en fera à l'avantage de la portion qui doit être choisie parmi les candidats. — Toute élection où n'assistera pas la moitié plus un des membres sera nulle. — La majorité absolue parmi les membres présens est nécessaire pour la validité de l'élection des députés. — Si les colléges d'arrondissemens n'avaient pas complété l'élection du nombre de candidats qu'ils peuvent choisir, le collége de département n'en procédera pas moins à ses opérations. — Les procès-verbaux d'élection seront examinés à la chambre des députés, qui prononcera sur la régularité des élections. — Les députés élus seront tenus de produire à la chambre leur acte de naissance, constatant qu'ils sont âgés de quarante ans, et un extrait des rôles duement légalisé par les préfets, constatant qu'ils paient au moins mille francs de contributions directes. On comptera au mari les contributions payées par la femme, quoique non commune en biens ; au père, celles de ses enfans mineurs ; celles d'une veuve, non remariée, à celui de ses enfans qu'elle choisira ; au gendre, celles de sa belle-mère, veuve ou non remariée, dont il aura épousé la fille unique ; au fils et au gendre celles du père et beau-père, si le père et le beau-père leur transfèrent ses droits. — Les colléges se tiendront, et les sections auront lieu dans la forme et selon les règles prescrites par les derniers colléges. — La session de 1816 s'ouvrira le 4 novembre de la présente année. — Les dispositions de l'ordonnance du 13 juillet 1815, contraires à la présente sont, révoquées. »

Cette ordonnance, qui renversait dans son entier la marche imprimée à mon gouvernement depuis ma seconde rentrée, ne pouvait passer sans plaintes, récriminations, et même sans actes répréhensibles. Je m'y attendais, et n'en avais aucune frayeur ; l'essentiel pour moi était de rentrer dans la plénitude de ma puissance, que je ne possédais plus depuis un an. Je ne reculai donc pas devant les mesures propres à consolider le succès de l'ordonnance. Je fis une nomination de présidens des colléges, tous choisis parmi les royalistes sages et constitutionnels, et sans trop de tendance vers le libéralisme. Ici je pus être trompé ; j'avoue même que je le fus, mais non de manière à me donner aucun repentir.

Le premier moment où le secret de mon cabinet fut révélé, me causa bien quelqu'embarras. Cet acte solennel frappait dans leur idée chérie les habitans du château. Je détruisais leur espoir d'un meilleur avenir, aussi devais-je m'attendre à leur mécontentement. J'ordonnai à mes ministres d'aller prévenir les membres de ma famille ; mais on me sut peu de gré de cette condescendance, et on me le témoigna dans la personne de mes envoyés.

CHAPITRE IX.

Résultats dans les départemens de l'ordonnance du 5 septembre. — Ce que le roi dit à MM. Ravez et Bastard. — Mauvaise humeur de M. de Châteaubriand. — M. Michaud. — Mouvemens des élections. — Balance des députés. — Principaux ultra. — M. de Villèle commence à primer. — Ce que le roi pense de lui. — Il promet la pairie à M. Decazes. — Pamphlets et chansons. — Discours d'ouverture de la sesion de 1816. — Le paysan Martin et l'archange Raphaël. — Générosités du roi envers le clergé. — Il fonde le chapitre royal de Saint-Denis. — Il relève l'ordre de Saint-Michel. — Quelques nominations. — Lois principales présentées à la session de 1816. — Celle des élections. — La famille royale cesse de siéger à la chambre des pairs. — Conversation à ce sujet avec Monsieur.

Ce ne fut pas seulement le château que l'ordonnance du 5 septembre 1816 frappa comme un coup de foudre, ses retentissemens se ressentirent au fond des provinces, et consternèrent le parti qui s'appuyait sur un autre pouvoir que le mien. Il maudit ma sagesse au lieu de la bénir, ma sagesse qui l'arrachait au péril d'une nouvelle catastrophe, et qui raffermissait le trône qu'on était si impatient de transmettre à mes successeurs.

Cet acte solennel fut accueilli d'une manière bien différente par la majorité de la nation. Celle-ci avait déjà pris tant de goût au gouvernement représentatif, qu'elle craignait d'en être privée. C'est la manie du siècle, la combattre n'amènerait que des désastres ; je m'y suis soumis, moins par amour que par prudence ; je m'efforce de prendre les choses telles qu'elles sont, et non telles que je voudrais qu'elles fussent.

Je vis avec peine la colère des royalistes exagérés, et avec joie l'allégresse du reste de la France. Je fis connaître toute ma pensée dans les divers discours que j'adressai à certains présidens des colléges qui prenaient congé de moi. Je dis entre autres à M. Ravez, alors lié de constitutionnalité avec le ministère, et qui allait présider à Bordeaux :

— Monsieur, trop d'agitations ont malheureusement troublé la France ; elle a besoin de repos, et pour cela il lui faut *des députés attachés à ma personne, à la légitimité, à la charte; mais surtout modérés et prudens.* Le département de la Gironde m'a déjà donné de grandes preuves d'amour et de fidélité. J'en attends un nouveau témoignage dans le choix que vos électeurs vont faire. Dites-leur que c'est un vieillard qui leur demande la paix de ses derniers jours pour le bonheur de ses enfans.

Je tins à peu près le même langage à M. Bastard en lui disant :

— Je m'estimerais heureux d'être entouré de royalistes qui oublieraient leurs intérêts personnels, pour s'unir franchement à moi dans les principes de modération, que m'a dictés ma raison autant que mon cœur.

Dans tous mes discours, je tenais surtout à bien faire entendre que ma séparation de la chambre des députés provenait de la conviction intime qu'elle n'avait d'amour ni pour ma personne ni pour la charte, prétendant élever à la place de mon pouvoir une omnipotence oligarchique au profit des miens en apparence et qui au résultat, pourrait tourner à celui des ambitieux.

C'était là toute la question : la chambre des députés égarée, j'aime à le croire, à cause des vertus de la totalité de ses membres, m'avait mis de côté et s'arrangeait de telle sorte, qu'elle avait fait aussi disparaître la charte.

La colère de leurs partisans dépassa les bornes. M. de Châteaubriand se mit à la tête des querelleurs. Je joue de malheur avec cet homme de lettres. Son génie est sans cesse en opposition avec mon sens droit et simple. Je fais tout ce que je peux pour m'élever à sa hauteur, et lui ne veut tenter aucun effort pour descendre à mon niveau. Il en résulte que lorsque nous nous approchons (car je le traite de puissance à puissance, privilége des hommes supérieurs, même à l'égard d'un roi), c'est toujours pour nous séparer, et nos ruptures sont si violentes qu'on dirait des querelles d'amans. Il est vrai que j'aime beaucoup M. de Châteaubriand, et que je me flatte de lui inspirer la même affection; mais enfin, cela n'empêche pas l'incompatibilité d'humeur, ce dont je me tourmente fort.

Dans cette circonstance, M. de Châteaubriand, qui me boudait depuis mon retour de Gand, à cause sans doute que je n'avais pu le faire entrer dans le ministère, prit fait et cause pour la chambre cassée et contre l'ordonnance du 5 septembre, avec une chaleur toute personnelle qui me déplut; en conséquence je résolus de le rayer de la liste des ministres d'état. Un éclat de ma colère tomba aussi sur Michaud l'imprimeur sans que je m'en doutasse. M. Guizot, qui avait du crédit sur M. Decazes ne fut pas fâché de trouver l'occasion de punir une offence individuelle. Cette niaiserie de s'en prendre à l'imprimeur de M. de Châteaubriand, et de donner de l'importance à un homme qui n'en avait pas, me fit de la peine lorsque la chose fut faite.

A ma place on ne voit que les sommités; nos ministres n'ont pas la vue si étendue, ils se perdent dans des détails qui nous échappent, et plus tard on nous les reproche comme s'ils étaient notre œuvre.

La France fut en combustion momentanée par le fait des élections à renouveler. Les ultra-royalistes persistèrent à combattre contre ma volonté formellement déclarée; tous leurs efforts tendirent à ramener à la chambre les mêmes hommes que je voulais écarter. Ils y réussirent dans trente-deux départemens. Dans seize autres leurs choix furent partagés entre les introuvables et d'autres candi-

13.

dats déterminés à suivre le système de modération que je ne cessais de prêcher. Le reste des élections répondit à mon attente, et je n'eus dans la chambre que quatre-vingt-douze députés appartenant à la précédente. Dans ce nombre, bien qu'il me parût considérable, on ne revit pas ceux qui venaient de se signaler avec trop d'ardeur contre mes institutions. Le parti fut privé du secours de MM. de Masquillé, de Berthier de Sauvigny, de Boisgelin, de Vitrolles, de Vogué, de Grosbois, de Chifflet, de Blosseville, du Plessis, de Candau, Pardessus, de Bethisy, de Juigné, de Feuillant, de Coupigny, etc.

MM. de Villèle, de Corbière, Ravez et de La Bourdonnaye reparurent; le premier commençait à jouir de sa popularité royaliste. On se moquait de son extérieur, de ses formes; mais on rendait justice à sa prudence, à son habileté financière, et à ses actes politiques. Il cheminait doucement, et néanmoins avançait à pas de géant. On se ralliait déjà autour de lui sans qu'il parût s'aider par les intrigues. L'adresse de M. de Villèle consistait alors à jouer cartes sur table. Cette franchise, qui convient à beaucoup de gens, ne déplaît à personne. Le royalisme de ce personnage se soutient par une fermeté revêtue de finesse. Il sera le temporisateur de la révolution, avec lui on peut beaucoup gagner si l'on sait attendre. J'ai débuté par avoir des préventions contre lui, et si j'en conserve encore, du moins je ne lui refuse ni ma confiance, ni mon estime.

M. Decazes n'avait pas quarante ans, il ne put donc être réélu, il en parut fâché ; et moi, pour l'en dédommager :

— Mon cher enfant, lui dis-je (commençant alors à lui donner ce titre que je lui ai conservé), puisque mon ordonnance vous chasse de la seconde chambre, il faut que je vous ouvre la première, car enfin, vous ne pouvez rester à la porte; patientez encore, et nous aviserons avant peu au moyen de vous placer convenablement.

Le jour de l'ouverture de la session approchait. Je savais que les vaincus n'étaient pas de ceux qui se résignent. Je les voyais s'agiter en dehors et dans l'intérieur du château. Ce parti se soutenait à l'aide de gazettes à sa dévotion, de pamphlets malicieux, spirituels sans doute, mais en définitive hostiles à la royauté puisqu'on les dirigeait contre le monarque.

Le discours de la couronne devait répondre à ces attaques directes; il devait éclairer la nation, et lui apprendre que si je m'étais refusé à subir le joug des ultra, ce n'était pas pour passer sous la tutelle des ennemis réels de ma famille. J'avais en outre un point délicat à y introduire, celui qui avait rapport à mes négociations avec la cour de Rome. Il s'agissait de détruire le concordat de Buonaparte, pour se rapprocher de celui de François 1er. Ce n'était pas facile, d'autant que le saint-siége désirait obtenir de moi ce que lui avait refusé le soldat despote.

Toutes ces choses avaient besoin d'être méditées et présentées sous des formes convenables. On s'en occupa dans le conseil, et lorsque les bases furent connues définitivement, je rédigeai le discours. C'est un soin dont, grâce à Dieu, j'espère ne jamais embarrasser mes ministres.

J'ouvris la session en personne le 4 octobre. L'assemblée était nombreuse.

Je dis d'abord « que, profondément affligé des privations que souffrait mon peuple par l'intempérie des saisons, j'éprouvais le malheur plus grand encore de ne pouvoir diminuer les charges publiques. » Je comprenais que le premier besoin du peuple était l'économie, que j'en avais fait espérer dans toutes les parties de l'administration. J'ajoutai : Ma famille et moi, nous ferons les mêmes sacrifices que l'année dernière, et pour le reste je me repose sur votre attachement et votre zèle pour le bien de l'état et l'honneur du nom français. »

Je dis ensuite que les négociations continuaient avec le saint-siége, assez activement pour donner l'espoir d'un prochain résultat, qui assurerait la paix de l'église ; que je comptais sur le concours des chambres pour rendre au culte divin, non pas cette splendeur que la piété de mes ancêtres lui avait donnée, ce qui était impossible, mais pour assurer aux ministres de la religion une existence indépendante.

« Attaché de cœur à cette sainte religion, je ne

je suis pas moins à cette charte qui, sans toucher au dogme, assure à la foi de nos pères la prééminence qui lui est due, et qui, dans l'ordre civil, garantit à tous une sage liberté, et les paisibles jouissances de ses droits, de son état et de ses biens.

« Soyons attachés à la charte, je ne souffrirai pas qu'il soit porté atteinte à cette loi fondamentale, mon ordonnance du 5 septembre vous le dit assez.......... Enfin, messieurs, que les haines cessent, que les enfans d'une même patrie, j'ose ajouter d'un même père, soient vraiment un peuple de frères, et que de nos maux passés il ne nous reste plus qu'un souvenir douloureux, mais utile. Tel est mon but, et pour y parvenir je compte sur votre coopération, mais principalement sur votre franche et loyale confiance, seule base solide de l'union si nécessaire entre les trois branches de la législation. Comptez aussi de ma part sur les mêmes dispositions, et que mon peuple soit bien assuré de mon inébranlable fermeté à réprimer les attentats de la malveillance, et à contenir les écarts d'un zèle trop ardent. »

Cette denière partie de mon discours devait aller à son adresse sans sortir de la salle. *Le zèle trop ardent* ne manquait point chez certains des auditeurs; une sorte de murmure, couvert néanmoins par la masse des applaudisemens, répondit à ce que je venais de dire. Dès ce moment, j'en conviens avec regret, la guerre me fut déclarée par des personnes qui auraient dû agir autrement; et si l'on n'osa me combattre ouvertement, on s'attaqua du moins à M. Decazes. Celui-ci devint l'objet de la haine des royalistes exagérés; on lui en voulut de ce que je prétendais me maintenir roi. On se serait mieux accommodé avec lui, si j'avais consenti à reconnaître des maîtres.

Toute la question, tant qu'a duré son ministère, consista, et consiste encore à détester ceux qui me servent; il semble à ces messieurs que je suis la personne la moins importante du royaume.

La session s'ouvrit sous de pénibbles auspices; la minorité imperceptible de la dernière chambre s'était changée en majorité dans celle-ci, tandis que la majorité de 1815 avait disparu; toutefois, elle se présentait hostile dans une minorité menaçante par son nombre et sa véhémence. J'aurais à conduire ma barque avec peine au milieu de ces écueils divers.

Avant de rapporter ce qui se passa dans cette session, je veux rappeler rapidement certains faits.

Il en est un que je ne ferai qu'indiquer. Je veux parler de cette comédie, dans laquelle on me fit jouer un role de moitié avec ce bon cultivateur de Galardon, ce pauvre Martin, qui voyait à volonté l'ange Raphaël face à face; les égards que je dois à la religion m'interdisent de m'expliquer librement sur cette anecdote. Je ne veux pas non plus affliger des personnes que j'aime, et que dans cette circonstance on trompa encore plus que moi : car je ne fus dupe que de ma curiosité; j'aurais dû résister à la fantaisie qui me prit de voir cet intermédiaire des volontés célestes.

Je m'inscris en faux contre toute relation publiée ou qu'on mettra au jour, pendant ma vie ou après mon décès, dans laquelle il sera question de mon entretien avec Martin; s'il me plaisait de le faire connaître tel qu'il eut lieu réellement, je surprendrais bien des gens. Tout ce qu'on saura, c'est que les conducteurs de ce fil de marionnettes perdirent l'envie de faire suivre la première représentation par une seconde. Martin retourna à son village. M. Decazes resta près de moi, et la direction des affaires retenue en mes mains, ne tomba pas dans celles à qui on la destinait, au moyen de ce tour de passe-passe.

Le message de Martin, et l'explosion récente du baril de poudre, dans le petit escalier des Tuileries, sont les deux impertinences que je me sens le moins disposé à pardonner.

Je ne sais pourquoi le clergé se plaignait, pourquoi il doutait de mon catholicisme. Je le comblais cependant, et cette année, outre les mille bourses que je fondai dans les séminaires, outre la loi que je fis porter pour que les établissemens ecclésiastiques pussent recueillir des legs et acquérir des biens par forme de dons ou autrement: cette année dis-je, je fis ma fondation royale du chapitre de Saint-Denis. Ce fut, j'ose l'affirmer, une belle idée, que de remplacer les anciens religieux, gardiens naturels des tombes des rois mes prédécesseurs, par un corps composé de deux sortes de dignitaires, la première division tirée de l'épiscopat, où dix évêques trouvaient une retraite honorable en quittant les travaux de leur saint ministère, la deuxième classe comprenant vingt-quatre ecclésiastiques, au nombre desquels figuraient six dignitaires. Le chef de ce chapitre, fondé le 23 décembre 1816, est le grand-aumônier de france sous le titre de *primicier*.

A l'époque où je signai la charte de cette fondation, je relevais d'une dure maladie, qui, sans affecter mon énergie morale, avait singulièrement ébranlé les forces de mon corps. Cette maladie provenait de mon infirmité ordinaire, de cette goutte funeste qui depuis tant d'années, me poursuit avec une constance cruelle. En ce moment, elle fit plus que de me causer des souffrances, elle inquiéta les esprits, et en poussa certains à la révolte, en laissant croire que je n'avais pas longtemps à vivre.

Certes si ma mort avait eu lieu à cette époque, elle aurait sans doute compromis la tranquillité du royaume. Les deux opinions exagérées que je contenais avec une égale fermeté, sans pencher plus vers l'une que vers l'autre, auraient probablement profité de ce moment où l'irritation était extrême. On n'était pas encore assez habitué à la succession légitime et héréditaire. Mes ministres, celui de la police surtout, dont l'affection est sincère, ne furent pas les moins tourmentés des conséquences de ma maladie. Enfin la vigueur de mon tempérament prit le dessus, et avec ma santé la France redevint tranquille. Mais l'inpulsion du trouble était donnée et l'an 1817 s'en ressentit.

Je jetai en passant un coup d'œil sur l'ordre antique de Saint-Michel, fondé par Louis XI ; ordre qui avait tenu une place importante en son temps, mais qui depuis trop prodigué avait décliné rapidement jusqu'à l'époque où celui du Saint-Esprit, institué par Henri III, devint l'ordre par excellence à la cour de mes prédécesseurs. Cependant l'ordre de Saint-Michel a pris une nouvelle vie, lorsqu'on imagina d'en récompenser les hommes de mérite, ceux qui s'étaient illustrés dans les arts et les sciences. Il servait aussi à payer les services rendus dans les hautes fonctions municipales. La révolution se garda de respecter cette institution véritablement libérale et toute roturière. L'ordre de Saint-Michel disparut dans la tourmente avec tout ce qui appartenait à la monarchie, et nul gouvernement ne songea depuis à le restaurer, Buonaparte moins qu'un autre, avec sa pensée d'un ordre unique, comme il voulait que fût la Légion-d'Honneur.

A ma rentrée, il restait en tout quinze chevaliers de St-Michel, cinq titulaires et dix admis et non reçus. On me le demanda pour récompense. Le premier cordon que je donnai en 1814 échut à M. Descloseaux, propriétaire du cimetière de la Madeleine, qui avait veillé avec tant de soin à la conservation des restes du roi martyr, mon auguste frère et de ceux de la reine, mon infortunée belle-sœur. Je compris que je pouvais m'aider de ce cordon pour récompenser avec éclat des talens, des travaux et des entreprises honorables, et à la suite d'un rapport que me soumit le ministre de ma maison, ou plutôt le comte de Pradel, qui en faisait fonction, le portefeuille étant vacant, j'arrêtai, le 16 novembre 1816, la restauration de cet ordre sur les bases établies déjà par Louis-XIV, portant à deux cents le nombre des chevaliers, savoir : cent qui devaient être les mêmes que ceux décorés du Saint-Esprit, et cent dont le roi se réservait la nomination. Parmi ceux qui reçurent la croix en 1816, je citerai le comte Marchand, médecin des armées ; M. Sage, de l'académie des sciences ; les chevaliers de Jussieu et Delambre, de Mirbel, membres de la même académie ; le docteur Sue, médecin ; Mejean de Bresson, négociant à Ganges ; M. Barthélemy, banquier, membre du conseil-général du département de la Seine ; le chevalier Dacier, membre de l'académie des sciences ; M. Dupuytren, dont le nom est un éloge ; de Prony, membre de l'académie des sciences ; Brongniard, architecte ; Girodet, Gérard, peintres ; Lemot, sculpteur ; Buyre et Gondoin, architectes ; Denis de Villiers, doyen des notaires de Paris ; Didot aîné ; Thiolier, graveur ; le docteur Alibert, mon premier médecin ordinaire, homme du monde, homme de cabinet, aimable et savant, qui sait soigner et amuser son malade avec une égale habileté.

On voit sans compter des hommes qui méritent bien aussi d'être désignés, que le cordon noir n'était pas accordé à des chevaliers indignes de le porter. Il y avait encore parmi les anciens, le comte Chaptal, qui honore toutes les institutions dont il fait partie, et mon vieil ami et médecin Portal, lequel me sert avec tant de zèle, et dont les vastes connaissances ne sont pas altérées par son grand âge ; car je crois qu'il est quelque peu contemporain du déluge, bien qu'il s'en défende en disant qu'il est né d'hier.

En général, la maison de Bourbon n'a pas attendu ces dernières époques pour manifester ce qu'on est convenu d'appeler maintenant des idées libérales. Elle a su toujours faire de bon choix, et ses nominations despotiques n'ont guère porté que sur des sujets excellents.

Parmi les lois importantes que mes ministres apportèrent aux chambres pendant cette session, les plus remarquables furent celles sur les élections, la liberté individuelle, la publication des journaux et les feuilles périodiques, le tarif des douanes, et enfin celle du budget que j'aurais dû placer en tête, car à tout seigneur tout honneur.

Les chambres ne refusèrent aucunes propositions. Celle des députés avait pour président le baron Pasquier. Il appuya de son influence ce qu'il crut utile à l'intérêt de la couronne. Les dispositions de la loi des élections n'avaient nul rapport avec celle qui fut présentée par le comte de Vaublanc. Celle-ci combinée sur des bases plus simples, ne heurtait en rien les idées du jour. Les principales dispositions disaient :

« Tout Français, jouissant des droits civils et politiques, âgé de trente ans accomplis, est appelé à concourir à l'élection des députés des départemens où il a son domicile.—Il n'y a dans chaque département qu'un seul collége électoral. Il est composé de tous les électeurs du département dont il nomme directement les députés à la chambre.— Les colléges ne peuvent s'occuper d'autre objet que de l'élection des députés ; toute discussion, toute délibération leur sont interdites.— Chaque assemblée ne peut être au-dessous de six cents électeurs, ni moindre de trois cents électeurs dans les départemens où il y a plusieurs sections.— La session des colléges est de dix jours au plus.— Les électeurs votent par bulletin de liste ; il n'y a que trois tours de scrutin.— Nul n'est élu à l'un des deux premiers tours de scrutin s'il ne réunit au moins le quart, plus une des voix de la totalité des membres qui composent le collége, et la moitié plus un des suffrages exprimés.— Des dispositions particulières interdisent aux préfets et aux généraux commandans, leur nomination dans les départemens soumis à leur suprématie, etc.

Cette loi, au premier aspect, me parut très-bien conçue, et je ne vis aucune objection raisonnable à faire contre elle. La minorité n'en jugea pas ainsi dans l'une et l'autre chambre. Elle devina que cette multitude d'électeurs favoriserait l'intrigue et ôterait toute influence à la grande propriété. Les débats furent longs et très-animés ; et la majorité, qui décida l'adoption de cette mesure, passa à trente-deux voix seulement à la chambre élective, et à sept à celle des pairs. En Angleterre un pareil succès aurait équivalu à une défaite. En France, où nous commencions le gouvernement représentatif, on le qualifia de victoire.

Cette session ne s'était pas ouverte comme les deux précédentes avec le concours des membres de ma famille. Je n'avais pu consentir à ce que Monsieur allât siéger à la chambre des pairs, parce qu'il m'avait dit avec une franchise louable, que s'il y paraissait ce serait pour se ranger du parti de la minorité.

— Que Dieu vous en garde, mon frère !

— Dans l'intérêt de vos ministres, sire ?

— Non, monsieur, dans le vôtre, dans celui de ma famille. Écoutez moi, au nom du ciel, ajoutai-je avec véhémence, vous partagez, avec un homme que vous n'aimez guère, ce système de persistance sans concession aucune ; comme lui, vous êtes aujourd'hui ce que vous étiez en 1789, et sans vouloir vous déplaire par un tel parallèle, je vous déclare que vous vous en trouverez mal tous les deux, car il est pénible de rester en arrière de son siècle. Chacun depuis 89 a fait un pas en avant, imitez cet exemple, soumettez-vous aux nécessités de l'époque, et n'allez pas apprendre à la France

14.

votre alliance avec les ennemis de ses libertés.

En m'énonçant ainsi, mon intention avait été de frapper fort ; je réussis, et j'aime à rendre justice à mon frère; il attendit avec autant de patience que de respect la fin de mon homélie. Puis s'inclinant avec cette grâce qu'on lui connaît :

—Le roi dit-il, s'abuse sur mon compte : je ne m'occupe que de lui. J'ai juré la charte et je serai fidèle à mon serment. Croyez-moi, sire, ma parole est celle d'un honnête homme, mais en même temps je demeure persuadé qu'une amitié avec ceux qui veulent et la conservation de notre maison et la charte, est préférable à l'alliance de ces hommes qui s'acommoderaient de la charte avec la première bannière royale qu'on y adjoindrait.

— Mais pensez-vous que je penche vers ces gens là ? Vous vous méprenez ainsi que ceux dont les conseils vous éloignent de moi. Je tiens une juste balance entre les ultra et les libéraux. Je siége là où je trouve la majorité de la nation.

Je continuai à parler sur ce ton sans mieux m'entendre avec Monsieur. Il persista à me répéter que l'affaire du vote dans une chambre étant un cas de conscience, il ne pouvait me complaire sans se rendre coupable envers lui-même.

— Puisque vous n'iriez au Luxembourg que pour y faire un scandale politique, autant que vous n'y paraissiez plus. »

Les imprudens amis de Monsieur furent désespérés de cette mesure. Mon frère, au contraire, en eut de la joie, parce que, dit-il, elle le tirait d'une position difficile. « J'aime encore mieux rester chez moi que d'être désagréable au roi mon frère. »

CHAPITRE X.

Causerie intime avec madame de...— Le roi se décide à retirer les sceaux au chancelier. — Audience qu'il lui accorde. — Combinaison ministérielle manquée. — Le baron Pasquier garde-des-sceaux. — M. de Serre. — M. Royer-Collard. — Le duc de Broglie.—Comme il est mystifié par M. Decazes —Quelques députés.—Le marquis d'Argenson.—Le marquis de Chauvelin.— Le marquis de Lafayette.—Martin de Gray. — Camille Jordan. — Malice que le roi n'a pas voulu faire aux libéraux. — Quelques membres de la droite. — M. de Villèle.—M. de Corbière. — M. de Castelbajac.—M. de Sallabery. — M. de Puymaurin. — A quelles conditions M. Decazes se serait rallié aux ultra.—Le roi répare une inadvertance qui lui est échappée.—Les trois polices en présence.— Diminution de l'armée d'occupation.

En décidant que les princes de la maison royale cesseraient de siéger à la chambre des pairs, j'avais songé non seulement à parer aux inconvéniens du jour, mais encore à ceux de l'avenir. Je comprenais l'avantage que le duc d'Orléans, par exemple, retirerait, contre moi et les miens, d'une opposition adroite et ferme ; que ses paroles, quelque circonspectes qu'elles fussent, retentiraient dans le reste du royaume et augmenteraient, sans doute, le nombre de ses partisans. Je savais aussi que l'exil de ce prince devait avoir un terme ; et que mettre obstacle, lors de son retour, à ce qu'il fît les fonctions de pair, ce serait manifester envers sa personne des craintes qu'il ne me convient pas de laisser deviner. Au lieu qu'en ayant l'air d'arrêter seulement le cours politique de mon frère et de mes neveux, il n'y avait point à redouter d'interprétation maligne relativement au duc d'Orléans, qui néanmoins se trouverait tout naturellement enveloppé dans cette mesure.

Un roi doit tout prévoir, et employer le présent à disposer de l'avenir ; c'est là, je l'affirme, la première science du gouvernement.

L'opposition royaliste continua pendant cette session à se prononcer avec une aigreur affligeante. Je dis à ce sujet à madame de.... :

— C'est donc entre ces messieurs et moi une guerre à mort?

— Ah! sire! est-il possible que le roi oublie qu'en vertu de la constitution sa personne est au-dessus de toute attaque directe? les ministres sont les seuls auxquels on s'adresse.

— Et on les poursuit avec un acharnement...

— En vérité, répliqua madame de..., avec cette étourderie qu'elle savait si bien employer pour dissimuler la profonde portée de ses paroles, il est tout simple qu'on aille droit à des ennemis connus. Cependant il y a trois de vos ministres qu'on voit avec peine subir l'influence de la majorité.

— Rayez de cette liste, répondis-je aussi avec

gaîté, messire le chancelier de France, chevalier Dambray. Celui-ci n'a jamais approuvé une seule mesure proposée par ses collègues, et la contradiction lui est si naturelle, qu'hier par exemple, ayant entendu dire au ministre de la police qu'il avait soif, il répondit avec vivacité : Je vote contre.

— Cela prouve seulement une distraction.

— Et aux chambres, qui s'oppose aux mesures conservatrices ? Ce sont encore vos amis, et cependant ils prétendent que le ministère pousse la monarchie vers la république. C'est une contradiction que vous ne cherchez pas à expliquer.

Il est certain que l'opposition était alors toute systématique. Les royalistes purs, tant que les leurs ne sont pas entrés au conseil, ont constamment employé dans leurs discours et leurs arrêts les formes démagogiques. Ils ont plus parlé en faveur de la liberté que tous les libéraux ensemble.

La loi des élections passée, je n'eus pas besoin que MM. Decazes, de Richelieu et Lainé me fissent apercevoir que la présence du chancelier dans le conseil était plutôt nuisible qu'utile ; il me suffisait de l'entendre se maintenir dans cet *à parte* incroyable pour prendre une décision à son égard. En conséquence, je l'envoyai présider la chambre des pairs.

M. Dambray prit au tragique cette seconde disgrâce, et il me demanda avec instance une audience que je lui accordai. Je profitai de cette entrevue pour lui reprocher sa légèreté en 1814, son abandon en 1815, et sa conduite actuelle si contraire à mes intentions.

— Je n'accuse pas votre cœur, ajoutai-je, sa pureté m'est connue ; mais vous êtes le chancelier de l'ancien régime, et non celui du nouveau. Ainsi que cet excellent Barantin, vous oubliez qu'une révolution a changé la face des choses. Or se placer aujourd'hui sur le terrain de 1788, serait s'établir sur le cratère de l'Etna ou du Vésuve.

M. Dambray ne resta pas court ; il me donna une nouvelle preuve que sa fidélité surpassait sa capacité politique. Je maintins ma détermination, et les sceaux lui furent retirés. J'aurais voulu déjà les donner à M. Lainé afin d'appeler le comte Decazes au ministère de l'intérieur, auquel je comptais réunir la police ; mais la chose ne put se faire ainsi. Je sus, d'une manière certaine que M. de Richelieu ne la verrait pas de bon œil : il tenait à conserver une sorte de suprématie sur M. Decazes, et elle lui semblait mieux assurée tant que ce dernier garderait le portefeuille dont il était investi. Dès lors il me fallut rêver une autre combinaison.

J'avais promis au baron Pasquier, lors du renvoi de l'ancien ministère, de le rappeler aussitôt que possible. J'ai dit, et je le répète, que je lui reconnaissais des talens supérieurs, et que je croyais sa présence propre à augmenter la force de mon cabinet. Les sceaux cette fois lui échurent en partage. Il fut remplacé à la présidence de la chambre des députés par M. de Serre, premier président de la cour royale de Colmar.

M. de Serre, qui déjà paraissait sur la scène où plus tard il joua un rôle, avait fait ses preuves de royalisme en comptant au nombre des héros de Condé. Buonaparte, auquel je ne refuserai pas de se connaître en mérite, apprécia celui de M. de Serre, et l'employa. Il a le cœur aussi chaud que la tête. Il parle avec éloquence et facilité ; on l'appelle doctrinaire parce qu'il est raisonable. S'il était plus enthousiaste, la droite en ferait un royaliste accompli.

La doctrine, que nul ne connaît bien, parce qu'il est possible qu'elle ne se comprenne pas elle-même, était alors représentée par quelques hommes assez forts pour pouvoir supporter un ridicule, flanqués qu'ils étaient d'ailleurs de personnages d'un mérite inférieur, lesquels se chargeaient volontiers d'amuser le public en avant de leur chefs. Parmi ceux-ci, je citerai M. Royer-Collard, le pape de la secte, qui a voué un culte à l'honneur et à ses devoirs, et cependant a obscurci sa belle réputation en l'enveloppant d'un nuage métaphysique. Cet orateur est clair et précis lorsqu'il parle d'abondance ; mais dès qu'il pèse ses paroles ; on ne le comprend plus il y a un système de gouvernement assez difficile à concevoir, et que par conséquent je ne chercherai pas à expliquer. Cela s'appelle la *doctrine*, mot tout comme un autre, et auquel je ne ferai aucune objection. Les doctrinaires sont les professeurs de cette religion embrouillée. Quoi qu'il en soit, elle est commode au pouvoir, qui y trouve toujours des armes.

MM. Pasquier, de Serre, de Gérando et Beugnot sont aussi pères de la doctrine. Après eux, dans la seconde classe, vient M. Guizot et la cohorte des professeurs, la pire espèce qui soit au monde, si celle des avocats n'existait pas. Les professeurs sont à la fois verbeux, despotes, taquins, poltrons et insolens. Leur avidité se déguise sous un voile philosophique, la chose la plus plaisante que je connaisse.

M. Decazes, avec tout son esprit, a donné dans la déception de la doctrine. Il a par exemple une haute idée du duc de Broglie, qui est bien la cervelle la plus étroite de l'époque, et dont certes on ne dirait mot si on ne parlait pas tant de sa belle-mère. Ce personnage a toute l'ampleur voulue d'une médiocrité désespérante; il ne fera jamais un second pas, ayant employé au premier toute la force qu'il a reçue de la nature. Je ne sais pourquoi autour de moi on le boude, je suis persuadé que les libéraux qui s'en chargent en seront bien plus embarrassés. Je ris encore de la petite vilenie qu'il leur a faite le jour où si spirituellement berné par M. Decazes, il les abandonna au sujet de la souscription en faveur des condamnés politiques.

Les libéraux font flèche de tout bois. Le ministère jugea que pour maintenir la paix intérieure au moment où cessait le fardeau de l'occupation étrangère, il était nécessaire de faire arrêter, sous la responsabilité de trois de ses membres, tout pertubateur du repos public, et de le tenir à l'écart pendant un temps voulu, sans le livrer à la justice. Cette proposition faite devint loi. Aussitôt les libéraux voulurent établir une souscription pour l'appliquer aux besoins de *ces victimes de la tyrannie*. Ceci parut dangereux; les gens à courtes vues pouvaient s'y laisser prendre, et cette souscription dégénérer en comité insurrectionnel. Les tribunaux la combattaient; ce n'était pas assez, il fallait qu'elle fût blâmée par les hommes du parti. Mais aucun n'osa en ce moment se séparer de la masse et donner le signal de la défection.

M. Decazes alors va trouver le duc de Broglie, et s'engage à faire créer pour lui un ministère *ad hoc*, s'il consent, lui libéral par excellence, à désapprouver le fait de la souscription nationale. Ce pauvre Victor donna dans le piége avec une facilité qui milite victorieusement en faveur de la simplicité naïve de son ame. En conséquence, il écrivit une lettre qu'on inséra dans les journaux, laquelle répandit la désolation dans la coterie libérale, véritable pierre d'achoppement et de scandale. Ce fut un terrible coup pour le parti; cependant il le pardonna au coupable, attendu le duché et la pairie dont il était investi. Quant au ministère promis, il n'arriva pas. Je pris sur moi ce dénouement de la mystification.

Je ne m'attacherai pas à rapporter les détails de la discussion qui eut lieu aux chambres; ce serait empiéter sur l'hitoire de mon règne, et je ne l'écris pas. Je veux seulement rappeler le nom de plusieurs députés qui se firent une réputation par leur sagese ou leur virulence.

Deux oppositions combattaient le ministère avec plus ou moins d'acharnement. D'abord celle de la gauche où figurait le marquis de Voyer d'Argenson, qu'une vieille rancune de la disgrâce de son grand-père a de tout tems jeté dans le parti contraire à la cour. M. d'Argenson, poussé par je ne sais quelle idée fixe, s'éloigne chaque jour davantage des bons principes. De buonapartiste il s'est fait libéral ; et, si Dieu lui prête vie, il finira par tomber dans la pure démagogie.

Le marquis de Chauvelin, autre gentilhomme mécontent, qui aurait voulu s'emparer du monopole de l'ingratitude. Révolutionnaire dès 1789, il avait été chassé par la cour d'Angleterre en 1793, lorsqu'il osa, en sa qualité d'ambassadeur de France, lui notifier l'assassinat du roi mon frère. M. de Chauvelin se rapprocha plus tard de Buonaparte ; il prétendit à ma rentrée reprendre les fonctions de maître de la garde-robe ; ma nièce y mit son veto, et me conjura de repousser un des nôtres dont la conduite avait été si blâmable. Mon propre penchant me portait à punir le marquis de Chauvelin, et je répondis par un refus à sa demande, dans laquelle il persista. Alors il se fit libéral.

On dit néanmoins qu'il traite ses frères et amis avec une inpertinence qu'il croit féodale, et qui n'est que de mauvaise compagnie. Le marquis de Chauvelin brille dans l'opposition par ses reparties spirituelles, par sa politique toute de persifflage. Il faisait la désolation de M. Decazes, qui, bien que très-fin, ne pouvait lutter avec avantage contre lui dans cette guerre de mots.

Un troisième marquis figurait aussi à la gauche, M. de Lafayette, à qui Dieu fasse paix.

M. Martin de Gray parlait rarement et bien. Camille Jordan achevait d'épuiser son ame. Celui-ci se mourait de trop de vie ; éloquent et plein de vertus, je regrettais de le voir dans l'opposition, et lorsqu'une oscillation ministérielle le rapprochait de moi, j'en étais charmé. C'était au demeurant un parfait royaliste.

M. de Courvoisier est encore un des nôtres, qui en 1817 s'égara je ne sais trop comment. Il passa, sans s'en apercevoir, dans le camp ennemi, et on le vit un instant marcher avec MM. d'Argenson et Laffitte.

L'opposition royaliste se distinguait par les talens oratoires de ses membres, par la connaissance profonde qu'ils déployèrent de notre droit public, par leur instruction et l'homogénéité de leurs opinions. Je dois rendre à ces messieurs la justice de dire que l'avantage leur demeura toujours dans la discussion des principes. Ils mirent dans leurs discours ces maximes de morale et de politique qui sont seules propres à soutenir les empires. Ils en faisaient seulement une fausse application à la circonstance et à mon gouvernement. Celui-ci tenait l'unique marche à suivre, celle où l'on aurait pu rentrer sans péril dans une voie plus monarchique n'était pas encore venue. Il fallait alors agir comme je le faisais, sous peine de tout compromettre.

Là était M. de Villèle, si habitué à être entendu avec plaisir même par ses adversaires ! Jamais on ne croyait avoir jeté assez de clarté sur une question de finances avant qu'il montât à la tribune; quand il avait parlé, la plus obscure devenait facile. M. de Villèle mettait de la modération dans les discussions les plus vives, il saturait de sagesse jusqu'à ses emportemens.

M. de Corbière, qui l'a suivi au ministère, où je suis charmé de les voir tous les deux, partageait ses succès à la tribune, bien que la vivacité du Breton fût moins circonspecte que la finesse du Languedocien. M. de Castelbajac, orateur véhément et passionné, possédait une éloquence entraînante. M. de La Bourdonnaye m'effrayait par la violence de son royalisme; chacune de ses phrases est un emporte-pièce. Je ne sais jusqu'à quel point il sera redoutable à ses ennemis; tout ce que je puis dire, c'est que je le trouve à craindre pour le parti qu'il sert avec dévouement et enthousiasme. M. de Sallabéry se chargea de doubler le comte de La Bourdonnaye. La révolution n'a pas d'adversaire plus acharné. Je n'oublierai pas le baron de Puymaurin; c'est le résidu de la Gascogne. Il ne peut prononcer un long discours, parce qu'il bredouille; mais chacune de ses paroles est une étincelle, chaque phrase une épigramme, et quand il fait rire la chambre, ce n'est pas du bout des lèvres Il a encore plus d'instruction que de finesse.

D'autres orateurs non moins remarquables se joignaient à ceux-ci. La supériorité du côté droit était incontestable, même avec M. Bignon au côté gauche. Aussi je mettais cette supériorité sur le tapis, chaque fois que je voulais tourmenter M. Decazes. Il me disait alors :

— Ces messieurs feraient mieux d'employer leur éloquence dans les intérêts du roi. Quant à moi je ne demanderais pas mieux de me rallier à eux s'ils consentaient à passer dans le parti de S. M.

Ceci était difficile à obtenir. *Ces messieurs* voulaient plus que je ne pouvais leur accorder, et ils se tenaient en arrière.

La même opposition se maintenait à la chambre des pairs, mais beaucoup plus énergique, à cause de la présence de Monsieur, qui déterminait la résistance. On m'objectera peut-être que j'ai dit plus haut que Monsieur et les princes avaient eu l'ordre de ne plus siéger. Ils siégèrent pourtant cette fois. Je répondrai au lecteur qui relève cette animadvertance, que j'ai sans y songer appliqué à la session de 1816 une mesure que je ne pris effectivement qu'à celle de 1817, que ma conversation avec mon frère se rapporte à cette dernière époque. Il dépendrait certainement de ma volonté de réparer l'erreur par le seul fait d'une transposition; mais je n'en prendrai pas la peine. La liberté des mémoires souffre de pareilles négligences, la date n'y est d'aucune importance, il suffit que l'événement rapporté soit exactement décrit.

Ce fut au contraire la vivacité de l'opposition de Monsieur qui détermina cette mesure de prudence. On était parvenu à convaincre ce prince que le ministre de la police, par exemple, qui tenait de mes bienfaits plus que tout autre ne lui aurait accordé, complotait cependant en faveur de la famille Buonaparte. On porta contre lui les accusations les plus absurdes; on évoqua les Robert père et fille, et on mit en jeu un colonel Bernard qui s'entendit avec un nommé Wolf, chef d'une division de police du duc d'Otrante. Ce fut par ce double canal qu'on répandit à l'étranger et au dedans cette série de calomnies, qui, attaquant d'abord M. Decazes, retombaient ensuite sur moi, puisque je le soutenais.

Le ministre de la police, arrivant un jour dans mon cabinet, reçut de ma main un paquet volumineux où j'avais entassé tout ce que mon frère me remettait avec un dévouement religieux, sans se douter qu'il servait les menées de ses alentours ; ce paquet renfermait des inculpations si insensées que l'on aurait dû en rire. M. Decazes s'avisa de prendre la chose au sérieux, et il me conjura de suspendre mon jugement jusqu'à ce qu'il pût dévoiler la malice de ses ennemis.

Sans perdre de temps il envoya un nommé Lacroix, homme adroit, employé à la police depuis la restauration ; il l'envoya, dis-je, à Aix-la-Chapelle, d'où partaient ces lettres, et le chargea de remonter à la source des mensonges qu'elles contenaient. Lacroix n'eut pas grande peine à y parvenir, il dépista aisément Wolf, homme d'ailleurs à prendre de toutes manières, lequel lui vendit les originaux expédiés de Paris, et écrits par le colonel Bernard. Lacroix, muni de ces pièces de conviction, vint les apporter à M. Decazes, auquel il procura la satisfaction bien vive de pouvoir démasquer les manœuvres de ses ennemis.

Quant à moi, je n'avais pas besoin de ces preuves pour savoir à quoi m'en tenir. Je suis habitué depuis long-temps aux roueries de ce genre, cependant je ne fus pas fâché de donner une leçon à la cabale. Je fis donc appeler Monsieur et lui montrai les lettres de Wolf et les originaux de Bernard. Je le priai ensuite d'engager les fidèles à lui expliquer comment *l'opinion de toute l'Allemagne sur la trahison inconstestable* du ministre de la police, arrivait à Aix-la-Chapelle, libellée de Paris.

Monsieur était complètement en dehors de toutes ces intrigues, aussi en témoigna-t-il sa surprise et son chagrin, J'ai su qu'il réprimanda ouvertement ceux qui lui faisaient jouer un tel rôle ; mais on le circonscrivit avec tant d'adresse qu'il ne tarda pas à reprendre sa confiance dans ceux qu'il aurait dû repousser.

Pendant cette session je reçus l'heureuse nouvelle que les souverains alliés consentaient à diminuer d'un cinquième le nombre des troupes employées à l'occupation militaire. Je tournai dès lors ma diplomatie vers un seul but, celui de délivrer entièrement le royaume de la présence de l'étranger.

J'aurais peut-être obtenu ceci à cette même époque, si des révoltes partielles, dans divers départemens, n'avaient eu lieu ; je ne m'arrêterai pas sur ces détails penibles. D'ailleurs on a si bien embrouillé la matière que je ne sais à qui donner tort ou raison. Je pense toutefois que les libéraux étaient les premiers instigateurs de ces mouvemens hostiles, et que ceux qui auraient dû les réprimer y mettaient trop de négligence. Agir plus tôt était plus avantageux au gouvernement, agir plus tard convenait mieux à certains intérêts individuels.

CHAPITRE XI.

Retour du duc d'Orléans.—Ce que le roi lui dit.—Comment je ferme la session.—Naissance et mort de la première fille du duc de Berri.— Conduite du duc d'Orléans.— Ce que lui dit le duc de Berri.— Sa réponse.— Histoire du concordat de 1817. —L'ancien évêque de Saint-Malo.—M. de Blacas le remplace à Rome. —Cardinal Gonsalvi.— Négociation. — Demandes du Saint-Siége.—Concordat de François 1er et de Léon X rétabli.—Surprise de M. Lainé.—Embarras du ministère.— Comment le roi vient à son secours.—Mouvement dans le conseil. — Le maréchal Gouvion Saint-Cyr remplace le duc de Feltre.— M. Molé à la marine.— Lettre du roi au comte de Blacas.—Qui se décide à venir à Paris.— Le roi croit devoir une explication sur ce voyage au duc de Richelieu et au comte Decazes.

Monsieur le duc d'Orléans arriva le 15 février. Il vint au débotté me présenter ses hommages. Je le reçus avec bienveillance, quoique j'eusse préféré ne pas le voir du tout. Je lui fis des questions sur l'Angleterre, qu'ils me montra quelque peu épuisée par les grands efforts qu'elle avait faits dans sa lutte contre Buonaparte. Je la voyais aussi se reposant sur ses lauriers, ce qui, en définitive, n'était qu'un épuisement complet. *Dieu fait bien ce qu'il fait*, dit Lafontaine, et certes il avait bien fait pour l'Angleterre en amenant la restauration en 1814. Retardée de quatre ans, la puissance britannique disparaissait devant le chancre du blocus continental.

Je dis au duc d'Orléans que je comptais le voir souvent au château.

— Mon cousin, ajoutai-je, faites votre société de la nôtre.

Il prit pour un compliment ce qui était un conseil, il n'en tint pas compte. L'affluence libérale l'entoura comme de coutume; au lieu de la repousser, il lui fit bon accueil. Cependant le duc d'Orléans ne manqua à rien de ce qui rentre dans la vie publique; je n'ai aucun reproche direct à lui faire à cet égard.

Le 26 mars, je clôturai la session. J'avais obtenu les lois nécessaires à l'action du gouvernement, et l'acrimonie des séances me rendait pénible leur continuité; aussi, lorsque j'eus signé l'ordonnance qui mettait un terme à ces disputes, je me sentis allégé d'un grand poids.

La chambre fermée, le gouvernement prit une allure plus franche et moins agitée. J'examinai avec attention les branches diverses de l'administration publique, et des ordonnances mûrement méditées y établirent un ensemble dont elle avait besoin. Je ne cherche pas à faire le panégirique de mon règne je laisserai donc à des esprits impartiaux le soin de signaler tout le bien que j'ai fait à la France. Peu de rois l'ont aussi paternellement gouvernée ; je me plais à le croire et j'ose le dire.

Je me reposais par le seul fait de l'absence des

chambres. Je me flattais que l'avenir couronnerait mes efforts présens, attendant aide et concours de mes sujets et de ma famille; je fondais surtout un grand espoir sur la fécondité de madame la duchesse de Berri. Cette charmante nièce était grosse; nous désirions tous tellement qu'elle mît au monde un enfant mâle, que moi, tout le premier, je me sentais capable de reconnaître atteint et convaincu de félonie, et qui plus est, de jacobinisme, quiconque prédirait la naissance d'une fille. La providence me donna un démenti; la duchesse de Berri accoucha le 13 juillet d'une princesse que l'on nomma Louise Isabelle d'Artois, et qui mourut le lendemain.

Cette mort nous frappa cruellement : ma famille en éprouva une douleur sincère, et moi qui lisais dans l'avenir, mieux qu'elle peut-être, je fus accablé de la joie qu'en ressentit le parti d'Orléans.

L'extérieur du duc d'Orléans, dans cette circonstance, ne donna aucune prise contre lui ; il sut se maintenir dans une tristesse simple qu'on ne put taxer de fausseté ; quelque temps après, M. le duc de Berri alla lui rendre une visite à Neuilly. Mon neveu entra d'abord chez sa tante ; madame la duchesse d'Orléans ne voulut pas qu'on avertît le prince et accompagna le duc de Berri ; elle se rendit dans son cabinet où il était avec le jeune duc de Chartres. Son père, par un tact exquis des convenances, lui dit de sortir. Mon neveu, comprenant son intention:

— Laissez-le ici, dit il, sa vue ne me cause

aucune peine. Les chances de son avenir sont belles ; ma femme peut n'avoir plus d'enfant ou ne me donner que des filles, la couronne dans ce cas passerait au duc de chartres.

Le duc d'Orléans, qui possède au plus haut point la science de l'à propos, et que certes une pareille phrase devait embarrasser, se hâta de repondre.

— Du moins, monseigneur, si mon fils parvient jamais à la couronne, ce sera vous qui la lui donnerez en qualité de second père; car vous êtes plus jeune que moi, et le duc de Chartres tiendrait tout de vos bontés.

Mon neveu, touché de cette réplique délicate, me la rapporta dès qu'il fut de retour à Saint-Cloud. Le duc d'Orléans ne prévoyait pas sans doute qu'il survivrait au malheureux duc de Berri. Il devait croire plus naturellement que la postérité masculine, perpétuée dans la branche aînée, maintiendrait dans sa position actuelle la branche cadette. Je dirai plus tard ce qui s'est passé entre le duc d'Orléans et moi dans une semblable occasion.

Je n'étais pas seulement occupé des affaires temporelles du royaume, celles de l'église me donnaient un vrai souci. Mon clergé rejetait ainsi que moi le concordat de Buonaparte, et dès ma première rentrée, j'avais envoyé à Rome l'ancien évêque de Saint-Malo (M. Courtois de Pressigny), bien convaincu que le saint-siége briserait tout nœud impérial prétendu, pour revenir au concordat de Léon X et de François 1er. Je me trompais étrangement; le pape me fit répondre qu'il trouvait les choses en bon état, qu'il ne les avait accordées ainsi qu'après y avoir mûrement réfléchi, et que, puisque la situation du clergé français ne s'améliorait pas sous le rapport politique, il était inutile de remanier ce qui était fait. Il ajouta que ce serait dangereux.

L'ancien évêque de Saint-Malo, rempli d'une secrète indignation, jeta feu et flamme : sa correspondance prit un caractère belliqueux, et il me conseilla gallicanement de ne point écouter la cour de Rome. Les choses en étaient là aux cent-jours. Buonaparte, pour jouer pièce à tout le monde, s'avisa de faire imprimer les lettres de ce prélat, ce qui en effet nous mécontenta tous.

Je revins, et cette fois ne sachant quelle preuve donner de ma confiance au duc de Blacas, que la nécessité me contraignait d'éloigner de ma personne, l'idée me vint de l'envoyer à Rome solliciter un nouveau concordat.

Blacas partit chargé de pleins pouvoirs. Je tins à lui conserver dans cette partie son ancienne prééminence, et mes ministres reçurent l'ordre de ne point mettre obstacle à la marche qu'il voudrait suivre.

Blacas ayant les coudées franches pouvait réussir dans sa négociation, et j'assure que je l'attendais de ses talens diplomatiques ; mais avec la même franchise qui m'a porté à lui rendre justice pendant le temps que je l'ai employé d'une manière active, je dirai que lors du concordat il se trompa complètement.

Le pape, en 1814, ne voulait rien changer au traité conclu avec Buonaparte ; il tint le même langage en 1815. C'était une époque funeste à la France où chacun la croyait forcée de satisfaire aux prétentions de tous. Le pape, en consentant à m'accorder un autre pacte, voulait que le comtat Venaissin et Avignon lui fussent restitués ; et dans le cas où je ne pourrais avoir l'assentiment des chambres pour le démembrement du royaume, il exigeait un équivalent de territoire, savoir le Roussillon ou l'île de Corse. Le saint père demandait en outre à rentrer dans l'absolue institution canonique, dans la nomination complète *de proprio motu*, ce que n'avaient jamais obtenu ses prédécesseurs du royaume de France. Il exigeait enfin ce que Buonaparte, dans sa puissante tyrannie, n'aurait même pu imposer à la nation ; puis venait en troisième le rétablissement des annates (1), autre impossibilité, et qui prouvait que les ultramontains ne renoncent jamais à ce qu'ils ont possédé une fois.

Tout négociateur, nourri des nouvelles maximes françaises, aurait rompu brusquement les conférences à la lecture de cette première note, et se serait retiré. J'aurais souhaité que Blacas prît ce parti, il y aurait gagné une sorte de popularité

(1) Taxe imposée par le saint siège sur la première année d'un bénéfice vacant.

Note de l'éditeur.

qui n'eût pas été perdue pour lui ; mais il persista à entrer dans ce labyrinthe dont il ne sortit qu'à demi dépouillé.

Il avait à discuter avec un cardinal de la vieille roche, une de ces supériorités diplomatiques qu'on recontre en Italie plus qu'ailleurs. Son éminence Gonsalvi, secrétaire-d'état, principal ministre de S. S., avait tenu tête avec avantage à Buonaparte, qui, pour le vaincre, dut employer la force; il possédait un caractère ferme, mais souple et liant à la fois. Il attaquait tout ensemble le cœur, la conscience et la vanité de son adversaire : si bien qu'il fut un antagoniste redoutable pour mon ami de Blacas, dont la noble sincérité ne se doutait pas qu'il y eût un peu d'astuce sous un habit sacré.

Le résultat de la lutte fut tel, dès lors, qu'on devait le prévoir de la disposition des deux champions. On négocia, en apparencce, des deux côtés, tandis que d'une part on acceptait les conditions qu'on dictait de l'autre. Le concordat impérial fut déclaré non-avenu, et on supprima du même coup les fameux articles organiques, ajoutés à la suite par Buonaparte; lesquels, en donnant au monarque une autorité immense sur le clergé français, réduisait à rien celle du saint-siége, articles contre lesquels le pape réclamait depuis leur promulgation, et qui lui avaient servi de premier prétexte dans sa rupture avec l'usurpateur : on convint encore que le concordat de François 1er et de Léon X serait rétabli; il fallait se borner là. C'était beaucoup, puisque la tournure philosophique des idées avait porté l'opinion à se déclarer contre cet acte. Nous eûmes le tort d'aller plus loin ; j'en conviens, parce qu'il est juste d'avouer sa faute. Je me laissai aller au désir que manifestaient plusieurs anciennes villes épiscopales, de voir s'opérer le rétablissement de leur siége diocésain. La demande en était faite par les conseils municipaux d'arrondissemens et de départemens, appuyée des sollicitations du clergé et de tous les notables du pays : aussi autant de siéges que de départemens ne parut pas un nombre suffisant à Blacas, qui avait à ce sujet les instructions des intéressés en France, ni au cardinal Gonsalvi, imbu de ce principe de la cour de Rome, que, plus un diocèse est circonscrit dans ses limites, plus la puissance du pape pèse sur lui.

On s'entendit donc sans peine sur ce point, car la chose ne touchait qu'à des divisions géographiques; mais, pour constituer des évêchés, il faut des séminaires, des grands vicaires, un chapitre, et à tout cela des établissemens et des revenus. Où les trouver? comment surtout les composer? Le saint père insista pour que des immeubles fussent affectés à ce service, ou tout au moins des rentes fixes sur l'état, et immobilisées, de manière à ce que chaque année le remaniement du budget ne remît pas en question l'existence de tout l'état.

M. de Blacas cependant n'osa prendre sur lui de résoudre ce dernier point; il admit seulement que les anciens siéges seraient rétablis. Il laissa insérer dans le traité, des protestations relatives au comtat Venaissin et à Avignon, et crut encore avoir remporté une grande victoire en n'acceptant que comme réclamation ce qui d'abord avait été désigné comme devant être accueilli.

Lorsque M. Laîné reçut ce traité, car j'en avais réservé la connaissance au ministre de l'intérieur, attendu sa compétence, et en outre pour éviter à Blacas le désagrément de correspondre avec le duc de Richelieu qu'il n'aimait pas; M. Laîné, dis-je, poussa les hauts cris à la lecture qu'il en fit. Je le vis ensuite arriver l'acte fatal à la main, lequel m'était parvenu par voie directe. Il me demanda ce que je comptais en faire.

— Pas grand'chose, lui répondis-je. Il est nécessaire que ce concordat ne puisse passer en loi de l'état.

— Et les articles des prébendes, des universités, et les excommunications légalisées, et les annates rétablies par le fait même du concordat!

Ce bon M. Laîné ne pouvait assez s'ébahir de toutes ces choses, dont certes Blacas s'était peu tourmenté en les accordant. Mon conseil s'effraya outre mesure; à l'exemple de M. Laîné, il se demanda comment on présenterait une pareille pièce aux chambres.

Je trouvais aussi fort difficile de faire accepter ce concordat; mais, d'une autre part, je voyais M. de Blacas engagé envers le saint-siége, tout l'ancien clergé de France, une grande partie du nouveau, les *zélanti*, parmi les laïques les sommités de ma cour, enfin une multitude d'enthousiastes qui criaient *tolle* sur moi ou mes ministres si le concordat disparaissait sans avoir été mis au jour. Aussi, prenant une prompte résolution :

« Messieurs, dis-je, le concordat a été consenti par deux ministres plénipotentiaires investis de pouvoirs suffisans ; mais tout traité diplomatique n'est réellement conclu qu'après l'acceptation par les souverains réciproques. Le cas ici ne dépend pas de moi seul, puisque le concours des chambres est nécessaire, au moins pour la partie des finances. Or donc, il faut le présenter aux chambres: si elles l'approuvent, nous imiterons son exemple; si au contraire elles le rejettent, il sera éconduit sans que nul puisse nous l'imputer à crime, et nous verrons à recommencer ce travail sur nouveaux frais. »

Mon avis passa avec d'autant plus de facilité, que le ministère ne comptait plus qu'un membre dissident; car, le 23 juin, le vicomte du Bouchage avait cédé le portefeuille de la marine au maréchal de Gouvion Saint-Cyr, en attendant que ce militaire allât prendre possession du ministère de la guerre ; le duc de Feltre y était encore, mais son travail ne convenait plus à la marche du cabinet. Ce ministre se rapprochait un peu trop du pavillon Marsan, qui lui donnait ses inspirations comme à M. de Vaublanc.

Mais revenons au concordat. Le duc de Blacas s'étant empressé de me l'annoncer, je lui répondis en ces termes :

« Mon cher ami, lorsque vous nous reviendrez, les indulgences ne vous manqueront pas sans doute pour le travail que vous avez fait ; mais entre nous soit dit, je ne crois pas que la besogne soit complète; vous avez un peu trop oublié, ce me semble, l'époque où nous vivons, et dans votre saint enthousiasme, vous vous êtes reporté au moins trois siècles en arrière. Voilà ce qu'on dira ici, je le crains.

« Ne pourriez-vous essayer de revenir sur vos pas ?... C'est difficile, je le sens ; mais enfin vous serez en butte aux reproches ; on vous accusera d'ultramontanisme, que sais-je ? Et je souffrirai de ces criailleries à cause de vous.

« Pourquoi avant la signature, ne m'avoir pas consulté ? Je vous avais, il est vrai, donné carte blanche ; mais j'espérais que vous auriez quelque égard pour mes avis.

« Or donc, ne vous flattez pas d'avoir l'approbation de tous. Je connais vos partisans ; mais vos censeurs formeront la masse. Avisons à leur fermer la bouche en raccommodant l'affaire. Je vous autorise à dire qu'elle ne me convient pas plus qu'à mon conseil, et que, selon toutes les probabilités, elle ne conviendra pas aux deux chambres législatives, etc. »

Cette lettre fut un coup de foudre pour ce cher Blacas ; elle contrastait péniblement avec le concert de louanges qui lui vinrent d'ailleurs en même temps, car il consomma sa faute en apprenant à d'autres ce qu'il aurait dû taire jusqu'à ce que je me fusse expliqué. Ce pauvre duc éprouva donc un violent chagrin de ce que je lui mandais. Placé d'ailleurs sur les lieux, il comprenait l'impossibilité d'amener la cour de Rome à rien céder de ce qu'elle avait obtenu. Néanmoins, il alla trouver le cardinal Gonsalvi qui, faisant le bon apôtre, eut l'air de partager sa peine, mais en resta là.

Dans cette occurence, Blacas, voyant tout l'embarras de sa situation, voulut en sortir à tout prix. Ne renonçant pas assez peut-être à l'espoir, en me revoyant, de reprendre la place que mon amitié ne lui eût pas donnée, et que la force seule des choses lui avait ravie, il se décida à venir à Paris soutenir son concordat à l'aide de son influence sur moi, et avec le concours de ses amis.

Il était déjà en route lorsque je reçus le courrier extraordinaire qui me faisait part de cet autre coup de tête. Certes, ce n'était pas le moment de rentrer en France, quand je me trouvais en guerre ouverte avec ses approbateurs, et que l'œuvre qu'il avait consommée, loin de lui rallier ses anciens ennemis, tendait à le mettre mal avec la majorité des deux chambres.

La présence de Blacas ne conviendrait pas en outre à mon conseil, elle devait nécessairement lui faire craindre que cet ancien ami ne reprît sur mon cœur l'empire qu'on lui supposait. Il en résulterait des hésitations, des soupçons, des inquiétudes qui nuiraient à mon service, et entraveraient le système adopté. Je voyais déjà le duc de Richelieu mécontent et M. Decazes peu satisfait.

Je n'avais aucune explication à donner à ce dernier, parce que l'attachement que je lui portais ne pouvait être exclusif au point de bannir de mon affection celui qui avait le droit d'y occuper la première place. Mais la position était moins facile à l'égard du président du conseil. Celui-ci, en acceptant cette haute fonction, avait demandé que M. de Blacas ne la partageât pas en secret, sans doute dans le seul but d'une unité necessaire à la marche des affaires. J'y avais consenti parce que j'en comprenais l'avantage. L'arrivée de mon ancien et principal ministre me tourmentait donc en ce qu'elle pouvait faire croire que son retour était combiné à l'avance entre lui et moi, et que je le rappelais pour l'investir de nouveau de la place qu'il occupait jadis. Je n'étais point encore en position de me passer de M. de Richelieu, d'abord par gratitude et ensuite à cause de l'influence que son caractère et sa loyauté exerçaient sur les chambres. Peut-être que la majorité n'aurait pas été aussi assurée à mes volontés avec un autre président du conseil.

Toutes ces considérations me dictaient ma conduite et lorsque je me trouvai avec le président du conseil et le ministre de la police, j'appris au premier que M. de Blacas sans ordre ni invitation de ma part, arrivait à Paris.

Je vis à la physionomie du duc de Richelieu que j'avais eu raison de prendre les devans. Un coup d'œil jeté à la dérobée sur M. Decazes me prouva qu'il n'était pas content non plus de cette nouvelle. Je dis alors tout ce que je crus propre à rassurer l'un et l'autre ; j'allai même plus loin que je ne l'aurais fait dans toute autre circonstance de ce genre. Eh bien ! il en résulta cependant ce dont je suis trop convaincu c'est que, quoi qu'on fasse, on ne satisfait jamais complètement personne. Le duc de Richelieu, avec les formes recpectueuses qu'il savait si bien prendre, me dit lorsque j'eus achevé :

— Que si la place me paraissait devoir être mieux remplie par le duc de Blacas, il la mettait dès lors à ma disposition.

— Ah! monsieur, repartis-je, ce n'est pas de cela qu'il s'agit. Je vous assure, au contraire, que M. de Blacas s'en retournera comme il sera venu.

—Dans ce cas, sire, le roi me permettra de lui faire observer que le séjour prolongé du duc de Blacas à Paris nuira au ministère en ce qu'il fera penser qu'il y aura un changement dans le conseil.

—Envoyez à M. de Blacas l'ordre de retourner sur ses pas avant qu'il ait atteint Paris, répliquai-je séchement, à tel point la méfiance mal déguisée de M. de Richelieu me blessait. Il comprit mon mécontentement et voulut le combattre; mais moi qui tenais à satisfaire ce ministre dans l'intérêt commun, je déclarai que M. de Blacas ne ferait que toucher barre.

CHAPITRE XII.

Le roi rassure en particulier le comte Decazes.— Situation de la cour en apprenant l'arrivée de M. de Blacas. — Cause qui empêche le roi de lui rendre la place qu'il occupait.— Comment il le reçoit. — Autres changemens à son égard. —Chagrin du roi. —Le duc de Blacas retourne en Italie. — Comte Molé.— Faute politique de M. de Richelieu.—Le salon de 1817.— Tableau de l'entrée de Henri IV à Paris.— Le roi nomme M. Gérard premier peintre. —Ce qu'il dit à M. Girodet.—Réponse de celui-ci. — Mot sur les arts en France.—Le roi achète des tableaux et des statues.—Sa réplique à l'économie du comte de Pradel.— Le cardinal de la Luzerne.— Son éloge.—Ce que lui dit le roi.— Le cardinal de Bausset.— Mutations de Majorats pour la pairie. —Session de 1817.— Discours d'ouverture.

Lorsque le duc de Richelieu me quitta, je demeurai avec le ministre de la police qui n'avait rien dit encore. Alors plus libre, parce qu'il existait toujours entre le président du conseil et moi une solennité dont nous ne départions pas, je me tournai vers lui.

— Eh bien, mon enfant, lui dis-je, voici un vieil ami qui m'arrive: il a long-temps travaillé pour ma gloire, et vous voyez qu'on ne veut pas me permettre de lui tenir compte du passé. C'est ainsi que sont les hommes, et vous aussi aurez part à leur injustice.

— Il est vrai, sire, qu'à la manière dont me traiment ceux qui demain s'entendront nécessairement avec M. le duc de Blacas, je dois présumer qu'ils n'agiront pas mieux à mon égard, et que de tant d'efforts réunis...

Je compris que M. Decazes craignait de perdre la place que je lui accordais dans ma confiance ; aussi me hâtant de l'interrompre:

— Rassurez-vous, lui dis-je, votre travail me plaît. Je connais votre attachement et votre zèle, je n'ai donc nullement l'intention de m'en priver. On a tort de redouter le duc de Blacas; il pouvait, dans l'émigration, demeurer sans inconvénient à la tête du cabinet, parce qu'à cette époque tous ceux qui l'entouraient pensaient, parlaient et agissaient comme lui. Je m'étais flatté à ma rentrée que la supériorité de son esprit nous ferait comprendre que nous nous trouvions dans un monde nouveau qui n'avait ni nos idées, ni notre langage. Je me suis trompé : Blacas crut qu'il amènerait la masse à penser comme lui, il s'est donc mis dans une fausse position avec des intentions excellentes. Il en est résulté que j'ai dû m'en séparer. Je saurai combattre encore mon penchant à son égard, attendu qu'avant d'être son ami, je suis roi de France. C'est un titre que je n'oublie point.

A mesure que je parlais, la sécurité revenait sur le front de M. Decazes ; puis il me dit avec ce sourire qu'il se permettait en dehors de l'étiquette :

—Oh! sire, que la pente est rapide, qui nous ramène vers nos premières inclinations!

— Quand il s'agit de maîtresse, c'est possible; mais l'amitié se tait en présence de hautes considérations politiques.

M. Decazes se trouvait dans une position bizarre. Il aurait voulu tout à la fois que je ne revinsse pas à M. de Blacas, et que je le rassurasse, lui, contre les coups portés sans cessse à son attachement à ma personne.

La nouvelle de l'arrivée si prochaine de mon ancien ministre dirigeant ne tarda pas à se répandre dans le château et au dehors. J'étais a Saint-Cloud; ce fut une agitation étrange parmi tout ce que j'appelle le pavillon Marsan. Ceux-là même qui, pendant 1814 et une partie de 1815, avaient tant intrigué pour le renvoi de M. de Blacas agirent activement en sa faveur et par haine pour M. Decazes. Il était décidé que ce ministre était mon favori; donc on devait opposer à l'heureux du jour celui qui n'inspirait plus de craintes, sauf plus tard à cabaler de nouveau contre lui.

Ce fut en conséquence un concert d'éloges sur Blacas. On engagea même Monsieur, qui ne l'avait jamais aimé, à manifester pour lui un vif enthousiasme. Ce qu'il y a d'étrange, c'est que dès ce momen mon frère a pris en affection M. de Blacas, au point qu'aujourd'hui ils sont à merveille ensemble.

Quant à moi, en rentrant en France, j'avais résolu, ai-je dit, d'être avant tout le monarque du royaume.

La funeste catastrophe de 1815 m'avait maintenu davantage encore dans cette intention. J'étais persuadé que, pour l'accomplir, tout retour vers M. de Blacas m'était interdit; car quelle que fût la vivacité de mon affection pour ce serviteur fidèle, elle ne pouvait aller jusqu'à fermer les yeux sur ses fautes.

Je voyais d'une autre part mes affaires bien marcher sous la conduite de mon ministère actuel, que je ne pouvais espérer de conserver dans le cas où M. de Blacas serait remis à sa tête. Lui accorder une influence mystérieuse ne me convenait pas non plus, il fallait tout ou rien. Ces considérations bien réfléchies déterminèrent ma résolution, M. de Blacas vint, je le comblai de marques particulières d'une affection que rien ne diminuait : mais, à l'exception du concordat, je ne lui parlai d'aucune affaire publique.

Mon silence lui causa une douleur extrême, que je partageai sincèrement; il m'aurait été si doux de lui rendre ma confiance politique puisqu'il n'avait rien perdu de mon amitié ! Mais ceci ne se pouvait sans compromettre les intérêts sacrés de la France, et à aucun prix je n'aurais voulu les exposer. Blacas à notre première entrevue reconnut forcément que les illusions dont il se berçait ne se réaliseraient point. Ma cour, au contraire, persistant dans son erreur, se pressa en foule autour du nouveau-venu; son salon fut encombré; et, le croirait-on, les hommes du nouveau régime ne restèrent pas en arrière de ceux de l'ancien.

Mais aussi lorsqu'il fut constaté qu'aucun ministre n'avait travaillé avec lui, qu'il n'avait paru au conseil que pour y discuter le concordat, lorsqu'enfin on eut la preuve que ce qu'on osait appeler son règne était passé sans retour, on ne se montra plus si avide de sa société, et il put respirer à son aise. M. de Blacas, privé de son influence, redevint un homme ordinaire, et quand il repartit après un court séjour, on s'étonna qu'il eût demeuré si long-temps loin du chef-lieu de son ambassade. Son départ rassura M. de Richelieu et M. Decazes, qui ne pouvaient s'empêcher de manifester de l'humeur de sa présence.

Ce que je prévoyais à l'avance ne se fit pas attendre. Le parti s'ethousiasma du concordat, que l'on déclara une œuvre merveilleuse. Le clergé, charmé de rentrer dans l'ancienne voie, se figurait que ce serait la clef qui lui ouvrirait l'accès à son ancienne position. Je savais à quoi m'en tenir là dessus : néanmoins je ne traitai franchement cette matière qu'avec le seul duc de Blacas. Il ne me garda peut-être pas le secret que j'avais cru inutile de lui recommander. Je m'en aperçus aux propos qui me furent tenus quelque temps après son départ.

Le parti aurait bien voulu retirer au moins quelque avantage du séjour de M. de Blacas à Paris. Le duc de Feltre était le seul homme qu'il comptât dans le conseil, et la nomination du maréchal de Gouvion Saint-Cyr au ministère de la marine, outre la retraite du vicomte du Bouchage, annonçait des projets hostiles contre le duc de Feltre. On voyait donc bien qu'il aurait de la peine à se conserver dans ses fonctions au milieu d'un conseil entièrement dirigé dans un système contraire au sien.

Mais M. de Blacas ne put rien apprendre au parti de satisfaisant sur ce point ; car je ne lui en dis rien, quoique déjà je fusse déterminé à congédier le duc de Feltre, afin de compléter l'homogénéité dans mon conseil.

Le ministère de la guerre fut donné le 12 septembre au ministre de la marine; le portefeuille de ce dernier département échut au comte Molé. Celui-ci est un rejeton de ces anciennes familles parlementaires qui avaient conservé les antiques traditions de leurs aïeux. Il plut à Buonaparte, lequel lui fit faire un chemin rapide, puisqu'à la restauration je le trouvais grand juge. Je ne pus le laisser dans cette place, que je supprimai par le retablissement de la charge de chancelier, et comme le choix de M. Dambray était arrêté depuis longtemps, M. Molé rentra dans la vie privée.

Je ne lui reconnais aucun talent supérieur : quant à ses opinions politiques, il est semi-royaliste, semi-constitutionnel ; il appartient en outre à cette classe nébuleuse, aux doctrinaires, qui nécessairement réussiront en France où on a de la propension pour tout ce qu'on ne comprend pas. On me reprocha la nomination du comte Molé, sous prétexte qu'il était buonapartiste ; sous l'empire on l'avait accusé d'être bourboniste : du reste il est actif, il

17.

représente bien ; c'est une machine à meubler convenablement un ministère, surtout lorsqu'il y a à la tête du conseil un homme capable.

Je fus les premiers jours très-satisfait de M. Molé; il avait porté la simarre de famille, seulement avec moins d'ampleur que son illustre bisaïeul. Le duc de Richelieu, qui me désigna, de concert avec M. Pasquier, ce ministre de la marine, ne s'aperçut pas qu'il renforçait le nombre des amis de M. Decazes dans le conseil. M. de Richelieu, homme de cour, aurait dû s'adjoindre des gens de sa caste s'il eût voulu se maintenir ; mais il portait une telle indifférence à sa position, qu'on pouvait croire qu'il la perdrait sans regret. Le conseil, ainsi composé, put se préparer à la question qu'il aurait à débattre avec les chambres.

Quant à moi, ce soin m'occupait uniquement. Je voulais atteindre à tout, et comme j'aime les arts, je pris plaisir à en fournir une nouvelle preuve dans cette circonstance.

Le salon d'exposition de 1817 avait lieu à cette époque, et parmi les nouveaux chefs-d'œuvre dont il enrichissait la France, le tableau de l'entrée de Henri IV à Paris, de M. Gérard, obtenait la suprématie.

C'est un grand et magnifique ouvrage, d'une admirable composition. On m'en avait tant vanté le mérite, que je désirai le voir, et en récompenser l'auteur d'une manière éclatante. Le 1er août, je me fis conduire au salon ; outre mon cortége ordinaire, j'étais accompagné du comte de Pradel, directeur-général du ministre de ma maison, et du comte de Forbin, directeur des musées royaux, le premier simple amateur, mais consciencieux, et très capable d'apprécier le beau, le second praticien habile, peintre très distingué, et digne en tout d'occuper la place dont il est investi.

La modestie de M. Gérard l'avait écarté du salon ce jour-là ; aussi je dis à haute voix :

— Je suis fâché de ne pas voir M. Gérard ici ; j'aurais aimé à lui dire, en présence de Henri IV, que je l'ai nommé mon premier peintre.

La place vaquait. David le régicide était exilé, et certes la sublimité de son talent, que je ne nie ni ne conteste, ne pouvait effacer de mon esprit le rôle odieux qu'il avait joué pendant la révolution.

Il y avait dans le salon un des émules de M. Gérard, M. Girodet, bien digne de la place que néanmoins il n'obtenait pas, et d'autres célébrités contemporaines. Voyant que M. Girodet s'éloignait dans la foule, je le fis appeler.

— Monsieur, lui dis-je, vous savez que les victoires de Miltiade empêchaient Thémistocle de dormir, et que les trophées de Marathon furent promptement suivis de ceux de Salamine. J'espère que vous me prouverez bientôt que ce n'est pas sans fruit que vous avez lu l'histoire.

M. Girodet, s'inclinant, me répondit d'une voix émue :

— Sire, Votre Majesté daigne me faire un plus

grand honneur que ne le fit Charles-Quint au Titien lorsqu'il lui rendit le pinceau qu'il avait laissé tomber. Je tâcherai que celui que Votre Majesté remet entre mes mains justifie la haute faveur dont sa bienveillance vient de me combler.

Après ces complimens réciproques, je poursuivis mon examen de tant de belles productions de notre école moderne; aussi, venant à me rappeler ce qui nous avait été enlevé malgré la foi des traités, je pus m'écrier avec un juste orgueil:

— Allons, nous sommes encore riches !

Je distribuai ensuite des récompenses acquises légitimement; je fis en outre des achats considérables en tableaux et objets de sculpture. Le comte de Pradel, qui songeait aux dix millions que j'abandonnais sur ma liste civile pour aider les frais de la guerre, essaya de me faire quelques observations sur ma munificence, vu la situation actuelle.

—Monsieur, répondis-je, malheur au roi qui n'encourage pas les arts et les lettres. Il m'est plus facile de faire des réformes dans ma maison que de récompenser dignement les hommes de talent. J'espère cependant qu'on n'aura jamais à se plaindre de moi.

Je fus applaudi ; Monsieur est de mon avis sur ce point; il a toujours aimé à protéger la littérature et les beaux-arts: on sait ce que dans sa jeunesse il a fait pour l'imprimerie. Le malheureux duc de Berri imita l'exemple de son père; les beaux-arts n'eurent qu'à se louer de lui,

Le saint père, en reconnaissance du concordat

ou plutôt en vertu du droit de nomination inhérent à ma couronne, éleva au cardinalat M. de La Luzerne, ancien évêque de Langres et M. de Bausset, ancien évêque d'Albi.

Ces deux choix étaient faits de manière à augmenter l'éclat du sacré collége. C'était la récompense légitime de toutes les vertus épiscopales et d'une carrière consacrée entièrement à la religion, à la royauté et aux lettres.

M. de La Luzerne, vieillard vénérable, était né en 1718. Nommé en 1770 au siége de Langres, duché et pairie de France, il s'était prononcé avec modération aux états-généraux contre lès pertubateurs des formes anciennes de la monarchie. Il proposa, lorsqu'on agita la réunion des ordres, que celui du clergé et de la noblesse formassent une chambre et le tiers une autre. Si ce plan sage avait été adopté, aucun des malheurs qui survinrent d'une forme plus démocratique n'aurait pesé sur ce royaume. La voix de M. de La Luzerne fut étouffée par des clameurs factieuses; cependant l'assemblée nationale porta à sa présidence pour second dans le clergé ce vertueux prélat, qui émigra en Suisse, puis en Italie. Ici on l'a vu dans les hôpitaux soigner et consoler les prisonniers français atteints du typhus. Lui-même n'échappa point à la contagion; mais le ciel ne le prit pas encore afin qu'il servît plus long-temps d'exemple à la terre. La restauration le rendit au bonheur, et moi, me souvenant de l'éloge funèbre du dauphin mon auguste frère, qu'il avait prononcé à Notre-Dame, je lui dis, en lui donnant la barrette:

— Monsieur le cardinal, si je vaux quelque chose, c'est parce que je me suis constamment appliqué à suivre les conseils que vous m'avez donnés il y a quarante ans.

Je ne parlerai pas de la foule d'ouvrages de haute piété que l'on doit à la plume du cardinal de La Luzerne; ils sont assez connus.

M. de Bausset est une autre célébrité ecclésiastique qui s'est classée dignement dans la littérature, en écrivant les vies de Fénélon et de Bossuet. J'ai fait ailleurs son éloge.

J'augmentai l'éclat de la pairie en voulant qu'on ne pût parvenir à cette dignité sans avoir au préalable constitué un majorat. Celui de duc devait être au moins de trente mille francs, celui de marquis et de comte de vingt mille, et celui, de vicomte et de baron de dix mille. C'était peu sans doute, comparativement aux majorats autorisés dans les autres royaumes, mais il fallait s'accommoder au temps et à la fortune actuelle de la noblesse.

Je rendis, le 3 octobre, une ordonnance portant l'ouverture des chambres pour le 3 novembre suivant. Le renouvellement partiel de la chambre élective avait augmenté la majorité et prouvé par conséquent de quel côté penchait l'opinion publique. Mon discours, cette fois préparé en conseil pour déterminer le sens de la rédaction, fut ensuite élaboré par moi seul, et M. de Richelieu n'eut pas *la bonté* de m'offrir son concours comme précédemment. Je le prononçai en ces termes :

« Messieurs,

« A l'ouverture de la dernière session, je vous parlai des espérances que me donnait le mariage du duc de Berri. Si la Providence nous a trop promptement retiré le bienfait qu'elle nous avait accordé, nous devons y apercevoir pour l'avenir un gage de l'accomplissement de nos vœux.

« Le traité avec le saint-siége que je vous ai accordé l'année dernière a été conclu. J'ai chargé mes ministres, en vous le communiquant, de vous proposer un projet de loi nécessaire pour donner la sanction législative à celles de ces instructions qui en sont susceptibles, et pour les mettre en harmonie avec la charte, les lois du royaume et les libertés de l'église gallicane, précieux héritage de nos pères, dont saint Louis et tous ses successeurs se sont montrés aussi jaloux que du bonheur même de leurs sujets.

« La récolte en 1816 a, par sa mauvaise qualité, trahi en grande partie mes espérances ; les souffrances de mon peuple ont pesé sur mon cœur. J'ai cependant vu avec attendrissement que, presque partout, il les a supportées avec une résignation touchante ; et si dans quelques endroits elles l'ont porté à des actes séditieux, l'ordre a été promptement rétabli. J'ai dû, pour adoucir le malheur du temps, faire de grands efforts, et commander au trésor des sacrifices extraordinaires. Le tableau vous en sera présenté, et le zèle dont vous êtes animés pour le bien public ne permet pas de douter que ces dépenses imprévues n'aient votre approbation.

« J'ai ordonné qu'on mît sous vos yeux le budget des dépenses de l'exercice dans lequel nous allons entrer. Si les charges qui résultent des traités et de la déplorable guerre qu'ils ont terminée ne me permettent pas de diminuer encore les impôts votés dans les précédentes sessions, j'ai du moins la satisfaction de penser que les économies que j'ai recommandées me dispensent d'en demander l'augmentation, et qu'un vote de crédit inférieur à celui du dernier budget suffira à tous les besoins de l'année.

« Les conventions que j'ai dû souscrire en 1816, en présentant des résultats qui alors ne pouvaient être prévus, nécessiteront une nouvelle négociation. Tout me fait espérer que son issue sera favorable et que des conditions trop au-dessus de vos forces seront remplacées par d'autres plus conformes à l'équité, aux bornes et à la possibilité des sacrifices que mon peuple supporte avec une constance qui ne saurait ajouter à mon amour, mais qui lui donne de nouveaux droits à ma reconnaissance et à l'estime des autres nations.

« Ainsi que j'ai eu le bonheur de vous l'annoncer dans le cours de la dernière session, les dépenses résultant de l'armée d'occupation sont diminuées d'un cinquième, et l'époque n'est pas éloignée où il nous est permis d'espérer que, grâce à la sagesse, à la force de mon gouvernement, à l'amour, à la confiance de mon peuple et à l'amitié des souverains, ces charges pourront entièrement cesser, et que notre patrie reprendra parmi les nations le rang, l'éclat dus à la valeur des Français et à leur attitude dans l'adversité.

« Pour parvenir à ce résultat, j'ai plus que jamais besoin de l'accord des peuples avec le trône, de cette force sans laquelle l'autorité est impuissante. Plus cette autorité est forte, moins elle est contrainte à se montrer sévère. La manière dont les dépositaires de mon pouvoir ont usé de celui dont les lois sont investies, a justifié ma confiance. Toutefois j'éprouve la satisfaction de vous annoncer que je ne juge pas nécessaire de conserver les cours prévôtales au-delà du terme fixé pour leur existence par la loi qui les institue.

« J'ai fait rédiger conformément à la charte une loi de recrutement. Je veux qu'aucun privilége ne puisse être invoqué, que l'esprit et les dispositions de la charte, notre véritable boussole, qui appelle indistinctement tous les Français aux grades et aux emplois, ne soient pas illusoires, et que le soldat n'ait d'autre borne à son honorable carrière que celle de ses talens et de ses services. Si l'exécution de cette loi salutaire exigeait une augmentation dans le budget du ministère de la guerre,

.interprêtes des sentimens de mon peuple, vous n'hésiterez pas à consacrer des dispositions qui assurent à la France cette indépendance et cette dignité sans laquelle il n'y a ni roi, ni nation.

« Je vous ai exposé nos difficultés et les mesures qu'elles exigent. Je vais, en terminant, tourner vos regards vers des objets plus doux, grâce à la paix rendue à l'église de France. La religion, cette base éternelle de toute félicité même sur la terre, va, je n'en doute pas, refleurir parmi nous. Le calme et la confiance commenceront à renaître. Le crédit s'affermit, l'agriculture, le commerce et l'industrie reprennent de l'activité ; de nouveaux chefs-d'œuvres des arts excitent l'admiration. Un de mes enfans parcourt en ce moment une partie du royaume, et pour prix des sentimens si bien gravés dans son ame et manifestés par sa conduite, il recueille partout des bénédictions ; et moi, qui n'avais qu'une passion, le bonheur de mon peuple, moi qui ne suis jaloux que pour son bien de cette autorité que je saurai défendre contre les attaques; je sens que je suis aimé de lui et je trouve dans mon cœur l'assurance que cette consolation ne me manquera jamais. »

CHAPITRE XIII.

Curiosité qu'inspire le discours du trône. — Gauserie à propos de M. Beugnot. — Loi sur la liberté de la presse rejetée. — Le concordat n'est pas mieux traité. — Loi de recrutement. — Débats qu'elle occasione. — Le roi croit devoir en causer avec sa famile. — Il n'en a pas de satisfaction. — Ce qu'il dit au maire de Dijon. — *La Minerve*. — *Le Censeur européen*. — *La Bibliothèque historique*. — *Les Lettres normandes*. — *Le Conservateur*. — Comment le roi s'y prend pour les lire en secret ainsi que les autres brochures politiques. — Propos plaisant d'un de ses valets de pied. — M. Fiévée. — Il attaque durement le roi. — Réprimande que le roi adresse indirectement à qui de droit. — Il fait grâce à de vrais coupables. — Son opinion sur ce point. — Bouts rimés politiques d'une jolie femme. — Impromptu paternel d'un roi.

En France, le discours du trône est toujours attendu avec impatience, et cependant il trompe la curiosité publique, parce qu'il ne peut et ne doit renfermer que des généralités ; des phrases positives seraient trop retentissantes; elles embarrasseraient. Buonaparte y avait habitué la nation. Elles lui convenaient, à lui qui ne pouvait se maintenir qu'à l'aide de l'éclat et du fracas. Néanmoins le discours de cette année satisfit le besoin d'apprendre quelque chose de *bien nouveau*. J'annonçais la cessation de l'occupation étrangère, le concordat et le terme de l'existence des cours prévôtales. Il y avait là pâture pour les esprits avides. La session devait leur faire éprouver d'autres émotions.

Les candidats à la présidence appartenaient tous à la majorité. MM. de Serres, Royer-Collard, Camille Jordan et Beugnot. Ce n'est pas que M. Beugnot n'eût affiché d'abord des principes ultramontains. Alors il louvoyait dans l'espérance de la pairie, qu'il attendra du moins tant que je vivrai. Pourquoi cela? me demandait audacieusement madame de....

— Madame, répondis-je, j'ai mon secret comme M. Bignon. Mais je n'ouvrirai jamais la porte du Luxembourg à M. Beugnot.

— Vos ministres cependant la lui tiennent toujours entrebaillée.

— Cela les regarde.

Je choisis M. de Serres pour présider la chambre des députés. Ce fut à cette session que j'interdis aux princes de ma famille et de mon sang de siéger à la chambre des pairs. Cette décision fut un crève-cœur pour le parti. Il avait résolu de faire parler Monsieur en opposition du ministère, sans songer que si le duc d'Orléans s'était avisé de prendre la parole dans le sens libéral constitutionnel, le mal qu'il nous aurait fait eût été incalculable. Mais les royalistes ont la malheureuse habitude de ne rien prévoir.

La première loi importante que le ministère présenta fut celle relative à la liberté de la presse, conçue sur une base large. Elle s'adressait principalement à la responsabilité. C'était d'abord à l'auteur connu et résidant en France à répondre de son œuvre, puis à l'éditeur ; l'imprimeur venait en troisième. Cependant tous pouvaient être poursuivis en cas de besoin. Je n'analyse pas le reste de la loi, ne faisant point l'histoire de la session. Cette loi bien conçue fut discutée avec vivacité, et admise dans la chambre des députés. Elle alla mourir à celle des pairs, qui la refusa à une forte majorité. Cet échec ne fut pas le seul qu'éprouva le ministère. Pendant le cours de cette session, il vit se former et grossir l'orage qui faillit en 1819 replonger la France dans les convulsions politiques dont j'avais eu tant de peine à la retirer.

M. Lainé eut la charge de présenter le concordat à la chambre des députés. Ce que j'avais prévu avec le conseil arriva. Ce fut à qui blâmerait cet acte; la chambre le rejeta dans sa majorité, et pour le soutenir, si on l'eût débattu, on aurait vu le spectacle changé d'une majorité contraire et d'une minorité votant cette fois avec le ministère. La chose n'alla pas jusque là. Le clergé craignit la nature des débats qu'occasionnerait le concordat, et autant d'abord on avait insisté pour qu'on s'en occupât, autant, dès ce moment, je fus sollicité de n'y donner aucune suite. Il en résulta qu'il fallut le renvoyer à la commission qui avait été nommée. Celle-ci, au lieu d'y mettre de l'activité,

18.

l'oublia, et on n'en parla plus le reste de la session.

Ce fut un rude échec pour le pauvre Blacas ; ceci achevait de rendre impossible son retour aux affaires, et je m'en expliquai sincèrement avec lui pour éviter à ce cher ami des démarches inutiles qu'il s'avisa de renouveler vers cette époque.

La loi qu'on discuta avec le plus de feu dans cette session fut celle de recrutement et d'avancement militaire. Le duc de Feltre n'ayant voulu présenter rien de semblable, ce refus devint une cause déterminante de son renvoi. Le maréchal Gouvion Saint-Cyr entra au contraire dans ma pensée, et peut-être même alla au-delà. Je désirai rattacher le soldat à la monarchie en soumettant son avancement à des règles invariables. Le maréchal rédigea à cet effet le projet en question dont le titre premier s'attachait à la conscription que je régularisais et tâchais de rendre moins pénible aux familles sans les y soustraire cependant.

Ce ne fut pas là-dessus que les débats s'engagèrent avec une âpreté inaccoutumée et comdamnable ; le titre second devint le principal champ de bataille. Il disait dans ses principaux articles :

« Nul ne poura être sous-officier s'il n'est âgé de vingt et un ans révolus, et s'il n'a servi activement du moins pendant deux ans dans un corps de troupes réglées.

« Nul ne pourra être officier s'il n'a servi pendant deux ans comme sous-officier, ou s'il n'a suivi pendant le même temps les cours et exercices des écoles spéciales et militaires et satisfait aux examens desdites écoles.

« Le tiers des sous-lieutenances de la ligne sera donné aux sous-officiers ; les deux tiers des grades et emplois de lieutenans, de capitaines, de chef de bataillon ou d'escadron et de lieutenans-colonels seront donnés à l'ancienneté... Nul ne pourra être promu à un grade ou emploi supérieur s'il n'a servi quatre ans dans le grade ou emploi immédiatement inférieur. Il ne pourra être dérogé qu'à la guerre pour des besoins extraordinaires ou pour des actions d'éclat mises à l'ordre du jour de l'armée. »

Je ne vois rien dans ces articles qui ait pu motiver la virulence des débats. Il me serait trop pénible de rapporter ici la conduite des chambres au sujet de cette loi ; je me contenterai de citer les faits extérieurs qui s'y rattachèrent, lesquels, certes, n'eurent pas moins d'importance et d'aigreur.

La présentation de cette loi souleva la cour, tous les ultra, et les mit en hostilité vis-à-vis du ministère. Ma famille en conçut une frayeur que je ne pus calmer. Je crus devoir appeler près de moi Monsieur et madame la duchesse d'Angoulême pour leur expliquer ce fait qu'ils ne comprenaient pas bien. Mais ce fut une démarche inutile ; on ne me ménagea point les avis ni les prédictions funestes ; si cette loi passait, elle soulèverait l'armée, et déterminerait tôt ou tard une terrible explosion dans le royaume. J'étais le chef suprême de l'armée, et j'agissais contre mon pouvoir en la soumettant à des règles invariables.

Mon frère et madame la duchesse d'Angoulême me mirent encore sous les yeux l'exemple de Louis XVI, ne voulant pas voir eux-mêmes que la funeste ordonnance du maréchal de Ségur avait fait tout le mal en excluant des grades les plébéiens. Ma famille ne prétendait pas, il est vrai, que cette ordonnance fût remise en vigueur, mais elle souhaitait que le choix du souverain ne souffrît aucun obstacle par des lettres écrites et votées.

J'avais fait preuve de franchise dans la session ; on ne me l'épargna pas non plus. Les ambitieux espérèrent m'influencer par l'intermédiaire de mes proches. Ils étaient parvenus à leur faire croire que le conseil, infecté de buonapartisme, travaillait à me renverser du trône. Le comte Decazes surtout me parut en butte à une indignation particulière. Je dis enfin à Monsieur :

—Mon frère, comme on fait son lit on se couche. J'agis dans vos intérêts comme dans les miens; ce sera à vous après moi, de ne point détruire ce que j'aurai eu tant de peine à élever.

—Je tâcherai, répliqua mon frère, lorsque je prendrai une mesure conservatrice de la couronne, de la préparer et de la soutenir de telle sorte que sa réussite soit infaillible. Pour cela, j'aurai soin de ne pas en confier l'exécution à des ennemis directs de ma famille.

Ce dernier mot me parut dur, aussi je fis un geste

qui termina la conversation Cependant ce dechainement continua. Quel bruit, quelle agitation autour de moi ! ce tumulte était une maladresse, il indisposait contre la cour l'armée, et tous ceux qui prétendaient profiter de la révolution. C'était annoncer qu'on voulait marcher à l'avenir dans une voie contraire à la mienne. Comment pouvait-on se flatter de faire croire que la charte plaisait, l'orsqu'on s'opposait ainsi aux lois qui en étaient le complément naturel ?

Quant à moi, je ne négligeais aucune occasion de prouver à la France que la constitution n'avait pas de meilleur appui que le mien. Je venais naguère d'en donner une manifestation éclatante, et comme elle eut du retentissement je vais rapporter le fait en copiant textuellement une des feuilles périodiques qui tomba sous ma main.

« M. Théodore Morellet, nouvellement maire de Dijon, a, dans son discours d'installation, inséré une anecdote si remarquable que nous nous empressons de la rapporter à nos lecteurs :

» Il me reste, mesieurs, a-t-il dit au conseil municipal de la ville de Dijon, à remplir les ordres du roi en vous faisant connaître les paroles de S. M. à la suite d'un entretien dont le respect ne me permet pas de vous communiquer les détails. Le roi m'a dit : *On vous a trompé, je sais tout ce qui se passe. Mon gouvernement* c'est moi. *Rien ne se fait que par mes ordres ou d'après ma volonté. Je ne suis pas le roi de deux peuples, mais d'un seul.*

Je veux qu'on oublie ce qui s'est passé et qu'on se réunisse. Le système de mon gouvernement n'est point le système de mes ministres : C'EST LE MIEN; *ils ne font que l'exécuter sous mes ordres et sous ma direction.*

« — V. M. me permettra de rapporter à mes concitoyens ce qu'elle a daigné me dire? — *Je vous le permets et même je vous l'ordonne. Dites-leur bien que je veux union et oubli.* »

M. Théodore Morellet n'avait pas omis une de mes paroles; je souhaitais qu'elles fussent entendues de toute la France; car il me devenait insupportable qu'un certain parti s'avisât de répandre avec affectation que je me laissais mener; qu'il me supposât assez peu de connaissances administratives pour souffrir qu'on me traînât à la remorque. C'étaient des allégations indécentes, c'était me rabaisser au rang des rois vulgaires, où je me flatte que la postérité ne me placera pas.

En vérité, ils avaient bonne grâce de me reprocher mes favoris, ceux qui, depuis leur enfance, n'avaient jamais fait un pas sans être tenus en lisière!

Je m'explique avec sévérité, parce que l'injustice m'a toujours été odieuse. Prétendre que je me laisse mener... moi !... C'était trop mal me connaître. Je présume qu'on ne peut parler ainsi de ce qui est système de gouvernement. Tout roi qui s'en trace un a besoin d'agens inférieurs pour le faire exécuter. C'est tomber dans une étrange aberration que de dire qu'il est dirigé par autrui, parce qu'il ne sacrifie pas ses ministres à la fantaisie de ceux dont l'opinion est contraire à la sienne.

Il m'était d'autant plus nécessaire de recommander l'union et l'oubli, que chacun des partis attaquait l'autre avec une fureur toujours croissante. Les libéraux avaient établi divers journaux dans le genre de l'ancien Mercure. Le plus célèbre, *la Minerve*, fit grand bruit. Cependant ses rédacteurs, gens d'esprit d'ailleurs, manquaient d'enthousiasme, de chaleur et de mordant. Ils étaient trente pour rédiger, sous le nom de M. Étienne, les *Lettres sur Paris*, maigre production sur la quelle on s'efforçait vainement de jeter de l'éclat. Les autres articles de la Minerve n'étaient pas même lus : bien que leurs auteurs se battissent les flancs pour faire de la verve, ils n'en étaient que plus froids. Voici pourquoi: Le libéralisme n'est pas une religion de cœur; il manque de fanatisme dans les chefs surtout. C'est le résultat d'un calcul de gens qui, ayant perdu une position meilleure, aspirent à la reprendre, *per fas et ne fas*, mais mesquinement, ou de gens qui ayant conservé quelque chose ne veulent pas l'exposer. Cela les rend timides lorsqu'ils devraient se montrer téméraires pour réussir.

Puis venait en seconde ligne *le Censeur européen*, volume ennuyeux au delà de toute mesure, qui paraissait à époques indéterminées, où les auteurs Comte et Dunoyer faisaient une opposition lourde dont on se tourmentait bien mal à propos autour de moi. Je prétendais qu'il était beaucoup plus difficile de le lire que de le refuter. La *Bibliothèque royale*, recueil périodique plus dangereux, où l'on consignait, vrais ou faux, tous les actes propres à nuire au gouvernement et à le déconsidérer. On y déversait un ridicule odieux sur mes propres actes, sur mes subordonnés. C'était enfin un recueil funeste à la monarchie, et qui néanmoins, je ne sais pourquoi, avait des appuis dans le ministère. Les rédacteurs, à diverses époques, reçurent des communications semi-officielles qui donnèrent plus d'importance à ce journal qu'il n'aurait dû en avoir.

Les Lettres normandes, *l'Homme gris* cheminaient dans la même voie avec encore plus d'âpreté. C'étaient des brulots sans cesse en jeu contre la monarchie, et que la censure ne pouvait atteindre. Ils ne respectaient rien, et inspiraient un véritable désespoir au clergé et à la cour. On me demandait avec instance une loi répressive et *ad hoc*. Je répondais seulement : « Se flatte-t-on que je suis moins irrité du style et de la direction des journaux *ultra* qui ne paraissaient aussi qu'une ou deux fois par semaine ? »

A la tête de ceux-ci je placerai le *Conservateur*. Ce recueil avoué par le parti, et dont chaque article était signé, offrait une supériorité de rédaction incontestable sur la Minerve ; il était rédigé par MM. de Bonald, Chateaubriant, Fiévée, l'abbé de La Mennais, premier écrivain du siècle, MM. de Villèle, de Castelbajac, de Sallaberry, de Puymaurin, de Conny, de Corbière, de Saint-Romans et une foule d'autres nourris de saine littérature et de principes monarchiques. J'aurais souhaité seulement qu'ils comprissent mieux les exigences du siècle, et qu'ils me tinssent plus compte des obstacles que j'avais à vaincre. Ces messieurs, au contraire, me traitaient avec une rigueur dont j'étais en bon droit de me plaindre.

Je savais qu'en lisant ouvertement *le Conservateur*, j'aurais procuré trop de joie à ses auteurs et causé un vrai chagrin à mon ministère qu'on y traitait avec encore plus de sévérité que moi. Cependant, comme j'aime les choses spirituelles et bien pensées, je faisais acheter un double exemplaire de chaque numéro du *Conservateur* par un de mes valets de chambre que j'avais mis à la tête de ce que j'appelais mon ministère secret. Ce service consistait à me procurer les journaux et les brochures auxquels l'entrée ostensible était défendue aux Tuileries. Ce brave garçon, que je ne nomme pas dans la crainte de le compromettre à l'avenir, me servait avec autant de zèle que d'intelligence. Il était à l'affût de tout ce qui paraissait de nouveau, puis il me disait :

« J'apporte quelque chose de diablement bon, car ces canailles n'y épargnent pas Sa Majesté; aussi cela s'enlève ! »

Je m'amusais de cette fidélité naïve, puis je déchirais chaque page du *Conservateur* pour le lire à mon aise sans qu'on le soupçonnât ; je conservais pour en causer avec mes ministres, les articles détachés des journaux libéraux que je croyais susceptibles d'être repris par la justice. J'étonnais souvent ces messieurs en leur parlant de ces choses, qu'ils croyaient ignorées de moi, en leur prescrivant des mesures dont ils ne pouvaient concevoir les causes provoquantes.

Ce fut de cette manière que j'eus connaissance l'un des premiers, de la brochure insolente de M. Fiévée, je ne crains point de la nommer ainsi. M. Fiévée ne manque pas de génie, il a du goût, il écrit avec pureté, élégance, entraînement et chaleur. Un petit roman, *la Dot de Suzette*, commença sa réputation, un peu entachée de républicanisme, mais qui ne tarda pas à se purifier ; il compta plus tard dans la littérature, et aurait pu compter également dans l'administration, s'il avait voulu se tenir à sa place, à la seconde; il prétendait au contraire à la première, et pour y parvenir, il prit la route battue, il fronda le gouvernement qui l'employait. Le mien, à l'entendre, ne fit que des fautes en 1814, et que des sottises depuis. M. Fiévée ne se géna ni pour le dire, ni pour l'écrire ; il voulut être plus royaliste que moi, et prit mes intérêts sur un ton qui, en vérité, m'a dispensé de la reconnaissance.

Je ne me fâchai pas cependant ; car enfin mes ministres avaient les honneurs directs de ces coups de griffes, dont les égratignures ne me venaient qu'en second. Mais ma longanimité encouragea sans doute le malicieux pamphlétaire ; il s'avisa soudain de s'adresser à moi, et très-irrévérencieusement encore. J'avais dit, dans mon discours d'ouverture de la session de 1817 : *Je sens que je suis aimé de mon peuple*. Cette phrase, échappée à ma conviction et aux témoignages d'un véritable amour, de toutes les parties de la France, fut parodiée d'une manière bien cruelle, par M. Fiévée, dans sa correspondance *administrative et politique* où il osa dire :

« Il s'est formé, entre les peuples et ceux qui gouvernent, une hypocrisie de sentimens qui serait dangereuse, si elle n'était pas de convention...... Les rois se croient aimés quand on leur dit qu'ils le sont, et quelquefois même ils le répètent avec une bonhomie qui inspire de la pitié. »

Certes, l'injure était grave, et ne pouvait être supportée; trop de bonté devient faiblesse dans un roi. Il me fut pénible d'être accusé à la fois d'hypocrisie et d'imbécillité ; aussi, je donnai sur-le-champ mes ordres pour qu'on poursuivît le coupable, dussé-je me rendre partie au procès; je ne pus m'empêcher de le dire à M. Bellart, que j'avais fait mander. Les ministres ne furent pas fâchés de ma colère. Elle consterna mon procureur-général, qui était ministériel, tout juste ce qu'il fallait pour conserver sa place, tandis que sa robe cachait un franc royaliste ultrà. Ne s'avisa-t-il pas de vouloir atténuer le tort de M. Fiévée, de l'excuser par ses antécédens?

— Monsieur, lui dis-je avec impatience, j'ai

abandonné à la rigueur des lois ceux dont le salut de la France exigeait la condamnation, tout en déplorant une nécessité cruelle de terminer ainsi une vie si glorieusement commencée; nul ne me parla pour eux, nul n'essaya de réveiller ma clémence; et pourtant, lorsqu'on m'outrage, ceux qui ont commis ce crime ne manquent ni de protecteurs, ni d'amis.

Le bruit de ma réprimande se répandit dans le château. Dès ce moment, personne ne s'avisa plus de venir me rompre la tête en faveur de M. Fiévée, et la justice put suivre son cours. Je ne me rappelle pas quelle peine elle imposa au coupable, qui tenait tant à faire de moi un tartufe et un imbécille; je sais seulement que, dans le parti, on déclara la monarchie perdue, dès que ma personne ne pouvait plus être insultée impunément par un ultra royaliste.

Mais, tandis que je me montrais si sévère *en police correctionnelle*, je prodiguais le pardon et les grâces aux condamnés pour délits politiques. Il y a peu de rois qui aient autant amnistié que je l'ai fait. On sait que je ne manquai pas, à mon retour de Gand, de pardonner à la violette, et cependant elle était le signe patent de la rébellion.

Les souverains qui ne savent pas pardonner méritent qu'on tourne contre eux cette rigueur; ils ne comprennent le danger d'une sévérité outrée que lorsqu'ils ne peuvent plus le réparer.

Ceci me rapelle que, vers le milieu de 1817, jouant avec une société intime, à remplir des bouts-rimés, divertissement très en vogue dans ma jeunesse, où excellait le marquis de Montesquiou-Fézensac, on me donna les mots *France* et *Clémence*. La comtesse de Choisy s'en empara, et je fus peu satisfait quand elle eut écrit les vers suivans :

> *Trois fléaux pèsent sur la France,*
> *L'impôt, la pluie et la clémence.*

Chacun de rire autour de moi, on trouva la plaisanterie charmante, et on s'empressa d'ajouter que, cette fois du moins, la poésie était d'accord avec la raison. Ce n'était pas ma pensée ; aussi, me retirant à l'écart, je pris une plume, et traçai rapidement sur une carte l'impromptu suivant, dont l'heureux à-propos décida le succès :

> Les premiers seront adoucis,
> J'en garde du moins l'espérance.
> Quant au second rien je n'y puis ;
> Le troisième est ma jouissance.

CHAPITRE XIV.

Le roi donne la pairie au duc Decazes.—Mot de Charles XIII, roi de Suède.—Détails sur lui, son neveu et le prince Bernadotte. — Mathurin Bruneau ou le neveu du roi en police corectionnelle. — Un autre Charles de Navarre à Charenton. — Incendie de l'Odéon.— Mesures réparatoires en faveur de ce théâtre.—Le duc d'Orléans devenu ultra par amour de la propriété.—Mot du duc de Berri renouvelé des Grecs.—Mot de M. le prince de Condé.—Son éloge funèbre par une main royale.—Propos heureux du duc de Brunswick.—Le prince de Condé n'aimait pas le duc d'Orléans.—Leroi le fait ensevelir à Saint-Denis. — Séjour à Saint-Cloud. — Visite à la maison royale d'Écouen.—Madame De Guengo.— Détails de cette journée.—Jolie repartie d'une pensionnaire.—Visite à l'école militaire de Saint-Cyr.—Ce que le roi dit aux jeunes gens.

Je donnai à ma manière des étrennes à M. Decazes et à ses ennemis, ce fut en l'élevant à la pairie. Je ne pouvais moins faire pour lui. Il me servait avec un zèle d'autant plus louable qu'il lui attirait de la haine et des outrages dont je devais le dédommager. Le manteau de pair dont je revêtis M. Decazes était la juste récompense des actes de son administration. Elle lui suscita de nombreux adversaires ; je ne tardai pas à m'apercevoir que le conseil commençait à perdre de son ensemble, et qu'il tendait à se diviser.

Il me sembla que le duc de Richelieu s'arrêtait dans sa marche, et qu'il cédait à cette influence du château à laquelle jusqu'alors il avait résisté; il se rapprochait insensiblement d'une opinion qui n'avait jamais été la sienne. M. Lainé prit la même route; la chose néanmoins ne se dessina pas d'abord. Elle était dans sa première période tant que dura la session. Je ne parlerai plus de cette dernière ainsi que des opérations de budget et de finance que l'on émit. Il y eut deux emprunts considérables nécessités par des circonstances impérieuses et sur lesquelles il me serait trop pénible de m'arrêter.

Il était des instans où j'enviais à Buonaparte d'avoir pu, pendant quatorze années, trouver au dehors des ressources qui l'avaient préservé du besoin des emprunts. J'y étais contraint pour réparer les fautes de cet homme, et pour payer les contributions énormes que sa dernière agression avait fait peser sur la France.

Le 9 février, mourut à Stockholm le roi de Suède, Charles XIII. Ce monarque, connu sous le nom de prince de Sudermanie, et frère du roi Gustave III, avait déjà attiré sur lui depuis longtemps le soupçon qu'il aspirait au trône avant que son royal neveu en fût renversé. Il y monta en effet en vertu d'une révolte du palais, révolution générale, bien qu'au fond le peuple n'y prenne aucune part.

Gustave IV, surpris dans son appartement, désarmé, mis en prison, abdiqua forcément. Au lieu de mettre à sa place l'aîné de ses fils, ainsi que l'exigeaient la nature et la loi, on alla vers le duc de Sudermanie, son oncle. Celui-ci, consommant l'ouvrage des conspirateurs, bannit sa propre famille de l'héritage paternel. Il le transmit d'abord à un prince de la maison de Danemarck ; on aurait pu l'excuser d'abord en alléguant qu'il n'avait pu s'opposer à cette mesure dans le premier instant de la révolte ; mais plus tard, lorsque la mort eut frappé le prince Christiern, au lieu d'employer son autorité à rappeler son petit-neveu et héritier légitime, il accepta un nouveau successeur, non point cette fois de maison souveraine, mais pris dans la liste des capitaines de Buonaparte.

Certes, la France doit voir avec orgueil ce choix honorable qui décernait un trône à un de ses citoyens. Ce n'était pas du reste la première fois que des Français d'une condition privée recevaient des couronnes. Déjà sous Charlemagne pareil fait avait eu lieu. M. Bernadotte dut son élévation à la supériorité de ses talens militaires. Je fus charmé de ce choix, mais comme particulier, et non comme monarque sur lequel pesait une usurpation. Je regrettais vivement le malheureux Gustave IV; j'ai déjà parlé de mon chagrin et de mon opinion sur ce fait.

Le prince royal succéda au duc de Sudermanie, Charles XIII, sans opposition ni de la part des Suédois, ni d'aucune puissance de l'Europe. Je dus moi-même faire taire mes affections, oublier que j'avais été dans une position pareille à celle de Gustave IV, et reconnaître le roi Charles XIV. Puisque la providence a voulu que la race du grand Gustave disparût, je suis charmé que la dynastie appelée à la remplacer commence par des Français.

Tandis que le prince Bernadotte gagnait un royaume, j'étais en danger de perdre le mien ou du moins de me voir dans la nécessité de le céder, le cas échéant, en vertu d'une décision judiciaire, puisqu'il m'était réclamé par mon propre neveu, S. M. Louis XVII. C'était à s'écrier avec Sémiramis :

Les morts, après quinze ans, sortent-ils du tombeau?

On se rappellera peut-être qu'en 1817 un second fourbe (le premier s'appelait Hevergault) se présenta avec une certaine audace, en se qualifiant de Charles de Navarre, dauphin de France, fils de feu Louis XVI et de la reine Marie-Antoinette. Les badauds, qui ne manquent jamais, se montrèrent sous un jour bien ridicule dans cette occasion. Ils accueillirent avec empressement un misérable va-nu-pieds qui prétendait porter le plus beau nom du monde. Je n'entrerai pas dans les détails de cette fable absurde dont le tribunal correctionnel de Rouen fit justice, en condamnant à trois mille francs d'amende, à cinq ans de prison et à une surveillance illimitée le nommé Mathurin Bruneau, né à Vezin, le 10 mai 1783, de Mathurin Bruneau et de Jeanne Benein, sabotiers audit lieu de Vézin.

Ce fourbe, qui manquait d'adresse et non d'effronterie, était soutenu par les libéraux, lesquels espéraient par son aide diviser les royalistes. Quelques dupes furent les complices involontaires de cette intrigue, dont tous les fils se rattachaient à un complot perturbateur.

Au demeurant, Mathurin Bruneau n'était pas le seul à la même époque qui se prétendit mon royal neveu; car, le 18 février 1818, vers six heures et demie, un inconnu bien vêtu, d'assez bonne mine, âgé de trente et quelques années, s'introduisit dans les Tuileries, et en suivant les garçons de service qui portaient mon dîner, arriva avec eux jusqu'à la porte de la salle à manger. Il ne put aller plus loin, parce qu'on s'enquit de ce qu'il voulait et qui il était.

— Je suis Charles de Navarre, répondit-il, et je demande à parler au roi.

Alors on le conduisit devant le duc de Bellune, major-général de service, qui ne trouva rien de mieux à faire que de l'expédier à la préfecture de la Seine, où l'on se mit à constater ses droits au titre qu'il prenait. On sut bientôt que c'était le neveu d'un nommé Dufréni, ancien agent de change, garçon atteint de folie depuis plusieurs années, et auquel cette dernière équipée assura un gîte à Charenton.

L'incendie de l'Odéon, qui eut lieu cette année, fournit au duc de Berri l'occasion de se signaler. Il courut au feu l'un des premiers, où il donna des ordres sans ménager sa personne. L'eau manqua d'abord, et pour s'en procurer, il fallut former une chaîne qui se prolongea jusqu'à la fontaine de la place de l'École de Médecine. On ne fit faute d'attribuer ce malheur à la malveillance, et, cette fois, j'ai tout lieu de croire que ce ne fut pas sans raison. M. Decazes se distingua aussi dans ce désastre. On vint me dire qu'il était grièvement blessé : je me hâtai d'envoyer chez lui ; heureusement il n'en était rien.

Je rendis, le lendemain de cet événement, qui eut lieu le 20 mars, une ordonnance portant que la salle serait reconstruite sur son emplacement actuel, que le théâtre continuerait à être une annexe de la Comédie Française, et qu'à l'avenir on y jouerait les tragédies, drames et autres pièces qui forment le répertoire de la salle du Palais-Royal. En attendant, on mit le théâtre Louvois à la disposition de la troupe de l'Odéon.

A cette époque, la discorde s'éleva au Théâtre-Français entre le sieur Julien, propriétaire actuel, et M. le duc d'Orléans. Ce prince, depuis sa rentrée, s'occupait à rassembler les débris de la fortune paternelle. La masse de bâtimens de la Comédie-Française frappa nécessairement ses regards, et il se fit cette question très naturelle : — Est-ce que ceci ne m'appartiendrait pas ?

Aussitôt il se mit en mesure de reprendre son

bien, et engagea un combat judiciaire avec le sieur Julien. Cette affaire, qui touchait en plus d'une manière à la question délicate de la vente des propriétés nationales, étonna singulièrement les libéraux. Ces bonnes gens s'étaient imaginé que S.A.S., pleine de respect pour tout ce qui ressortait du fait de la révolution, n'y toucherait pas plus qu'à l'arche sainte; jugez donc de leur désappointement quand ils virent notre cousin employer à combattre son adversaire avec le concours de l'avocat Dupin, les mêmes argumens à l'usage des ultrà. Quelques-uns de leurs journaux essayèrent de rappeler le passé au prince qui, ne voulant se ressouvenir que de Valmy et de Jemmappes, n'en poursuivit pas moins sa plainte et ne craignit pas d'aller au tribunal civil.

Cette fois, les gros bonnets de l'ordre qui prétendaient ne pas séparer leur cause de celle des acquéreurs de biens nationaux, pérorèrent de leur mieux. Le procureur du roi vint à leur aide avec son inflexible équité, et M. le duc d'Orléans apprit que les conclusions de l'homme public lui seraient contraires. Alors il préféra proposer une transaction, qui fut acceptée moyennant une somme de onze cent cinquante mille francs que reçut le sieur Julien. La cause fut rayée du tableau, et la popularité de notre cousin remise à flots, avantage qui lui parut être durement acheté.

Dans notre famille, où la *libéralité* est excessive, l'économie du duc d'Orléans, qui ne lui ôte rien néanmoins de sa munificence et de sa grandeur naturelle, a toujours prêté à nos persiflages d'intérieur. Ils avaient commencé à s'attaquer à ses travaux du Palais-Royal, et un jour que madame la duchesse de Berri invitait par un billet à une fête S. A. S. le duc, son mari, se rappelant une ancienne plaisanterie de Monsieur, dit :

— Ma chère amie, vous avez pris une peine inutile ; notre cousin ne viendra pas.

— Et pourquoi s'il vous plaît ?

— Parce que vous l'invitez pour mercredi, et comme dans la semaine il s'occupe de ses travaux de boutique, il n'est libre que le dimanche.

M. le duc d'Orléans se prêtait avec grâce à ces mauvaises plaisanteries. Du reste, en raison de sa nombreuse famille, qui peut encore augmenter, il fait bien de chercher à lui assurer une fortune indépendante. Quant à moi, je le trouverai toujours trop riche.

Peu après ma rentrée à Paris, la mort enleva un prince qui a joué un rôle remarquable à deux époques de sa longue carrière, S. A. S. M. le prince de Condé, né à Chantilly le 9 août 1736, duc de Bourbon, premier ministre de Louis XV et petit-fils du grand Condé. Celui dont je déplore la perte fut élevé par le comte de Charolais, prince d'un caractère bizarre, et dont la branche royale eut toujours peu à se louer. Le prince de Condé épousa le 3 mai 1753 la princesse de Rohan Soubise, dont il eut le duc de Bourbon et mademoiselle de Condé.

La carrière des armes où ses ancêtres avaient acquis tant de gloire, lui fut ouverte à la bataille d'Hassemback. Le comte de Latouraille, son aide-de-camp, l'ayant engagé à se placer hors de la direction d'une batterie dont chaque coup portait autour de lui, il répondit :

— Mon cher comte, de pareilles précautions ne sont pas relatées dans l'histoire de la vie du grand Condé.

Il chargea avec un courage héroïque les ennemis à Méridan, et à cette époque remporta plusieurs avantages sur le prince Ferdinand de Brunswick, puis en 1762 une victoire signalée, celle de Johannisberg, sur le prince royal de Prusse, qui mit le sceau à sa réputation. Louis XV, pour récompenser en partie ces actions brillantes, fit cadeau au prince de plusieurs pièces de canon conquises pendant cette guerre et dont Chantilly fut orné. Plus tard, le duc de Brunswick étant venu visiter le château, le prince de Condé fit disparaître à l'avance ces trophées glorieux par un sentiment d'exquise délicatesse ; ce qui porta le duc étranger à lui dire, lorsqu'il en fut instruit :

— Vous avez voulu me vaincre deux fois : à la guerre par votre brillante valeur, et pendant la paix par votre généreuse modestie.

M. de Condé se brouilla d'abord avec le roi Louis XV, lors de la malheureuse affaire du parlement de Maupeou) je dis malheureuse, non à cause de sa position qui était bonne en elle-même, mais parce qu'en ne la maintenant pas, on la rendit funeste plus tard). Réconcilié ensuite avec S. M. par l'intermédiaire de la comtesse Dubarry et de la princesse de Monaco, objet de sa constante tendresse et qu'il épousa en secondes noces, il se maintint à Versailles sur un pied amical jusqu'à l'époque de la révolution : il ne pensait pas à émigrer au 14 juillet 1789, mais la reine ma belle-sœur le conjura de partir en la compagnie du comte d'Artois.

Le prince de Condé s'éloigna avec son fils, sa fille, son petit-fils et le prince de Conti, son cousin qui ne tarda pas à rentrer. Quant à lui, il commença bientôt cette série d'actes magnanimes qui l'ont élevé si haut dans l'estime et l'admiration de l'Europe et de ses contemporains. Je ne rappellerai pas ici ce que chacun sait. Je ne louerai ni sa bravoure supérieure, ni son expérience consommée, ni ses vertus généreuses, il est au-dessus de tout éloge, et ce serait répéter ce qu'on a dit tant de fois.

Les fatigues et les malheurs avaient influé sur la mémoire du prince de Condé ; il la perdait parfois, et commettait alors d'étranges erreurs. Il faisait de cruels reproches à sa belle-fille, mademoiselle d'Orléans, femme de S. A. S. M. le duc de Bourbon, et mère du duc d'Enghien.

— La malheureuse! s'écriait-il, elle a osé entrer en correspondance avec l'assassin de son fils, et écrire des gracieusetés à Buonaparte.

C'était vrai.

M. le prince de Condé mourut à Paris le 13 mai 1818 dans la quatre-vingt-deuxième année de son âge, pleuré par tous les compagnons de sa belle vie, et en particulier par tous les émigrés, dont il était le père. Le grand-maître des cérémonies de France étant venu me demander où il fallait l'ensevelir :

— A Saint-Denis, répondis-je, avec Duguesclin et Turenne.

C'était bien le moins que je pusse faire en reconnaissance de ses services éminens, et de sa conduite si noble et si chevaleresque. De grands honneurs mortuaires lui furent rendus ; des détachemens de tous les corps l'acccompagnèrent à Saint-Denis, où le suivirent pareillement des députations des deux chambres et de toutes les cours, tribunaux et autres fonctionnaires. On remarqua qu'arrivé à l'église, M. le duc d'Orléans donna la main à M. le duc de Bourbon; c'était très-convenable sans doute, néanmoins les méchans prétendirent que notre cousin avait été guidé en cette politique par des vues très-personnelles. Je n'en crus pas un mot.

Je ressentis une douleur sincère de la mort du prince de Condé. Je l'avais beaucoup vu en Angleterre pendant la dernière partie de notre exil, et, comme il ne pouvait que gagner à être connu, je m'étais tendrement attaché à lui. En revanche il s'éloigna un peu de moi après notre rentrée, parce qu'il n'aimait pas la charte. Il prétendait que cette fille tant chérie par son père lui causerait tôt ou tard de vifs chagrins. Je la crois au contraire mon ancre de salut à venir, et le meilleur bâton de vieillesse que j'aie pu me donner.

Je passai dans une longue souffrance physique et la fin de 1817 et la première moitié de 1818. Je partis le 18 juin pour Saint-Cloud avec la résolution d'y passer quarante jours pour y jouir du repos dont j'avais tant besoin. Cela m'était d'autant plus facile que j'avais fermé la session le 16 mai.

Ce voyage à Saint-Cloud ne fut cependant pas tranquille. Des événemens, dont l'un encore n'est pas expliqué, me causèrent un profond chagrin qu'on aurait pu m'éviter. Je veux, avant de passer à ce point important de mes Mémoires, rappeler quelques détails moins douloureux.

Le 26 juin, j'allai à Écouen visiter la maison royale d'éducation pour les filles des membres de la légion d'honneur. Depuis que j'étais en France j'avais, avec une sollicitude paternelle, donné des soins propres à augmenter la prospérité de ce nouvel établissement. Une règle plus sévère, plus convenable, annonçait ma tendresse pour cette portion intéressante de ma grande famille.

Je n'avais pu conserver madame Campan à la tête de cet établissement à cause d'une foule d'intrigues dont elle avait été victime. La personne qui la remplace est bien digne de cette faveur par son mérite, ses vertus et par les soins qu'elle ne cesse de donner à ses jeunes élèves. Madame la comtesse du Quengo tiendra, je l'espère, aux éloges que je lui accorde avec tant de plaisir.

Les dames chargées de veiller avec elle sur ce dépôt précieux avait reçu, en récompense de leurs services, une décoration qui consistait en une croix d'or patée émaillée de blanc, anglée de fleurs de lis et sommée de la couronne royale. Le centre de la croix représente la Vierge dans son assomption avec cette devise: *Dieu, le roi, la patrie;* de l'autre les armes de France avec cette exergue : *Maison royale de Saint-Denis.* Elle est suspendue par un ruban moitié rouge et blanc.

Je fus reçu à l'entrée de la maison par le grand-chancelier de la Legion-d'Honneur, la comtesse de Quengo, les dignitaires et les jeunes élèves rangées en ce que j'appelai l'ordre de bataille, et que quarante ans plus tôt je n'aurais peut-être point affronté sans péril. Je me trouvai heureux de la joie naïve, de l'amour désintéressé que me manifestèrent ces charmantes filles, véritable parterre de fleurs embaumé du parfum de la vertu.

Je visitai l'établissement dans tous ses détails, et avec cet intérêt sans lequel toute visite de ce genre manque son but. Je goûtai au pain, à la soupe ; j'entrai dans l'infirmerie, où le docteur Vergez, médecin en chef d'Écouen, s'était rendu.

— Docteur, lui dis-je, je suis votre confrère en médecine. et vous allez voir si je m'y connais bien.

Et pour prouver, j'allai de lit en lit tâtant le poùls des jolies malades, et déterminant avec une précision hippocratique son degré d'élévation et.

d'intensité. Les classes ne furent pas oubliées. Je retrouvai mes chères élèves à leur place habituelle ; je les questionnai sur leurs études et leurs travaux. Quelques-unes me répondirent sans embarras, c'étaient les grenadiers de la charmante armée; d'autres s'intimidèrent. Un roi fait toujours un peu peur quoiqu'il ne doive, s'il est bon, inspirer d'autre sentiment que de l'amour. Ces beaux anges soupiraient et pleuraient.

—Allons, allons, leur dis-je, calmez-vous. A votre âge je me suis souvent surpris à m'effrayer devant mes parens, qui pourtant m'aimaient bien.

—C'est comme nous en ce moment, repartit une petite fille éveillée.

Je trouvai le compliment très à propos et la remerciai par un gros baiser, puis par un beau bouquet. A mon départ je ne ménageai pas les friandises.

Dans le courant de juillet suivant, j'allai aussi visiter, à Saint-Cyr, les jeunes gens qui ont remplacé les nobles demoiselles de la maison fondée par madame de Maintenon. Ici on me reçut avec plus de turbulence et moins de timidité. Je fus accueilli aux cris de *vive le roi !* qui me plurent surtout de ces jeunes bouches. J'examinai les diverses parties de l'administration et des études soumises à la direction du comte d'Albignac, maréchal-de-camp. Je fus très satisfait du bon ordre et de l'union qui régnaient à SaintCyr. A mon départ après que les élèves, au nombre de trois cents, eurent exécuté diverses manœuvres avec précision et intelligence, j'ordonnai qu'ils rompissent leurs rangs, et les faisant approcher de ma calèche.

— Mes enfans, leur dis-je, je suis très-content de vous, continuez de profiter des leçons qu'on vous donne, et vous vous féliciterez un jour de les avoir suivies. Toutes les salles où vous travaillez me rappellent un grand homme. La salle de Turenne et celle de Frédéric. Vos familles seront fières si, par vos grandes actions, vous méritez de donner aussi votre nom à ces salles.

CHAPITRE XV.

Le coup de pistolet de Lord Wellington.— Récit. — Révolution. — Avant-propos de la note sécrète. — Scène assez amusante. — Récriminations. — Ce que dit le roi. — *La note secrète.* — Ce qui l'amène. — Faiblesse du parti ultrà.— Un mot heureux.— Apparition inattendue du comte Decazes.— Ce qu'il apppread au roi. — Colère. — Les ambassadeurs font connaître au ministère ce que le roi sait déjà.— Propos que le roi tient à madame de......— Mathieu de Montmorenci.—*A laver la tête d'un maure on perd son temps.*— Conspiration dite du *bord de l'eau.*— Détails publics — Supplément inconnu.— Révélation.

Au commencement de cette année, une tentative d'assassinat eut lieu sur la personne du duc de Wellington alors à Paris. A une heure du matin, le 2 février, la voiture du duc entrait dans la cour de son hôtel, rue des Champs-Élysées, lorsqu'un homme tira sur lui un coup de pistolet qui ne l'atteignit pas. Les sentinelles répandirent l'alarme, la garde vint et visita le quartier, mais inutilement; car l'assassin, favorisé par les ténèbres, échappa aux recherches. Le duc sortait d'une soirée chez lady Crawford, rue d'Anjou.

Cet attentat, dont la nouvelle me parvint à mon lever, fit grand bruit. Je me hâtai d'envoyer chez lord Wellington. Mes ministres s'y rendirent de leur côté, les ambassadeurs des autres puissances en firent autant, ainsi que tout le parti ultrà. Il devint de bon ton de témoigner hautement l'horreur que causait ce crime dont les suites, heureusement, n'avaient eu rien de funeste. A ma cour on n'hésita pas à en accuser les libéraux; on se montra si certain du fait qu'avec ma *malveillance habituelle*, j'osai en douter

Une conversation que j'eus avec le ministre de la police acheva d'éclairer mes doutes s'il en existait encore, et je suis convaincu que le noble lord n'a couru aucun risque dans cette circonstance. Ce coup de pistolet était un de ces moyens employés par les intrigans lorsqu'ils veulent produire un effet à leur avantage et faire approuver des mesures de rigueur.

Certaines gens prétendaient que le duc de Wellington avait lui-même aposté le prétendu assassin dans le but de relever son importance qui commençait à décliner. Ce petit moyen était indigne du noble Anglais; on s'en était servi plutôt pour lui inspirer de la haine contre les libéraux, et le porter à s'opposer de toute son influence à la conclusion de la grande affaire qui se traitait déjà ; celle de l'évacuation totale de l'armée étrangère.

C'est à ce but que tendaient mes travaux, mes démarches et ma diplomatie. J'étais impatient de me retrouver dans le royaume avec les seuls Français, et je n'épargnais rien pour y réussir. Mais tandis que pour arriver à cet heureux résultat, je joignais mes efforts à ceux des hommes sages et véritablement patriotes ; par une hallucination fatale, la majorité de la cour et tout le pavillon Marsan envisageaient avec autant de douleur que d'effroi le moment où nous serions libres.

Ces royalistes coupables ou insensés faisaient hautement l'aveu de leur faiblesse en se reconnaissant incapables de soutenir le trône par eux-mêmes, en confessant qu'ils manquaient de nombre, d'énergie et d'habileté pour contenir les malveillans, que leur autorité (je la sépare de la mienne) avait besoin de s'appuyer encore sur les secours du dehors, en un mot qu'il fallait à leur sécurité l'occupation prolongée du royaume.

Frappés de cette funeste idée, tout leur semblait bon pour arriver au but qu'ils s'étaient tracé. Ils commencèrent par le coup de pistolet de lord Wellington, et achevèrent par la note secrète.

Dois-je ensevelir dans le mystère ce fait honteux? est la question que je me suis faite en écrivant ceci; mais la réponse a été que, toute fois qu'un homme attaque la patrie ou le trône dans leur propre existence, il est du devoir d'un monarque de le faire connaître. Je dirai donc sans détour tout ce que je sais de cette affaire déplorable.

On espérait qu'elle retentirait en Europe, qu'elle y montrerait la France encore agitée par des hommes audacieux et capables de se porter aux dernières extrémités, qu'il fallait redouter leurs tentatives à main armée, et que, loin de retirer les troupes d'occupation, il conviendrait de prolonger leur séjour dans le royaume. Je sais que ces fous croyaient avoir besoin, pendant dix ans révolus, de ce concours désastreux. Un assassinat tenté sur la personne du généralissime des armées d'Europe devait nécessairement produire l'effet qu'on attendait. M. de...., auteur de cette belle idée, la mit à exécution. Voilà ce qui me fut prouvé clairement et ce que mon gouvernement ne put faire connaître d'une manière officielle. Il fut effrayé du nombre, du rang des coupables; il vit, et je partageai sa douloureuse surprise, que les conspirateurs, ou les intrigans pour mieux dire, avaient tellement agi autour de ce que j'ai de plus cher, que si on les attaquait juridiquement, des noms augustes se trouveraient mêlés dans les débats, quoiqu'au fond ils fussent totalement étrangers à l'affaire.

Cette malencontreuse position, cette nécessité impérieuse de détourner le soupçon de personnes respectables, victimes d'un prétendu attachement, forcèrent mon gouvernement à laisser prendre une fausse direction à la procédure. On y fit figurer le nommé Marinet, homme de paille, intrigant subalterne qui n'était dans cette affaire que pour avoir voulu obtenir, à l'aide de révélations mensongères, sa rentrée en France par le crédit de lord Wellington. M. Bellart, qui mit dans ce procès une chaleur ridicule, eut beau multiplier les mandats d'amener, on ne put rien savoir parce que nul ne se souciait qu'il y eût des révélations.

Quant à moi, je crus devoir témoigner que ma crédulité était volontaire. Et un jour que lord Wellington était aux Tuileries avec des personnes qui cherchaient à le tromper aussi, je lui expliquai toute l'affaire, de manière à le placer dans une situation embarrassante ; car il avait fini par ajouter foi à certains rapports et ne voulait pas se présenter en victime manquée de la haine des buonapartistes et des jacobins.

La scène fut plaisante : d'un côté, la stupéfaction du noble Anglais qui se lamentait de ne pas avoir été assassiné tout de bon ; de l'autre, la consternation des ayant-cause, pris pour ainsi dire en flagrant délit, étaient choses amusantes à voir.

On essaya de me donner le change ; on récrimina. Alors je tirai de dessous le tapis d'une table, un dossier de pièces qui ne laissaient aucun moyen de réplique ; il fallut abandonner la question, battre la campagne. Je terminai la question en disant :

— Au surplus, si au lieu de s'adresser à M. le duc de Wellington, on eût tenté contre moi cette mauvaise plaisanterie, on aurait obtenu la connaissance positive de l'amour que la véritable France porte à son roi.

Ceci fit encore jeter les hauts cris. Messieurs du parti royaliste ne se souciaient pas que je fusse aimé : chaque manifestation du sentiment populaire à mon égard leur a toujours été désagréable. Ils voudraient que je fusse forcé pour me soutenir de m'appuyer uniquement sur eux.

Quoi qu'il en soit, et par suite de la direction qu'on mit envers les auteurs réels de cette intrigue, l'opinion flotta incertaine relativement au coup de pistolet. On attendit le résultat du procès de Marinet, qui dura quinze ou seize mois, et pendant ce temps, d'autres événemens détournèrent l'attention. Celui de la fameuse note secrète fut sans doute le plus important. Il me fit une profonde blessure au cœur, surtout lorsque je le rapprochai d'un incident dont je n'ose en vérité me rendre compte trop clairement.

J'ai dit qu'on travaillait sous ma direction à déterminer les alliés à retirer la totalité des troupes militaires qui pesaient sur le sol français. J'attachais ma tranquillité à cette réussite, ne me regardant que comme un roi sans pouvoir, tant que ma couronne serait soutenu par de tels défenseurs.

J'ai dit aussi que, loin de penser comme moi sur cette question importante, le parti du pavillon Marsan croyait au contraire qu'une des nécessités de la restauration consistait à se renforcer de l'assistance étrangère. On reconnaissait avec quelle facilité Buonaparte avait chassé les Bourbons en 1815, et comme on se sentait incapable de maintenir la monarchie, on voulait nous faire garder par des Russes et des Allemands.

Il eût été plus sage de se convaincre que le dernier succès de Buonaparte provenait uniquement du trouble que des prétentions irréfléchies avaient fomenté dans l'intérieur du royaume. Si au contraire, on eût, à mon exemple, tout employé pour satisfaire les acquéreurs des biens nationaux et l'armée, l'usurpateur aurait rencontré une résistance invincible. Mais, loin de reconnaître cette vérité, nul ne voulait avouer sa faute ; elle appartenait à la nation ; et il fallait peser durement sur elle pour l'empêcher de se révolter.

Dans cet état de cause, lorsque, par voie d'insinuations adroites, on vit qu'on ne pouvait me détourner de suivre mon dessein, lorsqu'on eut compromis inutilement vis-à-vis de moi des personnes dont l'aveuglement me désespérait, on essaya de frapper un grand coup. Mon sang royal et français bouillonne encore dans mes veines, quand je me rappelle le choc terrible que me fit éprouver la révélation inattendue d'un acte que je qualifie sans hésiter de crime de lèse-majesté.

C'était le matin, à une heure où je ne recevais pas les ministres. Celui de la police arriva, et demanda à me parler. Je n'aime pas à ce qu'on me dérange de mes habitudes, dans les règles que j'ai prescrites relativement aux rapports des autres avec moi. C'est par une attention perpétuelle à la distribution de mon temps que je suis parvenu à ne rien laisser en arrière, et à mettre en pratique cette maxime qu'on a vantée beaucoup, et dont je suis fier d'être l'auteur : *L'exactitude est la politesse des rois.*

Or, comme M. Decazes, bien que sa présence

attendue me fût toujours agréable, venait dans un moment où je ne comptais pas le voir, il dut s'apercevoir que sa visite me causait de l'humeur. Cependant ce sentiment fit place à une vive curiosité lorsque j'eus remarqué l'altération de ses traits ; et avant qu'il m'en fît la demande, j'avais d'un geste éloigné tous les assistans.

— Quelle mauvaise nouvelle avez-vous à m'apprendre, mon enfant ? lui dis-je dès que nous fûmes seuls.

— Une très-mauvaise, en effet, sire, me répondit M. Decazes d'un ton pénétré.

— Et à quoi a-t-elle rapport ?

— A la majesté de la couronne, à la liberté de la France,

— Expliquez-vous, de grâce !

— Une grande faute a été commise. Des hommes élevés en dignité, investis de la confiance de Votre Majesté et de celle de Monsieur......

— Ils ont conspiré contre moi, cela ne me surprend pas ; mais je leur pardonne.

— Sire, c'est contre la France.

— Dans ce cas, il faut que la justice ait son cours.

M. Decazes m'apprit alors que, par un oubli de tout sentiment national, MM. de V....., de B....., de P...., de C...., de M...., de J.... et de F...., avaient osé adresser aux puissances continentales un mémoire appuyé sur des faits, sur des preuves prétendues, lequel avait pour but de demander la prolongation de l'occupation militaire étrangère.

À mesure que le ministre de la police développait ses renseignemens dont je ne pouvais récuser l'exactitude, la colère et la consternation luttaient en moi. J'avoue que malgré ma profonde connaissance de la stupidité politique de messieurs de la cabale royaliste, jamais, non, jamais je ne les aurais crus capables de ce régicide moral : c'est le mot.

J'écoutais, la tête baissée, le front couvert d'une rougeur qui n'était pas mienne, m'interrogeant avec douleur, me répondant avec une sévérité terrible. Oh! oui, dans ce moment j'eus à faire un puissant effort pour ne pas frapper les coupables de tout le poids de ma justice et de mon indignation... M. Decazes, devinant ma pensée, me conjura de ne point prendre de détermination précipitée.

— Voilà donc ma situation! m'écriai-je. On me place de manière à ne pouvoir ni avancer ni reculer... mais au nom de qui parlent les traîtres? Les chambres, la magistrature, l'administration, le peuple, l'armée, ma famille enfin leur ont-ils donné mission de les représenter?

— Ils parlent en leur propre nom, sire. C'est le baron de V..... qui a rédigé cette pièce.

— Qu'on le raie de la liste des ministres d'état.

M. Decazes me fit ensuite observer que ce qu'il venait de m'apprendre était encore un mystère

21.

pour le reste du conseil, et que par conséquent il importait que je gardasse le silence encore quelque temps, afin de ne pas le brouiller avec ses collègues. On commençait à lui en vouloir dans le cabinet, et MM. de Richelieu et Lainé se rapprochaient à leur insu des ultra. Je sentis qu'en effet, je devais renfermer *inpetto* la douleur et la colère qui me dévoraient.

Peu de jours après, les ministres d'Autriche, d'Angleterre et de Prusse donnèrent officiellement communication de la note secrète au duc de Richelieu, qui en éprouva un chagrin inexprimable. Je pus à mon tour me faire entendre et exhaler au moins dans mes discours toute mon indignation. Ce fut alors que je dis à madame de..., pour qu'elle le répétât à qui voudrait l'entendre, ce propos que dans le château *on trouva si dur* :

— Si les formes de l'ancienne monarchie s'étaient conservées, je punirais ces gentilshommes de leur félonie, en faisant briser leur écusson au pied d'une potence. Voilà, ajoutai-je, où aboutissent les menées de ces intrigans subalternes, qui veulent à toute force se placer en première ligne. Ils ont tant communiqué avec l'étranger du temps de Buonaparte, qu'ils ne peuvent plus se défaire de cette habitude de rébellion.

Je fis venir ensuite Mathieu de Montmorenci, honnête homme, sans doute, mais qui n'a jamais agi qu'en dehors du bon sens ; jacobin en 1790, ultra en 1814, et tour à tour philosophe et béat.

— Sire, vous l'avez pourtant employé! — Eh! oui, bon Dieu! ainsi que nombre d'autres. Est-ce qu'un roi est libre dans ses affections et même dans ses opinions? Non, sans doute, c'est à qui lui fera violence, avec seulement plus ou moins de respect.

Je fis donc venir Mathieu de Montmorenci, et le réprimandai sévèrement. Le saint homme ne me comprit pas. Il s'attendait à des remerciemens. Jules Polignac en aurait fait autant, aussi je me dispensai de lui rien dire.

Mais tout n'était pas fini avec la note secrète; une autre intrigue s'ourdissait. Des révélations parties de divers points annoncèrent l'existence d'un complot tendant cette fois à changer, par force, l'ordre de la succession du trône, dont les conjurés voulaient me faire descendre. C'est cette affaire si connue sous le nom de *conspiration du bord de l'eau*, parce que ceux qu'on en accusa s'assemblaient, disait-on, sur la terrasse des Tuileries, du côté de la Seine.

M. Bellart en fut instruit le premier. Il se hâta d'en donner connaissance aux ministres de la police, de l'intérieur et au garde-des-sceaux. Presque en même temps un émigré qui avait servi dans la Vendée, parvint près du duc de Richelieu, et lui raconta l'affaire de point en point. M. Decazes m'avoua alors qu'il avait pareillement reçu à ce sujet des renseignemens très étendus, et qu'en prenant aussitôt des mesures de sûreté, il avait cru que cela suffisait, ne voulant pas d'ailleurs être accusé, en me parlant, d'être *l'ennemi de ces messieurs*. Je le blâmai beaucoup de sa déférence à leur égard.

J'étais alors à Saint-Cloud; on tint un conseil pour discuter ce qu'il fallait faire. Mon avis était de donner à cette attaque directe un tel éclat qu'il retomberait sur les vrais auteurs. Nul des conseillers de la couronne ne voulut me suivre sur ce terrain: je ne pus m'empêcher de dire:

—Messieurs, si ceux qui aspirent à me détrôner avaient une juste idée de la mollesse qu'on met à les repousser, ils m'attaqueraient avec bien plus d'audace.

Mes ministres, atterrés de ce propos, se défendirent en des termes qu'il ne m'est pas permis de rapporter. Ils n'avaient pas tort dans le fond: mais j'aurais voulu qu'ils songeassent moins à ce qu'ils avaient à perdre pour s'occuper davantage de ce que je prétendais conserver. Cependant des arrestations furent décidées; on mit d'abord la main sur les sieurs de Joannis, vicomte de Chapedlaine, comte de Rieux-Songy, de Romilly et le général Canuel, contre lequel un mandat fut pareillement lancé, et qui s'y déroba d'abord par la fuite.

« Le bruit court, dit le *Morning-Chronicle*, journal anglais, à qui la police française adressait, prétend-on, les nouvelles qu'elle ne voulait pas d'abord publier dans le royaume, qu'il a été découvert une conspiration à Saint-Cloud, résidence actuelle de la cour. Les ultrà seraient les auteurs de ce complot, et son objet eût été de faire descendre le roi du trône, et d'y placer Monsieur. Le résultat qu'on en attendait aurait été conséquemment une révolution semblable à celle d'Aranjuez, par laquelle Charles IV fut déposé, et Godoi mis à l'écart. Il y a plusieurs personnes d'arrêtées à la suite de cette découverte. On dit que parmi les conjurés étaient les auteurs du dernier mémoire aux alliés(*la note secrète*), sur l'évacuation projetée de la France. »

Le *Times*, autre journal anglais, ajouta:

« Le mercredi 24 juin, au lever du conseil du roi à Saint-Cloud, les ministres devaient être arrêtés par un détachement de la garde royale des grenadiers de la Rochejacquelein, et conduits au château de Vincennes. Une partie du troisième régiment des gardes, commandé par Berthier de Sauvigny, et une partie du deuxième régiment suisse devaient être placés en échelon sur la route de Vincennes, à Saint-Cloud. Environ trois mille hommes, composés des gardes du corps, vendéens et royaux volontaires, devaient s'assembler à la même heure sur la place du Carrousel, d'où au premier ordre ils se seraient rendus chez les fonctionnaires publics désignés d'avance, et les eussent arrêtés. Les troupes de cette insurrection devaient être commandées par des généraux, ayant sous leurs ordres plusieurs officiers de la garde dont les noms circulent dans le public. Parmi les principaux chefs non militaires, on désigne MM. de B.... frères, de V...., de C...., de P....., de F.... et plusieurs autres qui occupent les première places de l'état.

« La première partie du plan une fois exécutée, on dit que si le roi (dont le courage et la fermeté sont connus) eût refusé de signer son abdication, les conspirateurs avaient l'intention d'agir envers lui à la Paul 1er. Le général Canuel devait être ministre de la guerre, le général Donadieu, commandant de la division de Paris, M. de Châteaubriand, ministre des affaires étrangères, M. de Villèle, ministre de l'intérieur, M. de Bruges, ministre de la marine, M. de Fitzjames, ministre de la maison du roi, M. de La Bourdonnaye, ministre de la police, et M. de Grosbois, garde-des-sceaux, ministre de la justice, etc., etc. »

C'est ainsi que les feuilles étrangères développèrent ce complot. Les notes qu'on leur transmit furent rédigées sur les renseignemens parvenus auparavant à ma connaissance : alors ils étaient vrais..... ils devaient être vrais..... C'est aujourd'hui ce que je puis dire. Ma situation est telle que moi, roi de France, je ne veux, et peut-être je ne dois rien ajouter à ces révélations.

Les récriminations, ai-je dit aussi, ne manquaient pas, et ici, comme dans l'attaque, il y avait un fond de vérité parmi beaucoup d'exagérations. On affirmait que si, contre toute apparence, certains individus avaient cru devoir se rassembler entre eux pour se préparer à tout événement, ce n'était point parce qu'on en voulait à ma fortune ou à mon trône, mais bien parce qu'on savait qu'une proposition avait été agitée dans le conseil, celle de *contraindre Monsieur* à abdiquer dès aujourd'hui un droit de succession en faveur de M. le duc d'Angoulême. On prétendait que cette mesure serait exécutée aussitôt que les alliés auraient complété l'évacuation du territoire.

Jamais le conseil n'avait eu une question pareille à résoudre : je ne l'aurais pas souffert. *Cependant, la chose avait été jetée en avant.* Il m'était parvenu à ce sujet deux notes très-détaillées par une voie mystérieuse. On y alléguait des argumens qui, bien que spécieux, ne m'en semblaient pas moins coupables. On s'adressait à mon amour pour la France, à mon attachement à la charte. On devait me rendre responsable, dans l'intérêt de ma famille et de la nation, des obstacles que je mettrais à l'exécution de cette mesure.

Je ne crus pas devoir communiquer ces mémoires audacieux au conseil, ni même en secret au ministre de la police. Néanmoins, malgré ce parfait silence sur ce fait, on en parla autour de moi. La cour s'en indigna, les écrivains s'en emparèrent ; la faute en fut aux auteurs des notes, qui ne surent pas se taire sur leur œuvre. On ne saisit que le fond, et, selon l'usage, on dénatura la forme ; et de ce quelqu'un avait dit : J'ai donné, ou je donnerai au roi le conseil d'écarter Monsieur de la couronne, on se hâta d'affirmer que l'on avait décrété et résolu, au conseil des ministres, d'appeler le duc d'Angoulême à régner après moi au détriment de son père.

CHAPITRE XVI.

Juste mécontentement de Monsieur.—Il fait une scène au ministère. — Le roi traite moins sévèrement ses amis. — Monsieur vient au conseil.— Il s'y plaint sans ménagemens. — Le roi lui répond avec tendresse.— La conspiration du *bord de l'eau* s'en va en fumée. — Inauguration sur le Pont-Neuf de la statue de Henri IV.—Réponse du roi à un discours de M. Barbé-Marbois. — Les feuilles de la Sibylle. — Fausse couche de la duchesse de Berri. — Le roi marie le comte Decazes. — Le comte Loùis de Sainte-Aulaire. — Congrès d'Aix-la-Chapelle. — Dispositions des puissances envers la France. — Le roi envoie le duc de Richelieu au congrès. — Ouverture de celui-ci. — On y décide l'évacuation de la France.—Le roi en reçoit la nouvelle. —Beau mouvement du roi. — Alliance secrète des puissances contre la France. — Chagrin que certains en éprouvent.

Monsieur, auquel on alla raconter cette particularité, en la lui donnant comme positive, Monsieur, qui cette fois se sentait soutenu par son droit, au lieu de venir s'en expliquer franchement avec moi entra dans une sainte fureur que ses alentours s'empressèrent d'exciter. Ce prince, qui ne se contente jamais d'un confident de ses mauvaises humeurs, en prit un si bon nombre dans cette occasion, qu'il y eut à la cour un scandale étrange, dont la scène suivante fut le complément.

Je ne tardai pas à m'apercevoir que Monsieur boudait sérieusement. Il ne parlait plus aux heures des repas ou ne répondait que par monosyllabes, et avec une physionomie telle que j'étais embarrassé. Je ne savais comment amener une explication, peu nécessaire d'ailleurs, puisque le motif du mécontentement de mon frère m'était connu, et que je convenais avec moi-même qu'il avait bien quelque droit d'être fâché, quoiqu'il n'eût aucun reproche à me faire.

Je crus devoir, dans l'intérêt de la paix, engager les ministres à une démarche conciliante envers Monsieur. En conséquence, je leur ordonnai d'aller le dimanche suivant tous ensemble à son lever. Ce fut une idée malheureuse. Monsieur, loin de les accueillir avec cette politesse banale que les princes doivent au premier venu, se hâta de leur porter des plaintes sur leur manière d'administrer.

— En vérité, dit-il, on prend à tache d'exclure des fonctions quiconque aime la famille royale ; on repousse ses amis, et les places appartiennent de droit aux ennemis de ma maison.

Le duc de Richelieu, plus en faveur que les autres, osa représenter au prince qu'il était dans l'erreur, qu'on lui avait fait de faux rapports.

— Non, non, répondit Monsieur, personne ne me trompe. Je sais que toutes les places sont aux jacobins, aux buonapartistes ; et à la manière dont on nous conduit, nous assisterons bientôt à la destruction complète de la monarchie.

— Mais, monseigneur, on suit les volontés du roi.

— On égare le roi, monsieur, on l'anime contre ses plus fidèles serviteurs ; on veut l'effrayer par des conspirations mensongères, tandis qu'on détourne les yeux des complots réels dirigés contre lui.

Le comte Decazes, que ces mots attaquaient directement, ne put s'empêcher de répliquer que tous les inculpés n'étaient pas aussi innocens qu'on le prétendait, et que la fuite du général Canuel prouvait assez qu'il se croyait coupable.

— Canuel, reprit Monsieur, a bien fait de se soustraire à une mesure unique. Au demeurant, il n'est pas loin d'ici, et quand il faudra se présenter pour faire tomber d'odieuses calomnies, il n'y manquera pas. Je serais bien à plaindre si, dans ma disgrâce, il ne me restait pas d'amis.

— Votre disgrâce ? monseigneur, demanda le duc de Richelieu, que la tournure de cette conversation inquiétait.

— Oui, monsieur, ma disgrâce ; elle est patente ; tout le monde s'en aperçoit : on me flétrit par d'indignes soupçons ; on m'outrage par les mesures prises envers la garde nationale ; on va même jusqu'à attaquer mes droits légitimes : mais de tels complots ne réussiront pas ; j'en préviens ceux qui les soutiennent.

Les ministres comprirent où tendait l'allusion du prince ; mais la question leur parut trop délicate à traiter au milieu de tant de monde. Ils crurent devoir se retirer, ce qu'ils firent, sans que Monsieur, ordinairement si gracieux, même envers ceux qu'il n'aime pas, eût l'air de s'apercevoir de leur départ.

Le comte Decazes vint à la hâte me raconter ce qui s'était passé. Le cher ami en était pâle d'émotion et de peur ; car, à la dureté de la réception de mon frère, à la mine de ceux qui l'entouraient et à des signes extérieurs de précautions inusitées, les ministres avaient craint qu'on ne les arrêtât à la suite de cette conversation comme la chose avait été convenue entre les conspirateurs.

J'appris avec un vif chagrin cette scène publique. Je voyais que ceux qui voulaient désunir les membres de la famille royale arrivaient insensiblement à leur but. J'aurais dû user de représailles envers les amis de Monsieur, qui vinrent aussi en grand ombre à mon lever ce même jour. Leur vue me déplut, surtout celle du baron de Vitrolles, dont l'audace me parut insolente. Le duc de Fitzjames, le vicomte de Bruges et Jules de Polignac, étaient là aussi. Je me contentai de ne pas leur parler ; mais en revanche, j'attaquai de beaux discours le duc de Wellington qui était venu en même temps que ces messieurs. Celui-ci est ultrà, il s'en fait gloire, il en a du moins tiré grand profit. Je le plaisantai sur ses préférences, sur ses terreurs, et chaque mot portait d'à-plomb sur certains de ceux qui l'entouraient.

Cela ne me suffisait pas, cependant, et comme je voulais en finir, je pris à part le duc de Richelieu, le garde-des-sceaux et M. Laîné, qui se trouvèrent par hasard plus près de moi que les autres. Je les prévins que j'avais l'intention d'appeler le même jour Monsieur au conseil, afin d'entendre ce qu'il avait à dire, et de lui répondre de manière à calmer son irritation et le convaincre que je connaissais toutes les intrigues de ses amis. Ces messieurs approuvèrent mon dessein, allèrent en faire part à leurs collègues, et, la chose convenue, je fis prévenir Monsieur.

Il arriva prêt à rompre des lances envers et contre tous ; car on lui avait conseillé de se prévaloir de la circonstance pour se déclarer agresseur, si par cas on prétendait l'attaquer. Il n'y manqua pas, et dès que les matières mises à l'ordre du jour eurent été épuisées, il me demanda la parole, et l'ayant obtenue :

—Sire, dit il, je ne puis supporter plus longtemps ma position équivoque, soit vis-à-vis du roi, soit à l'égard de la France. N'est-il pas cruel pour moi qu'on s'attache à mêler mon nom à des intrigues, que mes serviteurs les plus dévoués soient également en butte aux calomnies, aux allégations, aux infamies d'un ramas de misérables qu'on n'ose nommer publiquement, et que néanmoins on soutent en particulier. Ne sait-on pas qu'en me décriant, qu'en présentant sous un faux jour mes paroles et mes actes, on frappe la monarchie légitime dans son essence, que, par suite, chaque coup retombe sur le roi, qui le premier, souffre de ces manœuvres perfides? Quant aux individus arrêtés pour fait de conspiration royaliste, s'ils sont criminels, qu'on les punisse; je ne les soutiendrai pas. Mais a-t-on des preuves irrécusables de leur culpabilité? Je crois, moi, à leur innocence. Si elle est reconnue, vous leur devez, messieurs (et ici le prince se tourna vers les ministres), une réparation aussi solennelle que l'injure envers eux aura été grave. Dans un gouvernement représentatif, les actes seuls doivent être punis; les opinions sont libres, et l'autorité n'a pas le droit de les atteindre. La mienne, certes, ne marche pas de concert avec votre système de gouvernement; je ne la cache pas au roi, témoin le mémoire que je lui ai remis depuis le commencement de tout ceci. Mes idées n'ont assurément pas changé en voyant qu'on agit si directement contre les intérêts de la monarchie légitime. Mais, pour revenir aux personnes arrêtées, je le répète, si elles sont coupables, punissez-les. Je ne puis cependant m'empêcher de gémir en trouvant parmi les accusés des hommes qui depuis trente ans n'ont cessé un seul instant de combattre pour la cause royale, des hommes couverts de nobles cicatrices acquises sur le champ d'honneur. Si après une vie sans reproche ils ont été conduits à l'oubli de leurs devoirs, une telle erreur doit être attribuée aux conséquences inévitables de votre système pernicieux. Vous êtes donc seuls responsables. »

J'ai tenu à rapporter dans toute son étendue cette allocution de Monsieur (pièce authentique pour le public, puisqu'elle a été publiée en partie), afin de prouver que dans la discussion je ne gênais pas les opinions. Les ministres, forts de ma présence, relevèrent respectueusement les assertions émises par S. A. R., qui poussée à bout, leur reprocha d'avoir délibéré sur le fait de son abdication en faveur de M. le duc d'Angoulême, aussitôt après la pleine évacuation étrangère. Ici je pris à mon tour la parole, et déclarai à Monsieur que ce qu'on lui avait rapporté à ce sujet était complètement faux, que jamais matière semblable n'avait été mise à l'ordre du jour dans le conseil. J'ajoutai que le croire possible, c'était m'attaquer directement, et qu'une disgrâce terrible aurait frappé quiconque eût osé se permettre la moindre tentative à cet égard. Alors, pour expliquer la cause de pareils bruits, je racontai comment deux notes successives m'étaient parvenues à ce sujet ; qu'après les avoir lues je les avais détruites, sans les communiquer à qui que ce fût, les regardant comme un outrage à ma tendresse fraternelle et à mes devoirs de roi.

Je parlais avec une certaine éloquence, parce qu'elle partait du cœur ; mes yeux se mouillèrent de larmes. Les ministres ne purent cacher leur émotion. Monsieur manifesta la sienne en pleurant aussi, et il me demanda pardon de sa vivacité.

— Dites de votre faiblesse, répondis-je, de votre faiblesse à croire ceux qui me représentent comme votre ennemi. Je suis au contraire le seul appui véritable que vous ayez en France. Je travaille plus pour vous que pour moi, mon but est d'établir solidement la couronne sur votre tête ; car enfin, à part vous et les vôtres, où sont mes héritiers ? Mon frère, un jour viendra où je vous manquerai ; craignez qu'alors ces soutiens prétendus ne vous manquent aussi.

La conversation continua quelque temps sur le même ton ; puis Monsieur m'embrassa, en me conjurant de mettre fin à la *persécution* que tant de braves gens éprouvaient injustement pour ce qu'on appelait sa cause. Je répliquai qu'il ne fallait pas entraver le cours de la justice, mais que, ma clémence étant inépuisable, il pourrait toujours y recourir en faveur de ceux auxquels il s'intéressait. Cela dit, je levai le conseil.

L'information continua. Les lumières, les preuves devinrent si nombreuses, elles compromettaient tant de personnes de la cour, de la société intime des princes, qu'avant d'aller plus loin on vint me demander mes ordres. Fort embarrassé, je répondis :

— Eh bien ! vu le nombre des coupables, je suis d'avis qu'on ne voie que des innocens dans cette affaire. Il faut les mettre tous à la porte et veiller sur eux désormais.

Ainsi s'en allèrent en fumée ces deux affaires : celle de la note secrète et celle de la conspiration du bord de l'eau, toutes les deux positives, car certes nul ne niera l'existence de la *note secrète*.

Pour me dédommager de tous ces tracas, mes ministres me ménagèrent une cérémonie qui me fut agréable, en ce qu'elle me fournit une nouvelle preuve de l'amour que le peuple portait aux Bourbons. Une souscription véritablement nationale avait fait fondre une statue équestre de Henri IV, pour la replacer sur le Pont-Neuf d'où la révolution l'avait renversée. Déjà les Parisiens, dans un mouvement d'enthousiasme royaliste, avaient traîné cette masse énorme des ateliers de fonderie situés aux Champs-Élysées, jusqu'au lieu où elle devait être réédifiée.

On décida que je la découvrirais moi-même le jour de la Saint-Louis. Mon infirmité ne s'y opposa pas, et à midi je montai en calèche, ayant avec moi LL. AA. RR. mesdames les duchesses d'Angoulême et de Berri. Les princes nous escortaient à cheval, avec les maréchaux et un nombreux état-major. J'allai d'abord passer en revue la garde nationale sur les boulevarts, et à deux heures j'arrivai au lieu désigné. Je m'assis sur un trône élevé à l'entrée de la place Dauphine, en face la statue posée sur son piédestal, et enveloppée d'une tenture de soie bleue, semée de fleurs de lis d'or.

Les gradins les plus voisins du trône étaient occupés par les membres du corps diplomatique et les personnes invitées de ma part à la fête. Sur les autres gradins figuraient les souscripteurs avec leur famille. Le comité, ayant en tête M. de Barbé-Marbois, avait une place distinguée. Les cérémonies d'usage furent scrupuleusement observées. En réponse au discours que m'adressa M. Marbois, je dis :

« Je suis sensible aux sentimens que vous m'exprimez ; j'accepte avec une bien vive reconnaissance le présent du peuple français ; ce monument élevé par l'offrande du riche et les deniers de la veuve. En contemplant cette image, les Français diront : Il nous aimait et ses enfans nous aiment aussi; les descendans du bon roi diront à leur tour : Méritons d'être aimés comme lui ! On y verra le gage de la réunion de tous les partis, de l'oubli de toutes les erreurs ; on y verra le présage du bonheur de la France. Puisse le ciel exaucer ces vœux, qui sont les plus chers à mon cœur ! »

Un moment après, lord Wellington me complimenta sur les paroles que je venais de prononcer, et il me demanda si j'en conservais le texte.

— Je ne me rappelle jamais mes discours, répondis-je; je suis comme la Sibylle, j'écris sur des feuilles volantes, et le vent les emporte.

Cette belle statue est de l'habile sculpteur Lemot. C'est un ouvrage qui lui fera beaucoup d'honneur dans la postérité.

Au reste, si la nation élevait ce monument au meilleur et au plus grand de ses rois, je n'oubliai de mon côté aucune des illustrations contemporaines. Au moment où ceci se passait à Paris, je faisais transporter du château d'If, dans la rade de Marseille, les restes du fameux Kléber, à Strasbourg, sa patrie. On rendit des honneurs extraordinaires au cercueil de ce grand capitaine, à qui un tombeau sera élevé dans sa ville natale, en face de celui du maréchal de Saxe.

Le mois de septembre me fut moins fovorable. Madame la duchesse de Berri, dont la grossesse avait été annoncée, ne quittait plus ses appartemens depuis huit jours. Le 13, elle ressentit inopinément de violentes douleurs qui manifestaient une délivrance anticipée. La nouvelle en fut portée au château avant trois heures du matin; Monsieur, Madame et M. le duc d'Angoulême se rendirent aussitôt au palais de l'Élysée. Madame la duchesse de Berri accoucha, à six heures du matin, d'un enfant mâle, qui n'étant pas venu à terme (il n'avait que cinq mois), mourut quelques instans après. Ce fut pour toute la famille royale un événement bien douloureux. Monsieur et le duc de Berri étaient inconsolables.

C'était le second chagrin de ce genre que nous causait l'hymen du duc de Berri, sur lequel j'avais fondé tant d'espérances de bonheur. Je m'occupais aussi en ce moment d'un autre mariage, celui du comte Decazes; je voulais récompenser ses services, et lui donner une marque particulière de mon affection. Je crus y réussir en obtenant pour lui la main de mademoiselle de Sainte-Aulaire. Cette jeune personne, issue par son père d'une des premilles du Perigord appartenait par sa mère à une maison bien plus illustre. Elle était petite-nièce et petite-fille de la duchesse de Nassau et de madame de Soyecourt, héritière du prince de Nassau-Sarrebruck, mort en 1795. Elle possédait le duché de Gluisckbourg, dont le roi de Danemarck, son parent, autorisa la transmission à M. Decazes.

C'était sans doute une superbe alliance à laquelle le ministre de ma police générale ne pouvait avoir aucune prétention ; peut-être même était-elle au-dessus des services qu'il m'avait rendus. Mais enfin je la souhaitai, et elle eut lieu. Je chargeai de faire à M. de Sainte-Aulaire la demande de sa fille, les ducs de Grammont et de Reggio. Les témoins du mariage furent les ducs de Richelieu et le comte d'Ambrugeac.

Cette union fit un grand éclat. Le parti cria à la tyrannie, au despotisme; tandis que, par le fait M. de Sainte-Aulaire était enchanté de son gendre. C'est un libéral, mais un de ceux qui, tout en affectant des principes républicains, ne veulent rien perdre de leur noblesse et des faveurs du trône. Croyant que M. Decazes était mon favori, il donna sa fille avec empressement. Au reste, le comte de Sainte-Aulaire ne manque ni d'esprit, ni de talens administratifs: il est doux, obligeant et poli. Je l'aurais employé convenablement si la chose eût été possible, mais on marchait avec rapidité vers un dénouement inattendu.

C'était l'époque où s'ouvrait le congrès d'Aix-la-Chapelle. Dans les questions qu'il aurait à resoudre je plaçais en première ligne celle de la délivrance du royaume. Je savais qu'elle éprouverait de grandes difficultés. Déjà dans le parlement d'Angleterre lord Stanhope avait pris l'initiative, et déclaré que ce serait folie d'abandonner la France à sa bonne foi. La réponse de lord Castlereagh ne m'avait pas satisfait entièrement ; je savais que l'Autriche ainsi que la Russie conservaient des craintes sur la forme de mon administration et sur la direction qui lui était imprimée. Je savais, enfin, que ces puissances redoutaient les menées des régicides exilés en Belgique. Elles avaient donné plus d'attention à la note secrète que je ne l'aurais désiré.

Il fallait donc, pour combattre, avec espoir de réussite, les mauvaises dispositions de presque toute l'Europe, profiter de l'amitié que l'empereur Alexandre portait au duc de Richelieu, vu d'ailleurs avec assez de bienveillance par les autres cabinets. En conséquence, ce fut lui que je chargeai de ce soin important. Avant son départ je lui adressai, en présence de tout le conseil, les paroles suivantes :

« Monsieur le duc, je vous recommande, je vous l'ordonne même, en cas de besoin, faites toute espèce de sacrifices pour obtenir l'évacuation du territoire. C'est la première condition de notre indépendance. Il ne doit y avoir en France que des drapeaux français. Exprimez à mes alliés combien mon gouvernement aura d'obstacles à vaincre, tant qu'on pourra lui reprocher les calamités de la patrie et l'occupation du territoire. Pourtant, vous savez

Monsieur, que ce n'est pas moi, mais bien Buonaparte, qui a appelé les puissances contre nous. Voilà toutes mes instructions ; répétez à l'empereur Alexandre qu'il ne peut rendre à ma maison un dernier et plus important service que celui qu'il lui a rendu en 1814 et 1815. Après avoir restauré la légitimité, il lui reste la gloire de restaurer notre indépendance nationale; obtenez les meilleures conditions possibles : mais à tout prix, point d'étranger ! »

Le 29 septembre, le congrès s'ouvrit ostensiblement, quoique déjà il eût arrêté en secret la plupart des mesures soumises à sa délibération. Le duc de Richelieu, assisté de MM. Monnier et de Reyneval, émit la demande solennelle de l'évacuation du territoire. On y fit droit à la troisième séance, le 2 octobre. Le 9, une convention fut conclue entre les ministres plénipotentaires des cours de Russie, d'Autriche, d'Angleterre, de Prusse et de France. Elle portait :

— « Les troupes composant l'armée d'occupation, seront retirées du territoire français le 30 novembre prochain. — Tous les comptes entre la France et les puissances alliées ayant été réglés et arrêtés, la somme à payer par la France, suivant les stipulations du traité du 20 novembre 1815, est définitivement fixée à deux cent soixante-cinq millions. — Sur cette somme, celle de cent millions, valeur effective, sera acquittée en inscriptions de rentes sur le grand livre de la dette publique de France, portant jouissance du 22 septembre 1818. Lesdites inscriptions seront reçues au cours du 5 octobre 1818. — Les cent soixante-cinq millions restant, seront acquittés par neuvième, de mois en mois, à partir du 5 janvier prochain, au moyen de traites sur des maisons de commerce à ce désignées, etc. »

Voilà l'essentiel ; j'omets les incidens, les détails financiers, et tout le reste. Je reçus avec une joie indicible la nouvelle de ce grand événement. Enfin je me crus roi de France, et je m'écriai dans mon allégresse :

— Que Dieu soit loué ! maintenant je puis mourir tranquille ; le royaume est délivré du poids qui pesait si cruellement sur mon cœur.

Puis, m'adressant à ceux que j'avais fait entrer pour qu'ils prissent part à mon bonheur ;

Messieurs, leur dis-je, je ne veux être gardé désormais que par mes seuls soldats ; encore quelques années, et je vous promets que nous serons parfaitement tranquilles.

C'était ma pensée : le temps, les intrigues, les infirmités qui me frappèrent en ont décidé autrement. Je savais que tout en concédant à la libération de mon royaume, que tout en m'appelant à faire partie de la sainte alliance, dans laquelle j'entrais dès ce moment par un acte officiel, les quatre puissances venaient de s'unir plus intimement entre elles par un traité secret, dirigé non contre la France en révolution, mais contre la

France développée dans sa force et dans sa grandeur à venir.

Ce pacte mystérieux nous fut révélé par voie indirecte. Il excita moins mes craintes que mon orgueil. J'y reconnus la haute opinion que les étrangers avaient de ma belle patrie, puisqu'ils commençaient à la redouter dès l'instant qu'ils la rendaient libre.

D'une autre part, j'eus le regret de voir que cet événement qui causait ma joie, glaçait les cœurs autour de moi. Il est vrai que mon mécontentement et l'allégresse publique ne pouvaient être partagés par les auteurs de la note secrète. Les hommes ont rarement assez de vertu pour s'élever au dessus de leurs passions.

CHAPITRE XVII.

L'empereur de Russie et le roi de Prusse viennent voir Louis XVIII.— Détails à ce sujet.— Conversation intime avec S.M. le czar.— Préparatifs de l'ouverture des chambres. — Ils sont entravés par les nouvelles idées du duc de Richelieu.—Réticence du roi.—Quelques députés.—M. Girod de l'Ain. — M. de Kératry.— M. Rodet.—M. Guilhem.— M. Manuel.—Comte de Bondy.— Général Grenier.— Marquis de Grammont. — M. Martin de Grai.— Baron Benjamin Constant.—Marquis Lafayette.— Menées du duc de Richelieu contre la loi des élections.—M. Roy est nommé ministre des finances sur la démission du comte Corvetto.— Séance d'ouverture de la session de 1818.— Discours du trône.— Discussion au ministère.— M. Ravez.— Conseil du cabinet.— Monsieur vient proposer au roi un ministère.— Le roi prophétise.

L'empereur de Russie et le roi de Prusse mirent une grâce extrême dans leur conduite à mon égard en cette circonstance. Ils me firent prévenir qu'ils ne tarderaient pas à venir me visiter, avant de retourner dans leurs états. En conséquence, j'envoyai sur-le-champ, à la frontière, au devant de LL. MM., les lieutenans-généraux, pairs de France, marquis d'Autichamp et Dessoles.

Le 28 octobre, le roi de Prusse et le prince royal, accompagnés du prince régnant de Mecklembourg, descendirent à Paris à l'hôtel de Villeroy. Le czar de toutes les Russies arriva le même jour à deux heures, et fut loger à l'hotel de son ambassadeur, rue de Provence, maison Thélusson; le grand-duc Constantin suivait son auguste frère.

M. le duc d'Angoulême, M. le duc de Berri et LL. AA. SS. les ducs d'Orléans et de Bourbon allèrent successivement chez les deux souverains les féliciter sur leur bienvenue, et leur témoigner le regret que ma goutte ne me permît pas de les surprendre au débotté; l'un et l'autre entrèrent aux Tuileries à cinq heures. Le duc de Duras, premier gentilhomme de mon service, me les ayant annoncés, je m'empressai d'aller au devant d'eux. Nous nous embrassâmes affectueusement; je les conduisis ensuite dans mon cabinet où nous passâmes ensemble un quart d'heure; puis vinrent le prince royal de Prusse, le grand-duc Constantin et le duc de Mecklembourg.

Le dîner fut servi dans la salle de Diane, où je tiens toujours mon grand couvert; je m'assis ayant à ma droite l'empereur Alexandre et à ma gauche le roi de Prusse; Madame était à côté de l'empereur Alexandre, madame la duchesse de Berri auprès de S. M. Fréderic-Guillaume; les autres convives, prince royal, le grand-duc le prince de Mecklembourg, Monsieur, comte d'Artois, M. le duc d'Angoulême et M. le duc de Berri.

J'étais en bel uniforme de ma garde, décoré des grands cordons de Saint-André de Russie et de l'ordre de Prusse. Les souverains, par réciprocité, por-

23.

taient le cordon du Saint-Esprit. Le repas fut gai, il était accompagné de bonne musique. Nous passâmes ensuite dans ma chambre, et le czar me prenant la main m'emmena *par force*, dit-il, dans mon cabinet, où nous demeurâmes tête-à-tête pendant une heure; ce fut une causerie bien intime: j'eus la satisfaction d'entendre l'empereur me féliciter sur la marche de mon gouvernement; il ajouta :

— Je connais les obstacles qu'on lui suscite ; tous ne viennent pas des ennemis de la couronne, et ce qui se passe ici me rappelle souvent la fable de l'Ours et de l'Amateur des jardins, de votre sublime Lafontaine. Quant à la note secrète, je vous exprimerais mal l'indignation qu'elle m'a causée. Si on eût osé dans mon empire commettre un tel crime, les coupables auraient été punis de mort. Dieu veuille que votre clémence ne soit pas funeste à la France.

L'empereur m'apprit en outre que des intrigues ultérieures avaient été ourdies autour de lui pour que l'occupation fût prolongée jusqu'en 1820. Il me conseilla de surveiller aussi les trames libérales, et acheva par ces paroles:

— Quant au duc d'Orléans, j'aime à croire, qu'il ignore tout ce qu'on fait en son nom; mais il ne faut pas moins avoir l'œil sur ses amis.

L'empereur me dit encore d'empêcher les attaques de la presse.

— Les souverains de l'Europe, poursuivit-il,

craignent moins des armées de deux cent mille hommes que cinq ou six gazetiers qui, chaque matin, soufflent le feu de la discorde et de l'insurrection aux quatre coins du monde civilisé. On serait capable de recommencer les hostilités contre la France pour le seul motif d'imposer silence à certains écrivains perturbateurs.

Le czar ne voulut pas séjourner à Paris: il en partit immédiatement après avoir quitté les Tuileries, et alla coucher à Senlis. Le roi de Prusse resta quelques jours encore.

Les souverains éloignés, je me préparai au travail des chambres; je les voyais venir cette fois avec joie, puisque je pouvais me féliciter avec elles de l'affranchissement définitif du territoire. Je comptais sur leur concours pour achever les améliorations nécessaires au complément du bonheur public. Je ne m'attendais pas que, au sein même du ministère, s'éleverait un orage qui le renverserait pour le reconstituer sur de nouveaux fondemens.

La séance d'ouverture devait avoir lieu le 30 novembre; cinq jours me semblaient suffisans pour que le duc de Richelieu, qui arrivait le 25, pût s'entendre avec ses collègues; mais la chose n'eut pas lieu ainsi. Un changement complet s'était fait dans les idées de ce ministre; il revint saturé de principes opposés à mon cabinet, effrayé de l'ascendant que les libéraux prenaient en France, et persuadé que pour perpétuer ma dynastie sur le trône il fallait dorénavant suivre une voie tout autre que la précédente.

Certes s'il y eut quelqu'un de surpris, ce fut moi et le comte Decazes; moi qui venais tout dernièrement encore de consentir à une mesure nécessaire sans doute, mais pénible à mon cœur, celle de la nouvelle organisation de la garde nationale, le comte Decazes qui, pour maintenir l'ancienne volonté de M. de Richelieu, avait achevé d'assumer sur lui-même la haine irréconciliable des ultra!

Le duc de Richelieu commença par dérouler des séries de notes, toutes plus alarmantes les unes que les autres; il accusa les libéraux, ne ménagea pas le duc d'Orléans, et affirma que le prince d'Orange intriguait à notre détriment. Les Buonaparte ne furent pas non plus oubliés, enfin chacun voulait de notre France. Et par Dieu! on a raison; car c'est un beau pays.

Je reconnus que les anciennes habitudes de naissance et de position avaient réagi sur le duc de Richelieu, sentiment qu'il accommodait avec des idées libérales. A Paris, où il voyait les sommités de l'opinion constitutionnelle (les partisans de ma charte), son cœur se partageait entre les deux partis; à Aix-la-Chapelle, où tout le monde était royaliste pur, c'est-à-dire ennemi des constitutions et d'une monarchie tempérée, il se mit à hurler avec les loups.

Le voilà qui prétend qu'on ne doit pas en faire davantage pour rassurer le côté gauche, que mon frère est d'assez bon lieu pour prétendre à son tour à des égards, qu'il a raison d'être mécontent, et qu'il faut le remettre en belle humeur. Je laisse à penser comment on prit ces argumens étranges. Satisfaire ceux que j'aimais était sans doute mon vœu le plus sincère; mais comment y réussir sans renverser ce qui existait, sans écarter les personnes investies de ma confiance ? A quelles conditions Monsieur reviendra-il à nous?

C'était un véritable désappointement. Je m'étais flatté que le duc de Richelieu, à son retour, se rattacherait davantage à ses collègues, qu'il chercherait un remède au mal produit par le ministre, et, soit dit en passant, par le *Conservateur.* Il voulait au contraire tout bouleverser, et pour cela, se liait avec les auteurs de la note secrète avec ceux..... Je m'arrête; il ne m'est plus permis d'exprimer ma pensée. Quoi qu'il en soit, le duc de Richelieu allait se montrer l'adversaire le plus acharné du système que, le premier, il avait contribué à établir, auquel il avait sacrifié le comte de Vaublanc, M. Dambrai, le duc de Feltre et le vicomte du Bouchage.

La loi des élections, éprouvée une seconde fois par le renouvellement du deuxième cinquième, avait amené à la chambre des députés des hommes qui effrayaient les royalistes; j'avoue que ce n'était pas sans raison. J'ouvre l'Almanach royal, et parmi ces élus dangereux, je vois d'abord : M. Girod de l'Ain, magistrat de l'empire, fort courroucé contre la restauration, qui l'avait fait rentrer dans la vie privée, et se disposant à une opposition acerbe, tant que le ministère n'aurait pas composé avec lui; puis M. de Kératry, gentilhomme breton, monarchique de cœur, libéral de tête, penseur et point écrivain; il nous boudait sans cesser d'être pour nous. M. Rodet, homme nul avant le vote, et nul encore après; M. Guilhem, autre nullité, avec néanmoins un peu plus de solennité de paroles; M. Manuel, destiné à donner à la France et à l'Europe la mesure de la haine que les révolutionnaires portaient aux Bourbons, beau parleur, maladroit avocat plutôt qu'orateur, taillé en tribun factieux, et venu à la chambre en vertu d'un acte déloyal, puisqu'il ne payait pas le cens voulu. Il avait dans les cent jours porté la livrée de Fouché; à mon retour il aurait tout accepté, même une pension. Le refus constant qu'on lui opposa le mit en fureur. M. de Bondy vint légalement à la chambre; il manquait de science administrative; je l'appelai une des erreurs de Buonaparte, qui s'était entiché de lui, je ne sais trop pourquoi. Le général Grénier, lequel s'était vu à la tête du gouvernement provisoire, et qui devait ce choix de Fouché à la médiocrité de son esprit, arrivait à la chambre moitié buonapartiste, moitié constitutionnel, déterminé seulement à nous nuire et à tomber dans l'orléanisme si, par cas, il surgissait quelque chose au milieu d'une conflagration à venir. M. de Grammont, gentilhomme de Franche-Comté. Celui-ci ferait de l'opposition avec conscience; hostile à sa caste et à ses intérêts, il sert d'instrument à des hommes qui en arrière se moquent de lui. Il est à remarquer que cet amateur d'égalité porte la croix de Saint-Georges, décoration toute nobiliaire et particulière à son pays; M. Martin de Gray parle peu, mais toujours avec éloquence; je le vois avec peine dans les rangs de l'opposition, car je lui crois autant de probité que de talent.

La Sarthe nous envoya M. de Constant, baron de Rebecque, l'homme né de tous les gouvernemens qui s'accommodent avec lui ; il ne m'avait pas manqué en 1814; mais, en conséquence de ses habitudes, il passa l'année d'après sous les drapeaux de Buonaparte ; lorsque plus tard il se disposait à revenir à moi, en vertu de mon triomphe, grande fut sa surprise de se voir repoussé. Ma persistance à n'en plus vouloir me brouilla en outre avec madame de Staël, seule autorité à laquelle il soit resté fidèle ; il ne la quitta qu'à sa mort arrivée en 1817. M. Ternaux, libéral ministériel, est au nombre de ceux qui font la faute énorme de se lancer dans les affaires publiques au détriment de leur profession.

Un homme enfin nous fut imposé, un homme qui m'était personnellement désagréable, outre qu'il déplaisait à ma famille, le marquis de Lafayette. Il fallut pourtant subir la nomination de ce personnage. Une des conséquences du gouvernement représentatif est pour le souverain de ne pouvoir persister ni dans ses haines ni dans ses amitiés.

Le duc de Richelieu s'appuyait principalement sur le triple choix de Manuel, de Benjamin Constant et du marquis de Lafayette pour faire rejeter la loi des élections. Voulant la détruire, il se mit à lui chercher des adversaires parmi les pairs et les députés ; il y travailla ostensiblement, et en dehors de ses collègues, sans s'inquiéter de ce qu'ils en penseraient, sans s'occuper si la chose me conviendrait.

Il en résulta une étrange confusion, et le ministère, au moment de l'ouverture des chambres, touchait à sa dissolution. Déjà un membre en sortait, le comte Corvetto, que des raisons privées et politiques forçaient à donner sa démission. Une ordonnance du 7 décembre nomma au ministère des finances M. Roy, homme de grande capacité et fort riche ; il fut ministre pendant onze jours seulement.

Les démarches du duc de Richelieu retardèrent la séance royale jusqu'au 10 décembre. Ce jour-là, je me rendis au palais Bourbon avec le cérémonial accoutumé, et placé sur un trône que j'occupe, je puis dire, à l'avantage de la France, je m'adressai en ces termes aux pairs et aux députés réunis :

« Messieurs »

« Au commencement de la session dernière, tout en déplorant les maux qui pesaient sur notre patrie, j'eus la satisfaction d'en faire envisager le terme comme prochain. Un effort généreux et dont, j'ai le noble orgueil de le dire, aucune autre nation n'a offert un plus bel exemple, m'a mis en état de réaliser ces espérances. Nos troupes occupent seules toutes nos places. Un de mes fils, accouru pour s'unir aux transports de joie de nos provinces affranchies a de ses propres mains, et aux acclamations de mon peuple, arboré le drapeau français sur les remparts de Thionville. Ce drapeau flotte aujourd'hui sur tout le sol de la France.

« Le jour où ceux de mes enfans qui ont supporté avec tant de courage le poids d'une occupation de plus de trois années, en ont été délivrés, fut un des plus beaux jours de ma vie, et mon cœur français n'a pas moins joui de la fin de leurs maux que de la libération de la patrie.

« La déclaration qui annonce au monde les principes sur lesquels les cinq puissances fondent leur union fait assez connaître l'amitié qui règne entre les souverains. Cette union salutaire, dictée par la justice, et consolidée par la morale et la religion, a pour but de prévenir le fléau de la guerre par le maintien des traités, par la garantie des droits existans, et nous permet de fixer nos regards sur les longs jours de paix qu'une telle alliance promet à l'Europe,

« J'ai attendu en silence cette heureuse époque pour m'occuper de la solennité nationale où la religion consacre l'union intime du peuple avec son roi. En recevant l'onction royale au milieu de vous, je prendrai à témoin le dieu par qui règnent les rois, le dieu de Clovis, de Charlemagne et de saint Louis. Je renouvellerai sur les autels le serment d'affermir les institutions fondées par cette charte que je chéris davantage depuis que les Français, par un sentiment unanime, s'y sont franchement ralliés.

« Dans les lois qui vous seront présentées, j'aurai soin que son esprit soit toujours consulté, afin d'assurer de plus en plus les droits publics Français, et de conserver à la monarchie la force qu'elle doit avoir pour préserver toutes les libertés qui sont chères à mon peuple.

« En secondant mes efforts, vous n'oublierez pas, messieurs, que cette charte, en délivrant la France du despotisme, a mis un terme aux révolutions. Je compte sur votre concours pour repousser les principes pernicieux qui, sous le masque de la liberté, attaquent l'ordre social, conduisent par l'anarchie au pouvoir absolue, et dont le funeste succès a coûté au monde tant de sang et tant de larmes. »

Ici suivait la phrase concernant le budget, le crédit public et les engagemens pris envers les étrangers. Je juge inutile de la transcrire, ainsi que celle qui se raportait à loi du recrutement. Je terminais ainsi :

« Après les calamités d'une disette dont le souvenir attriste encore mon ame, la Providence, prodigue cette année de ses bienfaits, a couvert nos campagnes d'abondantes récoltes, Elles serviront à ranimer le commerce, dont les vaisseaux naviguent sur toutes les mers, et montrent aux nations les plus lointaines le pavillon de la France. L'indusrie et les arts, étendant aussi leur empire, ajouteront aux douceurs de la paix générale. A l'indépendance de la patrie, à la liberté publique, se joint la liberté privée, que la France n'a jamais goûtée si entière. Unissons donc nos accens et nos sentimens de reconnaissance envers l'auteur de tant de biens, et sachons les rendre durables. Ils le seront si, écartant tout souvenir fâcheux, étouffant tout ressentiment, les Français se pénètrent bien que les libertés sont inséparables de l'ordre, qui lui-même repose sur le trône, leur seul palladium. Mon devoir est de les défendre contre leurs communs ennemis. Je le remplirai et trouverai en vous, messieurs, le secours que je n'ai jamais réclamé en vain.... »

Les phrases à double sens qui se trouvaient dans ce discours étaient des concessions faites à la fois aux deux partis qui les interpréteraient à leur manière. M. de Richelieu aurait voulu que je parlasse plus clairement des tentatives du libéralisme; mais moi qui craignais de me déclarer positivement pour les uns ou les autres je n'employai que des expressions générales, dont nul, en définitive, ne pouvait s'étayer.

Mais où était la paix que je souhaitais, l'union si

nécessaire à la France ? pas du moins dans le ministère. M. Lainé, qui déjà attaquait sourdement M. Decazes, avait passé du côté de M. de Richelieu, lequel s'était aussi rallié à M. Roy. J'avais, jusqu'au lendemain du jour de l'ouverture, contenu l'irritation des membres du conseil ; mais dès ce moment elle éclata avec vivacité. La majorité se déclara pleinement royaliste dans le choix des candidats à la présidence. Je désignai parmi eux M. Ravez.

M. Ravez possède ces avantages extérieurs qui rehaussent si puissamment les qualités de l'ame. Il est doué d'un organe sonore, d'une mémoire excellente, d'un sang-froid imperturbable. Parfait royaliste, il veut avant tout le triomphe de la monarchie ; aussi les libéraux le détestent, car ils savent qu'ils n'ont pas d'ennemi plus redoutable. Je n'ignorais pas que ce choix leur déplairait, tandis qu'il charmerait l'opinion contraire. Ce fut un de ces dédommagemens que je me plaisais à accorder aux royalistes, à celui qui voulait être leur chef en arrière de moi.

Le garde-des-sceaux prétendit ouvrir la discussion au premier conseil. Il ne dit rien, car il ne fut pas possible de comprendre la moindre chose de son discours. C'est un peu l'habitude chez M. Pasquier. Il appelle cela de l'adresse ; moi, je le nomme de l'incertitude, ce qui ne convient pas dans un homme d'état. Cette séance ne produisit aucun changement à la situation des choses. Les ministres ne savaient qui l'emporterait, du duc de Richelieu, qui tendait à se tourner vers la droite, ou du comte Decazes, qui aurait voulu un système fondé sur l'alliance des centres et de la gauche.

Quant à moi, je croyais que les centres suffisaient seuls, et qu'il y aurait du danger à faire pencher la balance plus d'un côté que de l'autre. Les ministres hésitant, et les deux antagonistes se réservant de porter ailleurs leur champ de bataille, la querelle parut à peu près assoupie. Espérant rallier les esprits, en ménageant les amours-propres, je pris l'initiative en disant :

» Messieurs, le seul moyen de bien faire, c'est de s'écarter le moins possible de la route qu'on s'est tracée, il faut donc planter notre drapeau sur l'ordonnance du 5 septembre. Tendons la main à droite et à gauche, puis disons avec César : *Celui qui n'est pas contre moi est pour moi.* »

Les ministres applaudirent. Deux heures après, Monsieur, qui me boudait encore, me fit demander si je voulais le recevoir. J'y consentis volontiers. Il monta par l'escalier de service intérieur, et quand il fut dans mon cabinet :

« Sire, me dit-il, vous ne pouvez espérer conserver votre ministère. Dans deux où trois jours, il n'existera plus.

—Comme vous y allez, mon frère ! repartis-je, non sans quelque impatience; on dirait qu'un ministère tombe en une minute. Vous êtes mal informé, ces messieurs sont d'accord, et se sont tout à l'heure même rangés à mon avis.

— Ce n'était que par respect. Le duc de Richelieu voit qu'il ne peut plus administrer avec M. Decazes, et celui-ci aurait grande envie de composer un ministère dont M. de Richelieu ne serait pas. Voulez-vous profiter de l'occasion pour en former un entièrement royaliste, ce qui maintiendra notre famille sur le trône ?

Je ne demande pas mieux, car je suis royaliste, quoi qu'on en dise. Croyez-le bien, mon frere. »

Monsieur se mit à rire, et charmé de me trouver de bonne humeur, il me presenta une liste ainsi conçue :

Présidence du conseil et affaires étrangères, le comte Jules de Polignac ; *garde-des-sceaux, ministre de la justice*, M. de Sèze ; ministre secrétaire d'état au département *de l'intérieur*, le comte de La Bourdonnaye ; ministre *de la guerre*, le duc de Feltre; ministre *de la marine*, M. de Fitzjames; ministre *des finances*, le duc de Lévis ; ministre *des cultes et de l'instruction publique*, M. de Bonald ; ministre *de la police générale*, le baron de Vitrolles ; ministre *de la maison du roi*, le comte de Bruges.

Suivaient en foule d'autres choix pour toutes les places inférieures, chaque ministre étant doublé par un sous-secrétaire d'état.

Je lus avec attention et gardai le silence.

« Eh bien ! que vous en semble ? me dit Monsieur radieux.

— Qu'à Édimbourg, et pour distraire une longue soirée d'hiver, un tel travail pouvait être utile ; mais que, mis en jeu à Paris, il compromettrait ou renverserait le trône. Mon frère, poursuivis-je en serrant fortement le bras de Monsieur, votre tendresse vraiment paternelle vous abuse sur le compte de Jules. Vous fondez sur lui de hautes espérances qu'il trompera. Heureux si un jour vous n'avez pas à vous repentir de votre prédilection à son égard. »

Monsieur, que je frappais au cœur, repartit avec vivacité, j'en mis dans mes réponses, et nous nous quittâmes un peu moins bons amis qu'auparavant. Demeuré seul, j'admirai cette infatuation qui, dans un parti, fait qu'on écarte les hommes de talent pour prendre des médiocrités. On avait mis sur la seconde ligne MM. de Corbière, de Villèle, de Fontanes, Saint-Romans, Castelbajac, ceux enfin dont on aurait pu réellement se servir avec avantage.

CHAPITRE XVIII.

Le roi envoie chercher le duc de Richelieu, qui lui annonce qu'il ne veut plus administrer avec M. Decazes. — Peine qu'en éprouve le roi. — Il sent la nécessité du concours de M. de Richelieu. — Il ne veut à aucun prix du prince de Talleyrand. — Nouvelle intrigue de celui-ci. — Au château on s'appuie sur son avis. — Il est conspirateur par nature, parce qu'il agit en secret. — Causes de division dans le ministère. — L'intrigue marche. — Démission donnée par MM. de Richelieu, Lainé et Molé. — Ce que dit le roi. — Démission du comte Decazes. — Embarras du roi. — Il évite de répondre au duc de Richelieu. — Il ne peut l'amener à s'accorder avec M. Decazes. — Celui-ci ne peut non plus aider utilement le roi. — Le duc de Richeleiu écrit au roi ses conditions.

'La seule chose qui m'occupa, dans ce que m'avait dit Monsieur, fut que mon conseil n'était uni qu'en apparence. Après avoir réfléchi quelque temps, je me déterminai à envoyer chercher le duc de Richelieu, afin de savoir à quoi m'en tenir. Je faisais un grand fonds sur sa loyale franchise. Quand il arriva, j'étais seul, et, prenant la parole, je lui dis qu'il m'était revenu par une voie *à peu près certaine* des propos qui m'inquiétaient sur l'homogénéité de mon cabinet. « Je me flattais, poursuivis-je, qu'animé d'un même esprit, il me seconderait. Me uis-je donc trompé ?

— Le roi, en me faisant appeler, repartit le duc de Richelieu, a prévenu la demande que je lui dressais par écrit d'une audience particulière. Mon intention était de lui ouvrir mon cœur, et de lui apprendre ce qui se passe autour de Sa Majesté.

— Beaucoup d'intrigues, de cabales ; je sais cela.

— Il y a plus encore ; la couronne est en danger.

— J'espère que non.

— Un honnête homme ne doit pas rougir d'avouer qu'il a été trompé. C'est le cas où je me trouve. J'ai cru qu'en inclinant sur la gauche, c'était gouverner dans l'intérêt du trône. Il en est résulté de l'audace et de la joie chez les ennemis naturels de la famille royale, de la douleur et de l'irritation chez ses amis dévoués. Il existe donc une perturbation permanente, et l'impossibilité d'aller loin en suivant cette voie. La loi des élections surtout est fatale. Elle amènera successivement les hommes les plus dangereux, et elle donnera avant peu la majorité aux libéraux. Dans cet état de cause, il faut que le roi consente à démolir l'ouvrage de son ministère, et à lui permettre de se rapprocher complètement des royalistes. La France en a besoin. l'Europe le souhaite, et la paix à l'intérieur et au dehors ne pourra exister qu'à ce prix.»

J'écoutais avec chagrin ce discours si contraire à ma volonté du moment ; néanmoins, je dissimulai au duc de Richelieu ce qui se passait en moi; je me contentai de lui demander s'il était d'accord avec le conseil en me parlant ainsi.

« Avec tout le conseil, non, répliqua-t-il; mais je suis sûr des ministres de l'intérieur, de la marine et des finances.

— Et du ministre de la police générale? »

Je ne sais pourquoi je fis cette question, car j'étais certain d'avance de la réponse.

« M. Decazes, dit le duc de Richelieu, ne marche pas comme je l'entends. Les rapports de ses subordonnés sont contraires à tous les renseignemens que reçoit M. Lainé et qui me parviennent. Il a des amitiés que je n'approuve pas, des préférences pour des agens dont les opinions me sont plus que suspectes, et non seulement je ne veux pas me rallier à lui, mais je ne puis consentir à faire plus long-temps parti du même ministère. »

Cette déclaration si précise me fit beaucoup de peine. Les services du comte Decazes m'étaient agréables; je venais de l'en récompenser par son mariage avec mademoiselle de Sainte-Aulaire, et il me semblait que c'était mal choisir le moment de le disgracier. Je manifestai ma pensée en disant au ministre des affaires étrangères que je le priais de réfléchir à ce qu'il venait de me déclarer, et que s'il voulait prendre patience, j'espérais tout arranger selon ses désirs. Puis je le congédiai afin de ne pas lui laisser le loisir de me répondre par un refus.

Aussitôt que M. Decazes vint au château, je lui fis part de ce qui se passait, et l'engageai à s'expliquer avec M. de Richelieu.

Cela est impossible me répondit-il Maintenant que ce ministre s'est prononcé, il ne reviendra pas sur ce qu'il a dit. »

Je pensais ainsi ; le duc de Richelieu, comme tant d'autres, prenait l'opiniâtreté pour de l'énergie ; ses vues d'ailleurs n'avaient pas assez de portée pour qu'elles pussent franchir leur cercle habituel. Cependant son concours me semblait nécessaire dans un moment où, par l'effet de ses négociations il était parvenu à obtenir l'évacuation du territoire. Je savais que la Russie, la Prusse et même l'Autriche le voyaient avec plus de plaisir que tout autre à la tête du cabinet ; et, le duc de Richelieu me manquant, je serais fort embarrassé pour me procurer un autre président du conseil.

Il en était certes un tout trouvé, et qui, depuis plusieurs mois, conduisait derrière la toile l'intrigue dont la crise approchait. Mais, selon lui, je ne voulais à aucun prix le rappeler dans mon conseil. C'est du prince de Talleyrand que je parle. Croira-t-on (mais que ne croirait-on pas de sa part ?) que ce fin diplomate d'abord peu agréable à Monsieur, avait fini par circonvenir tellement le pavillon Marsan qu'on n'y jurait plus que par lui. Non que la chose allât encore jusqu'à le vouloir au ministère ; mais on avait une si haute opinion de sa capacité qu'on était charmé de pouvoir répéter du matin au soir:

M. de Talleyrand trouve que la loi des élections est mauvaise, il craint que les libéraux ne deviennent trop puissans, et blâme telle et telle mesure! Bref, M. de Talleyrand ne trouvait rien de bon, et cela paraissait délicieux aux gens qui voulaient se débarrasser de mon ministère.

J'avais à craindre que les royalistes, dupes de ce personnage comme ils l'avaient été auparavant de Fouché, ne voulussent me l'imposer une autre fois. Les puissances l'auraient vu sans peine arriver à la présidence, à l'exception de la Russie cependant; mais ce cabinet ne pesait plus autant dans ma balance politique. Quoi qu'il en soit, je le répète, je ne voulais point de M. de Talleyrand. Une femme, qui depuis plusieurs années me servait avec dévouement, avait découvert un cas particulier au grand désavantage de l'ancien évêque d'Autun, elle me le raconta. M. de Talleyrand a toujours eu un besoin : il consiste à conspirer contre le gouvernement établi, quel qu'il soit. En conséquence, il s'était fait Orléaniste, il avait des entrevues secrètes avec les hommes marquant de ce parti; mais tout cela avec sa retenue, sa circonspection habituelles. Il agissait dans le même esprit auprès du cabinet anglais, et M. Canning était déjà gagné à la cause du duc d'Orléans.

Ces manœuvres avaient lieu à l'insu de ce prince. Lui ne se mêlait que de ses affaires privées, de rétablir la succession paternelle par des arrangemens avec ses créanciers. Ce n'était donc pas le duc d'Orléans qui conspirait, mais le prince de Talleyrand. Or il ne me convenait nullement d'employer dans mon ministère un homme qui avait repris le rôle qu'il jouait du temps de Buonaparte. C'était donc M. de Richelieu qu'il fallait à la tête du conseil, mais je tenais aussi à ne pas perdre M. Decazes.

Malheureusement je n'en voyais guères la possibilité. Le duc de Richelieu avait pour lui la majorité du conseil. M. Lainé s'était séparé de M. Decazes, parce qu'il l'accusait de s'être opposé à ce qu'on lui donnât les sceaux lors de la nomination de M. Pasquier, et le duc de Richelieu les lui promettait dans la formation du nouveau cabinet. M. Lainé, malgré ses vertus, n'était pas inaccessible à la prévention. Ses liaisons le portaient vers les ultrà, qui avaient réussi à lui inspirer de la méfiance pour le royalisme de M. Decazes, lequel d'ailleurs prétendait ou aspirait au portefeuille de l'intérieur. Quant à M. Roy, je ne sais trop ce qu'on lui avait soufflé.

L'intrigue fut menée activement : le duc de Richelieu se concerta avec MM. Molé et Lainé, certains d'être suivi en tout par M. Roy, et tous les trois, en effet, m'envoyèrent leur démission. Celle du président du conseil était conçue en ces termes :

« Sire, c'est avec un extrême regret, mais avec une détermination irrévocable, que je prie V. M. d'agréer la démission du portefeuille que j'occupe, et que je viens mettre à vos pieds. La conviction intime où je suis de n'être plus utile à votre service, sire, ni au bien de la France, me détermine à cette démarche. J'espère que V. M. voudra bien me dire à qui je dois remettre le portefeuille des affaires étrangères. Les circonstances dans lesquelles je l'ai accepté, et tout ce qui s'est passé depuis plus de trois ans, doivent prouver à V. M. que si je la supplie de me permettre de me retirer aujourd'hui, ce n'est faute ni de dévouement ni de courage.

« Je suis avec le plus profond respect, etc. »

M. Laîné, dans la lettre qu'il m'écrivait, disait :

« Sire, je supplie V. M. d'agréer ma démission, et de me faire indiquer à qui je dois remettre le portefeuille de l'intérieur. Permettez-moi, sire, de vous demander la grâce de rentrer tout-à-fait dans la vie privée. Comme député, j'essaierai de servir mon roi et mon pays de tout mon dévouement.

« Je suis, etc. »

Enfin venait le comte Molé, l'une des chevilles ouvrières de ce complot.

« Sire, la situation du ministère ne me laissant aucun espoir d'être utile à V. M., et de justifier sa confiance en continuant à la servir, je viens la prier de recevoir ma démission, et la supplie de me faire connaître à qui il lui plaît que le portefeuille de la marine soit remis.

« Je suis de V. M. etc. »

Tout cela me fut apporté par le comte Molé ; il

espérait peut-être que je témoignerais devant lui une partie de ce que j'éprouvais; mais je me contentai de recevoir les écrits, et je congédiai l'ex-ministre de la marine. Resté seul, je me dédommageai de cette contrainte en me livrant à ma mauvaise humeur ; puis j'envoyai chercher le comte Decazes ; il ne vint pas, et à sa place on me remit cette épitre qu'il m'adressait.

« Sire, une lettre de M. le comte Molé, à M. le baron Pasquier, m'apprend que le duc de Richelieu a prié Votre Majesté d'agréer sa démission. Cette détermination, si elle pouvait être irrévocable et avoir l'assentiment du roi, me forcerait de mettre à ses pieds le portefeuille qu'il a bien voulu me confier depuis trois ans. Rien au monde ne pourrait m'engager à rester au ministère un seul instant après M. le duc de Richelieu ; Votre Majesté, qui connait ma résolution à cet égard, a bien voulu souvent l'approuver. Je dois d'autant plus y persister, que la divergence d'opinion sur quelques points, ou plutôt sur tous les points, entre les ministres, et particulièrement entre le duc de Richelieu et moi, a seule pu causer cette détermination. Dès l'instant que cette divergence a commencé à paraître, j'ai manifesté au roi, et à M. le duc de Richelieu, l'intention de me retirer. Je dois l'exécuter aujourd'hui, et ne pas priver le roi du service de M. le duc de Richelieu, certain que Votre Majesté et le président du conseil ne douteront pas qu'ils me trouveront toujours prêt à faire tout ce qui sera utile au service de Votre Majesté et au succès de son gouvernement, auquel je ne cesserai d'appartenir de vœux et d'intention, comme j'appartiendrai de cœur et d'ame à Votre Majesté, tant que j'aurai une goutte de sang dans les veines.

« Je suis, etc. »

Ainsi donc, tout à coup je me trouvais sans ministère, sans savoir comment en composer un, et avec la perspective de subir les conditions qu'on voudrait m'imposer! La politique me conseillait d'aller vers M. de Richelieu; mais en même temps je voyais ses nouveaux collègues, et je n'en voulais pas. L'affection me portait vers M. Decazes; mais ici, que de haines je soulèverais, que de passions j'allumerais !

Toujours contraint à faire taire mes affections dans le bien de l'état, je me hâtai de mander M. de Richelieu; trop tourmenté de ce que j'apprenais, pour prendre un parti définitif et instantané, je le priai de venir me voir afin d'en causer avec lui.

Il se rendit à mon injonction, mais seulement le lendemain. Je lui parlai avec effusion, et ne lui cachai pas l'état de ma situation.

— Elle est telle, lui dis-je, que si vous m'abandonnez, je serai forcé de me rapprocher du prince de Talleyrand, qui me ramènera à une alliance intime avec l'Angleterre.

J'avais mon but en m'exprimant de la sorte : je connaissais les sentimens de M. de Richelieu, je savais qu'il aimait peu M. de Talleyrand, et que d'une autre part, plein de reconnaissance pour les bienfaits de l'empereur Alexandre à son égard, il me verrait avec chagrin rompre le lien qui m'attachait au czar, et j'espérais que le duc de Richelieu reviendrait à M. Decazes, lequel, ajoutais-je, avait beaucoup d'affection pour lui.

Mais le comte Molé et le pavillon Marsan avaient agi avec tant de succès sur le président du conseil, qu'il ne s'appartenait plus. On lui avait présenté M. Decazes comme un rival si redoutable, qu'il voulait sa chute, ou lui-même se retirer. Il en résulta, qu'au lieu de me répondre *ad rem*, il se maintint dans des généralités; convenant d'ailleurs que, dans ma position, un retour vers le prince de Talleyrand serait nécessité par la force des choses.

Il me quitta sans me dire qu'il continuerait à me servir, et moins encore qu'il le ferait de concert avec M. Decazes. Je vis qu'il désirait prendre conseil ; de mon côté je n'insistai pas, déterminé que j'étais de souffrir tout ce qu'il plairait à la Providence de m'envoyer ; mais non à aller au devant des caprices de M. de Richelieu.

A ce personnage succéda M. Decazes. Celui-ci croyait prendre congé de moi définitivement; il m'expliqua sa politique, sa conduite, d'une manière satisfaisante; il m'avoua aussi que, dans la circonstance actuelle, il ne pourrait demeurer au ministère que pour maintenir la loi des élections, qui était le prétexte de toute l'intrigue, et que par

25.

conséquent un rapprochement avec le duc de Richelieu devenait impossible.

Mon dépit augmentait à mesure que ce fait m'était mieux prouvé; il me semblait pénible de renverser mon ouvrage, et de revenir inconsidérément sur mes pas. D'ailleurs, s'il faut l'avouer, l'idée de subir le joug du pavillon Marsan m'était insupportable. Néanmoins, quelque dure que fût cette extrémité, j'étais déterminé à m'y résigner, plutôt que de rappeler le prince de Talleyrand à la direction de mon cabinet ; la qualité de son pupille ne me convenait nullement.

Le duc de Richelieu, je ne me trompais pas, alla conférer avec son conseil secret, où fut admis M. le comte Molé, mais non M. de Villèle, comme on l'a prétendu dans un certain public. Il y a des gens qui, sans avoir jamais approché de la cour, ont la manie de s'en faire les historiens; aussi prêtent-ils à ce qui s'y passe des causes tout opposées à la vérité. Rien n'est plus plaisant que les grandes manières et la diplomatie de ces honnêtes bourgeois.

Le duc de Richelieu, ai-je dit, m'avait caché l'inquiétude que lui causait mon propos sur M. de Talleyrand. M. Molé, comme les autres, admis à son conseil, ne pouvait supporter la pensée qu'ils auraient agi dans le seul avantage de ce fin diplomate. En conséquence on pressa le duc de me faire une proposition positive. Ce fut une chose difficile à obtenir, car M. de Richelieu n'avait pas au fond grande envie de demeurer aux affaires. Cependant l céda autant pour maintenir le système politique suivi par la France, que pour écarter le prince de Talleyrand. Il se mit donc à l'œuvre, et m'écrivit la lettre suivante:

« Sire,

« L'inquiétude dans laquelle j'ai vu le roi hier ne sort pas de mon esprit, et me cause un chagrin profond. Je conçois l'embarras du roi, la difficulté qu'il trouve à prendre un parti convenable, lorsque les hommes investis de sa confiance depuis plusieurs années ne peuvent s'accorder ensemble. Ce qui ajoute à ma douleur, c'est la confiance honorable que le roi m'accorde; c'est de le voir s'avancer vers moi lorsque je mets tant d'ingratitude apparente à m'éloigner de lui. Je voudrais répondre à sa confiance, lui prouver que j'en suis digne, mais lorsque je m'interroge là dessus, je reconnais mon insuffisance, ou plutôt mon incapacité.

« Le roi se trompe, en me croyant plus de mérite que je n'en ai. Peut-être ai-je pu le servir avec quelque succès dans le cas d'une politique générale où je ne me trouvais pas étranger. Mais j'avoue qu'il n'en est pas de même dans l'administration intérieure, surtout dans le rapport de la couronne avec les chambres. Ici je sens ma faiblesse, et volontairement je refuserais de me charger d'un fardeau dont j'apprécie le poids.

« Il m'effraierait d'autant plus ce fardeau, sire, que, pour le porter, il faudrait combattre journellement contre une opinion qui est devenue la mienne, et que j'aurais à m'éloigner de votre famille, de mon parti naturel, pour me rapprocher de ces hommes hostiles à votre monarchie, à la maison royale, de ces hommes qui aspirent, à la faveur d'une constitution dont ils abusent, à amener une autre forme de gouvernement et surtout un autre chef.

« M. Decazes, par l'effet d'une erreur que je déplore, s'est tellement confié à ce parti, qu'il ne peut plus rien sans son aide. Les vrais royalistes ont rompu avec lui, et sont convaincus que sa manière de voir est fausse, que tout rapprochement d'eux à lui sera impossible, et tout ministère orageux tant qu'il y restera.

« Il n'est donc pas permis d'espérer une majorité royale avec M. Decazes. Il y a plus, M. Decazes, dans le royaume, empêchera, par sa présence, l'union sincère entre le conseil et les royalistes. Ceux-ci, ne voulant de lui à aucun prix, et, d'une autre part, connaissant l'attachement que lui porte le roi, ils craindront toujours que, s'il rentre à Paris ou en France, le roi ne revienne à lui ou ne le conserve en secret pour se laisser diriger d'après son impulsion en dehors du cabinet. Un ministère fort n'aura lieu, je le répète, que lorsque des fonctions à l'étranger, aussi éclatantes d'ailleurs qu'il plaira au roi, auront séparé Votre Majesté de M. Decazes. Tout gît dans cette détermination, que je ne demande, ni même ne conseille. J'ai vu, je connais l'affection que le roi porte à M. son ministre de la police, et je dois croire qu'il ne voudra pas s'en séparer.

« Cependant, c'est le seul moyen de marcher avec un ministère royaliste; mon devoir m'ordonne de l'avouer au roi, et si le roi, s'élevant au-dessus de ses affections, croit le sacrifice de M. Decazes nécessaire au bien du royaume, s'il l'en dédommage par une ambassade de famille auprès d'une des grandes cours de l'Europe, alors je me croirai obigé d'imiter le roi, je vaincrai ma répugnance à demeurer aux affaires, et dans ce cas je supplierai le roi d'y conserver MM. Roy et Laîné, dont le concours me sera indispensable. Je suis persuadé que, bien que ce dernier soit résolu à vivre à l'écart, si le roi veut employer à son égard cette séduction à laquelle rien ne résiste, il ne sera pas difficile de le ramener à faire parti du ministère.

« C'est là toute ma pensée; le roi l'excusera en faveur de la franchise et du dévouement sans bornes avec lequel je suis, de Votre Majesté, le très-fidèle, etc. »

« Le duc de RICHELIEU. »

CHAPITRE XIX.

Le prince de Talleyrand vient se montrer au roi, qui le devine et le mystifie.— Adresse de la chambre des Pairs.— Conséquences du gouvernement représentatif.— Noble désintéressement du comte Decazes.— Ce que le roi lui dit pour le consoler.— Il se décide à donner au duc de Richelieu la direction des affaires.— Son premier ministère échoue par le refus de MM. Laîné et Roy.— Comte Siméon.— Baron Cuvier.— Marquis de Lauriston.— M. de Villèle.— Le comte Mollien.— Refus de ces deux derniers.— Embarras du duc de Richelieu.— Il avoue au roi qu'il ne peut plus rien.— Néanmoins il donne un bon conseil au roi.— Sa Majesté revenue à M. Decazes.— Qui a un ministère composé à l'avance.— Le roi l'accepte.— Marquis Dessolles.— M. de Serre.— M. Portal.— Désespoir des vaincus.— C'est la *seconde journée des dupes*.— Nouvelle intrigue du prince de Talleyrand.— Il use de son influence à la chambre des pairs, qui tourne contre la loi des élections.— Proposition de M. Barthélemy.— Détails historiques.— Les pairs adoptent la proposition.— Embarras du ministère. — Conseil qu'on donne au roi.

La lettre du duc de Richelieu déchirait le voile, et, malgré ses formes respectueuses, il était facile d'en devenir le but. On en voulait moins encore à la loi des élections qu'à M. Decazes ; c'était mon amitié qu'on attaquait dans celui que j'en croyais digne, et on n'hésitait pas à me demander non seulement son renvoi, mais son exil.

Je ressentis vivement la violence du coup ; je m'indignais qu'on prétendît me contraindre à ce point, mais je vis en même temps la figure de M. de Talleyrand, et je m'éloignai d'elle. Quand je dis que je vis la figure de M. de Talleyrand, il ne faut pas qu'on prenne ceci pour une figure de rhétorique. Ledit personnage vint à moi en chair et en os, en prétextant je ne sais quel motif d'audience ; il força ma porte que je ne lui faisais ouvrir que lorsque sa charge l'appelait en cérémonie au château. Il se flattait qu'en se montrant dans la circonstance présente, je saisirais la balle au bond, et le prierais de venir à mon secours.

Je me donnai seulement le plaisir de le laisser tourner autour de la question sans lui permettre de l'aborder, et je m'amusai à l'entretenir longuement sur ce qui pouvait l'intéresser le moins. Je lui parlai de la *Pankypocrisiade*, poème infernal que M. Lemercier venait de publier, puis je ramenai la conversation sur la mort de la reine d'Angleterre, décédée depuis un mois. Lui, de son côté, fit l'aimable, bien qu'il fût sur les épines. Enfin, prenant pitié de son supplice, je le congédiai. Il alla exhaler ailleurs sa bile. Quant à moi, je me réjouis d'avoir ainsi puni ses intrigues.

Néanmoins cette petite vengeance ne changeait pas ma position ; la chambre des pairs venait de la rendre plus difficile par la rédaction de son adresse, toute dans le sens de la majorité royaliste. Cette adresse, qui me prouvait que j'aurais beaucoup à faire pour ramener la chambre vers M. Decazes, contenait les passages suivans :

« C'est avec une profonde émotion que les pairs de France ont entendu Votre Majesté réclamer leur zèle et leur secours pour repousser les doctrines pernicieuses qui, de révolution en révolution, ramèneraient promptement le pouvoir absolu par les désordres de l'anarchie. Ils aiment à croire que ces doctrines coupables se tairont devant les principes de l'ordre public énoncés du haut du trône. Si cette attente était trompée, Votre Majesté n'aurait pas vainement appelé le concours des pairs de France. Ce siècle né laisse aux ruses de la tyrannie qu'un seul moyen de remettre le peuple dans ses chaînes; c'est d'irriter les passions sous prétexte d'une fausse liberté, c'est de tromper leur franchise en la révoltant contre tous ceux qui la protégent; le secret est trop connu pour s'y laisser encore prendre. Sans les hautes prérogatives du trône, la constitution n'a plus d'appui, toute loi monarchique est donc une loi populaire; la monarchie et la liberté sont inséparables, nous les défendrons avec le même courage. Une grande nation éclairée par l'expérience, ne voudra pas sacrifier le bien réel à des systèmes trompeurs. Elle a trop appris que l'affaiblissement de l'autorité royale n'est pas moins funeste que ses abus, que tout périt sans retour, si son prince fléchit devant l'orgueil des factieux, et qu'il ne peut remplir tous ses devoirs qu'en ne laissant perdre aucun de ses droits. »

J'ai rapporté cette adresse parce qu'elle acheva de me décider à subir le joug qu'on m'imposait, d'autant que l'insignifiance de celle de la chambre des députés m'annonça que de ce côté les opinions étaient incertaines et qu'elles se rallieraient au vainqueur. Or comme la chambre des pairs était ultrà-royaliste, les chances étaient pour le succès de l'intrigue du pavillon Marsan.

Une des conséquences du gouvernement représentatif est que le roi ne peut, en aucune manière, mettre sa volonté privée en opposition avec la volonté générale. Tout système, tout ministère qui lui plaît doit être repoussé aussitôt qu'il ne convient pas à la majorité de la législature. On peut essayer de l'épreuve de nouvelles élections, mais si les mêmes hommes revenaient, la prudence et la loi morale veulent que le roi cède, et dans ce cas il le fait toujours sans déshonneur.

Cependant avant de prendre une résolution décisive, je fis appeler M. Decazes. Je ne pourrais jamais rendre assez de justice au désintéressement, à la modestie et à l'abnégation entière de tous ses intérêts particuliers qu'il manifesta dans cette occasion. Il me conjura de la manière la plus franche de ne songer nullement à mon amitié, de ne voir que la France, et en conséquence de l'éloigner de ma personne. Il ajouta qu'il se retirerait dans sa ville natale et sortirait même du royaume s'il le fallait, et cela sans condition, sans ambassade surtout.

— Non, de par Dieu! repartis-je, cela ne sera pas ainsi, mon cher enfant; ce que je viens d'entendre accroît encore mon estime et mon attachement pour vous; s'il est de nécessité absolue qu'on vous éloigne de moi, vous ne partirez point comme un fugitif, mais comblé de mes faveurs. Vous serez duc, chevalier de l'ordre, et je vous donnerai l'ambassade de Londres. Ce sera le moyen d'inquiéter encore vos ennemis, et de me venger d'eux. Vous envoyer à Naples ne se peut, c'est trop près de Rome, et vous pourriez vous quereller avec M. de Blacas.

Mon cœur se brisa lorsque M. Decazes sortit; car je craignais de ne plus le revoir. Dès lors, je m'abandonnai au duc de Richelieu, qui, ayant obtenu l'exil de son rival, se mit à travailler à la formation d'un ministère. Celui qui existait lui aurait assez convenu, moins MM. Decazes et Gouvion Saint-Cyr. M. Molé, qui voulait rester, avait fait entendre au président du conseil qu'il suffirait de renvoyer les ministres de la guerre et de la police.

Mais ce beau plan d'intrigue manqua; M. Laîné, homme de probité inflexible, déclara qu'il ne consentirait pas à démolir la loi des élections, son propre ouvrage. On ne put le faire revenir de cet idée sage, et voilà le premier ministère de M. de Richelieu désorganisé. Alors, la tête à moitié perdue, il s'enferma dans son cabinet où il composa un nouveau conseil de la manière suivante : *Garde-des-sceaux*, le comte Siméon ; capacité reconnue, homme de poids et de circonstance. Il avait été conseiller d'état de Buonaparte, ministre de Jérome, roi prétendu de Westphalie, et il ne pouvait raisonnablement déplaire qu'aux exagérés. *Intérieur*, le baron Cuvier, célébrité européenne, savant illustre, homme d'état, beau parleur, doux, conciliant, employé aussi par Buonaparte, ce qui ne devait pas être un antécédent désavantageux pour lui, et d'ailleurs, quoique protestant, compté au nombre des chauds royalistes. *Guerre*, le marquis de Lauriston, jadis aide de camp de l'usurpateur, aujourd'hui en faveur au pavillon Marsan, descendant de Law ou à peu près, pas très-habile ; mais religieux et royaliste. *Marine*, M. de Villèle. *Finances*, le comte Mollien, homme de l'empire, mais faisant partie des supériorités de cette époque, c'était un cadeau que M. de Richelieu se permettait de faire à la gauche, se flattant que la droite ne s'en fâcherait pas.

Mais la droite voulait tout ou rien. M. de Villèle se signa à la proposition qui lui fut faite d'entrer dans une pareille combinaison, et il y répondit par un refus positif. Le comte Mollien déclara de son côté qu'il n'accepterait pas de portefeuille dans un ministère formé de tels élémens. M. Cuvier ne voulut pas non plus s'accoler à M. de Lauriston, à cause d'une vieille rancune qui existait entr'eux ; bref M. de Richelieu montra par A plus B qu'il était hors de son pouvoir et de sa science politique de constituer un cabinet viable.

Les ultrà l'abondonnèrent au dernier moment ; ils ne l'adoptaient pas au fond du cœur, et avant que de venir à lui par force, ils essayèrent si, en désespoir de cause, je n'irais pas droit à eux. Je me tins coi : mon rôle était d'attendre.

M. de Richelieu, ne sachant plus de quel bois faire flèche, se fatigua à frapper à des portes qui lui restaient fermées ; enfin il se trouva contraint de me faire part de son embarras.

« Je le comprends fort bien, lui dis-je ; mais une inquiétude générale gagne les esprits, cet incertitude met la confusion dans le royaume, il faut qu'elle ait un terme. Pouvez-vous, dans un dernier délai que je vous donne, délai qui ne peut passer une heure, former un ministère définitif ? »

Le duc garda d'abord le silence ; puis avec un dépit mal déguisé, il m'avoua que la chose lui serait impossible, et que, pris au dépourvu, il n'avait pu s'assurer à l'avance des coopérateurs qui lui étaient nécessaires. Je répondis alors avec une certaine vivacité ; car je ne pouvais concevoir qu'un homme eût assez peu d'adresse pour chercher à renverser ce qui existait, sans s'être mis en mesure de le remplacer aussitôt :

« Comment ! on me tourmente depuis un mois pour me faire congédier un ministère qui m'est agréable, et on ne sait pas me désigner qui doit prendre sa place ? Il perd, dit-on, la France par son libéralisme, et aucun autre ne se trouve apte à la sauver par une administration différente! Ceci me confirme dans ce que je connais déjà : vous êtes, monsieur le duc, à l'abri de tout reproche ; je rends hommage à vos intentions ; mais je ne vous cacherai pas que vous êtes, à votre insu, l'instrument des ambitieux et des brouillons. »

Le duc de Richelieu, dont j'estime le caractère, fut douloureusement frappé de mes paroles, et, sans me répondre, il me fit un salut profond, et se retira. Ce fut pour m'écrire et me donner une seconde fois sa démission, en m'affirmant que sa résolution de s'éloigner des affaires serait désormais inébranlable ; il me conseilla de former moi-même un ministère dont je pourrais donner la présidence à un homme habile et investi de l'estime publique. La France, ajoutait-il, n'en n'est pas réduite à n'avoir que le prince de Talleyrand et moi, qui soyons dignes d'un tel honneur.

Avant d'avoir reçu cette lettre, j'avais pris mon parti. Le baron Pasquier était venu aussi me trouver dans une grande inquiétude ; il gémissait d'une tempête provoquée avec si peu de prudence, tout en espérant lui-même en profiter. Cela ne pouvait avoir lieu ; je le priai d'aller trouver M. Decazes, et de lui dire que l'impossibilité absolue où était M. de Richelieu, de former un ministère, me permettait de le rappeler près de moi, que je lui ordonnais de composer sur-le-champ mon cabinet, et que je ne le verrais que lorsque la chose serait faite.

M. Decazes est bien autrement habile que M. de Richelieu ; c'est un véritable homme d'état; il a pu commettre des fautes; mais cela n'empêche point de rendre justice à la supériorité de ses talens. Il accourut et me montra ses choix sur un carré de papier. C'était: le marquis Dessolles, président du conseil et ministre des affaires étrangères. Ce gentilhomme, militaire distingué, ne manquait ni d'esprit, ni de talens. Inconnu à l'Angleterre, qui ne pourrait se méfier de lui, il serait agréable à l'empereur de Russie, lequel l'avait fort goûté dans son dernier voyage en France, lorsque M. Dessolles était allé de ma part à sa rencontre jusqu'à la frontière. Quant à moi, je n'avais aucune prévention contre ce personnage, et à tout prendre, je l'aimais mieux encore que M. de Talleyrand.

M. de Serre, membre de la chambre des députés, était appelé au ministère de la justice et aux fonctions de garde-des-sceaux ; je l'ai fait déjà connaître : royaliste pur et constitutionnel, ancien émigré, chaleureux, intrépide, il aurait rappelé Mathieu Molé, et il était par conséquent fort bien à sa place.

Le baron Louis restait aux finances, on sait ce qu'il est.

M. Portal arrivait aux affaires, complètement inconnu. Il ne pouvait avoir d'ennemis à la cour; mais lorsqu'on apprit qu'il était protestant, la désolation rentra dans le lieu saint. J'ai trouvé M. Portal bon administrateur, modeste, attaché à la charte et à son travail. Ce fut un très-bon choix.

Le comte Decazes se réservait le ministère de l'intérieur, auquel seraient réunies les attributions de celui de la police, qui demeurait supprimé.

Tout cela me convenait, et le 18 décembre, tandis que mon premier ministère partait, je le remplaçai par celui qu'avait composé M. Decazes.

Le pavillon Marsan se livra à la joie jusqu'au dernier moment. Il se croyait certain de recueillir la succession de M. de Richelieu, ignorant encore le rappel de M. Decazes. Dieu sait la consternation qu'excita cette nouvelle. Ce furent des clameurs, des calomnies, des récriminations de toute sorte. Je ne sus d'abord auquel entendre : où me réfugier pour me dérober aux larmes, au désespoir des mystifiés. Ma *journée des dupes* eut un succès aussi complet que celle où le cardinal de Richelieu fut mieux servi par la fortune que ne venait de l'être son arrière-neveu. Il est vrai qu'on ne pouvait établir de parallèle possible entre les deux,

Monsieur ne cacha pas son mécontentement, il se concentra dans un morne silence. J'eus aussi le chagrin de déplaire à Madame royale, et mon cœur en fut navré; mes deux neveux et madame la duchesse de Berri se conduisirent à merveille dans cette circonstance. Quant au reste de la cour, je m'en occupai peu.

Je proclamai hautement ma reconnaissance envers le duc de Richelieu; une récompense nationale lui fut donnée, il eut la promesse d'une grande charge dans ma maison. On motiva sa retraite sur le mauvais état de sa santé. Le *Moniteur* le constitua malade ; c'était bien le moins que je pusse faire pour lui.

Le pavillon Marsan, se voyant joué, recourut à M. de Talleyrand, et lui demanda vengeance. L'intrigue est l'élément naturel de ce personnage, et aussitôt il se tourna de cent façons pour trouver le côté vulnérable du nouveau ministère. Son alliance nécessaire était avec les centres et la gauche ; il s'appuyait en outre sur la loi des élections. C'était donc de ce côté qu'il fallait diriger l'attaque.

Le prince de Talleyrand a toujours conservé dans la chambre des pairs une haute influence ; dans cette occasion il fut secondé avec ardeur par tous les membres ultrà. Il y a, dans la pairie, unanimité d'esprit monarchique. C'est l'essence de ce corps, parce que seul il a tous les priviléges de la noblesse ; il doit par conséquent être l'ennemi des révolutions. On effraya facilement les pairs en leur présentant la loi des élections comme devant amener avant peu un mouvement dans le royaume.

Les ecclésiastiques pairs, qui auraient eu tant de joie à excomunier l'ancien évêque d'Autun, se rapprochaient de lui au grand scandale des simples. Un coup fut monté en secret, et on choisit pour le porter non un ultrà de principes et de position, mais le marquis de Barthélemy, homme de la révolution, du directoire et de l'empire. Ainsi le duc de Tarente reçut la mission de réclamer des indemnités pour l'émigration.

L'intrigue, conduite avec toute la dextérité dont M. de Talleyrand est capable, éclata le 20 février 1819. Celui auquel le principal rôle avait été confié parut à la tribune de la chambre des pairs, et dit :

« Il y a deux ans qu'un changement important fut introduit dans nos institutions naissantes par l'établissement d'un nouveau système électoral. Les avantages annoncés furent soutenus avec tant de chaleur, les inconvéniens privés furent appuyés par des raisonnemens si plausibles, qu'il fut permis d'être incertain dans une matière aussi grave. La marche de cette discusion rendit même cette incertitude si naturelle, qu'elle fut à peu près partagée par les orateurs du gouvernement, et qu'en dernière analyse ils déclarèrent que ce système nouveau était un essai qu'on voulait faire, et que si l'essai ne répondait pas à l'espoir que donnait le nouveau système, le pouvoir qui ferait la loi pourrait aussi la modifier. Cette déclaration fixa beaucoup d'incertitudes, et, je l'avouerai, je fus du nombre de ceux qu'elle détermina à voter en faveur de la loi des élections. Deux ans se sont écoulés, deux épreuves ont été faites, deux fois le gouvernement a témoigné ses alarmes. C'est par conséquent pour moi aujourd'hui un cas de conscience que de solliciter l'effet d'une promesse qui a déterminé mon vote. Le sentiment de ce devoir sera partagé sans doute par ceux qui ont voté par le même motif que moi la loi des élections ; il sera partagé par ceux qui ont voté contre la loi et qui doivent désirer de la voir modifier de manière à remédier aux inconvéniens qu'ils avaient prévus. Enfin, il doit être approuvé par ce gouvernement même, qui sera jaloux sans doute de justifier aujourd'hui la confiance qu'il nous inspira à une époque, et qui doit sentir en même temps le besoin de modifier un système qui n'a pas pu dès le premier jet être porté à sa perfection. »

Voilà dans toute son étendue la proposition Barthélemy, laquelle ébranla le ministère dans ses fondemens par la vivacité de l'attaque. Elle était d'ailleurs tellement inattendue, qu'on n'avait pu se préparer à la combattre avec des moyens de succès. M. de Lally-Tollendal se montra mon ami particulièrement ce jour-là ; mais les bonnes raisons qu'il allégua pour faire rejeter la proposition Barthélemy ne furent nullement écoutées. Cent quarante pairs étaient présens : quarante-neuf réclamèrent l'ordre du jour, et quatre-vingt-neuf décidèrent que ladite proposition serait prise en considération.

Ce fut un étrange incident. Je tenais peu à la loi électorale, mais beaucoup à ce qu'on ne me forçât pas la main ; aussi je déclarai au ministère, après avoir entendu M. Decazes, que je prétendais ne rien changer à une loi dont le maintien avait été le principe de la formation du présent cabinet. Il fallait agir promptement et avec vigueur pour déjouer l'intrigue. M. Decazes pria d'abord M. Lafitte de faire aux députés une contreproposition tendant à ce qu'une demande me fût adressée pour que je n'ordonnasse aucun changement à la loi des élections. Le ministère, qui avait cru user d'adresse, reçut un échec dont il s'effraya beaucoup. La chambre adopta l'ordre du jour, motivé sur ce que la constitution avait fixé des formes régulières pour le rejet des propositions émanées de la chambre des pairs.

Je ne m'attacherai pas à rendre compte des débats qui eurent lieu à la chambre des pairs pour ou contre la malencontreuse proposition. Tous les efforts du ministère ne purent rompre une majorité compacte et liée par l'esprit de parti. Le 2 mars, la proposition relative à la réorganisation des collges élector aux fut adoptée. Sur cent cinquante-trois votans, quatre-vingt-dix-huit se prononcérent pour, et cinquante-cinq contre. Deux jours après, la même chambre prononça le rejet de la loi qui lui avait été envoyée sur la fixation de l'année financière au 1er juillet. La même majorité et la même minorité se dessina pour ou contre le ministère.

C'en était fait ; la guerre était déclarée entre le conseil et les pairs. Ces derniers voyaient avec crainte les hommes que la loi actuelle amènerait à la chambre des députés. Le ministère savait que sa retraite serait commandée par tout acte contraire à la loi combattue, et il tenait à rester. Il voulait en même temps que mon pouvoir ne fût pas contráint dans sa volonté comme il en était menacé si on laissait l'une ou l'autre chambre prendre l'initiative.

Je ne manquai pas de conseillers qui vinrent me dire de céder à la circonstance, de sauver la couronne en abandonnant la loi des élections. Je répondis que, plus tard, je pourrais changer cette loi qui soulevait tant de haines ; mais que, dans ce moment, il y aurait des inconvéniens graves à y toucher, et que j'engageais les bons royalistes à prendre patience, seul moyen de me prouver leur attachement.

CHAPITRE XX.

La situation du moment.— Parti des *zelanti*. — Pouvoir qu'il prend sur Monsieur. — Le roi s'en plaint au cardinal de Bausset. — Pourquoi le roi n'admet pas tous les pairs éliminés en 1815.— Quelques noms. — Les comte Fabre de l'Aude.— Le duc d'Orléans donne une fête.— Ce que le roi lui en dit. —Nouveaux pairs.— Duc d'Esclignac.—Colère des ultrà.— M. de Lamoignon.— Morale du cabinet.— Majorat du duc de Richelieu.— Certaines lois. — Clôture de la session. — Secret de M. Bignon. — M. Bavoux.— Le *jamais* de M. de Serre.— Commencement de zizanie dans le conseil.— Comte Capo d'Istria.— Ce qu'il vient faire en France.— Conjectures à son sujet.

Certes le moment était mal choisi pour m'engager à abandonner mon ministère. Je ne pouvais y consentir, je me voyais poursuivi par une cabale venue de longue main et qui, depuis le début de la révolution, ne cessait de m'être contraire : après m'avoir disputé la régence, elle s'était à peu près rendue indépendante de ma royauté d'exil, et maintenant que je régnais réellement, tous ces efforts tendaient à me faire descendre du trône par une abdication.

Tout cela, on le croira aisément, ne pouvait me convenir. Je me cabrai contre la persistance de cette intrigue hypocrite, car elle me parlait toujours au nom de la monarchie. A l'entendre, l'une et l'autre étaient menacées, et ce serait les maintenir que de se révolter contre ma volonté. Je ne veux pas prétendre que la loi des élections, prétexte apparent de l'attaque, fût bonne; mais pour la détruire il fallait s'en rapporter à moi qui, en dernière ressource, et toutes les autres me manquant, m'étais réservé, par l'article 14 de la charte, un moyen légal de venir en cas d'urgence au propre secours de la constitution.

C'était d'abord sur M. Decazes que se portait la haine. Mais son renvoi n'était pas la seule chose qu'on voulût. Déjà à cette époque et à côté du parti que je signale, un second s'élevait, celui que les libéraux appelèrent le parti-prêtre et que je désignerai plus convenablement sous le titre de *zelanti*. Il se compose d'ecclésiastiques de bonne foi ou ambitieux, et de séculiers fanatiques. Ce nouveau parti, déjà détaché de l'ancien, celui de la noblesse, était à cette époque sous la direction de M. de Latil investi de la confiance illimitée de Monsieur. des cardinaux de Bausset, de la Luzerne de et M. de Lafare, archevêque de Sens. Ces messieurs s'étaient mis en tête que, pour relever le caractère sacerdotal, il fallait que le président du conseil fût un prince du sacré collége. On avait inculqué cette pensée à Monsieur ; on lui avait donné pour exemple les cardinaux de Richelieu, Mazarin, Dubois, Fleury, de Bernis et autres qui avaient suscessivement figuré à la tête des affaires. Je ne pouvais faire moins que mes prédécesseurs, ajoutait-on, et il serait fort avantageux au royaume de porter à la présidence un prélat revêtu de la pourpre romaine.

Ceci n'était pas dans ma politique, aussi me défendais-je sérieusement. On en riait; car quelquefois je demandais à ceux qui se hasardaient à traiter avec moi de cette manière, s'ils ne voulaient me recommander également l'ancien évêque d'Autun Ils faisaient la grimace, et néanmoins ne se lassaient pas de m'importuner.

C'étaient donc les *zelanti* qui, avec une chaleur extrême, attaquaient M. Decazes; c'étaient eux qui déjà mettaient en avant Jules de Polignac, eux enfin que je trouvais au fond de toutes ces intrigues. Je m'en expliquai vivement avec le cardinal de Baussét. Je lui fis des plaintes, et n'épargnai pas non plus M. Lafare. Ils se justifiaient de leur mieux sans pourtant me convaincre. La mauvaise humeur que me causaient ces intrigues me détermina à une mesure que dans toute autre circonstance j'aurais repoussée; celle de la création d'un grand nombre de pairs. Ce fut un acte inconstitutionnel, je l'avouerai; inconstitutionnel non selon la lettre de la charte, mais selon son esprit, puisque je l'employais à faire passer par force ce qui me convenait. La faute d'ailleurs plus grave était celle de créer un précédent dont on userait et abuserait désormais, et qui finirait par jeter la pairie en pleine déconsidération.

Néanmoins je me refusai d'abord à cette proposition qui me fut faite par M. Decazes. Quelque chose me disait qu'il vaudrait mieux consentir à la volonté de la chambre des pairs que de la combattre. Et pourquoi ne l'avouerais-je pas? Je me sentais malgré moi porté d'affection pour cette chambre si monarchique. Au fond, je ne pouvais trop lui en vouloir de sa sollicitude à défendre mes intérêts, et il m'était désagréable d'y introduire des hommes qui avaient déjà fait certain bon marché des Bourbons (les pairs des cent jours) et qui seraient plus ou moins saupoudrés de libéralisme.

La mesure adoptée, et je le répète ce fut avec répugnance, j'y mis des conditions. La première, que tous les pairs éliminés ne rentreraient pas en masse, pour que cela n'eût point l'air d'une réintégration. J'en rayai huit de ma propre main, parmi lesquels j'eus soin de désigner le duc de Praslin, le comte de Ségur et le marquis de Valence. Les deux derniers étaient entièrement au duc d'Orléans, M. de Valence surtout. Je ne fus pas fâché de gratifier le Palais-Royal d'un second avertissement. Le duc avait reçu le premier tout *novissimè*. Voici à quelle occasion.

Ce prince donna une fête à laquelle il invita les hommes les plus marquans de l'opposition et ceux de mon service intime. Mais la différence de l'accueil qu'il leur fit frappa tous les gens. Aux premiers, les bonnes grâces, les politesses; aux seconds, froideur, indifférence, inattention, enfin triomphe complet de la révolution sur l'ancien régime.

Je n'étais pas couché encore que déjà on m'avait raconté ce qui s'était passé. Le lendemain, à mon lever, on compléta le récit; j'en eus de l'humeur, et j'envoyai inviter le duc d'Orléans à venir au château. Il se hâta d'obéir.

« Mon cousin, lui dis-je, vous êtes libre de recevoir chez vous tous les jacobins de Paris et de les bien traiter ; mais vous ne l'êtes pas d'y appeler en même temps mes serviteurs pour les laisser à l'écart et les faire servir au triomphe des révolutionnaires. Je suis forcé de vous dire que cette conduite ne me convient point, et que si elle se renouvelait, je me verrais dans la nécessité de la réprimander d'une manière plus grave. »

Le duc d'Orléans essaya de se justifier en jetant le tort sur ses alentours, ce qui me fit lui dire :

« En effet, vous êtes malheureux en amis ; il n'y a pas de jours qu'ils ne vous compromettent. »

J'aurais souhaité que le duc d'Orléans me demandât l'explication de ce propos ; mais, fort de son innocence sans doute, il n'en fit rien. Il résulta de tout ceci que MM. de Ségur et de Valence attendirent jusqu'à la fin de l'année leur retour à la pairie. Parmi les autres retardataires je ne sais pourquoi M. Decazes m'engagea à laisser le comte Fabre de l'Aude, homme d'honneur qui avait voulu me servir aux cent jours et envers lequel je fus presque ingrat. On appela à cette nomination des hommes que rien, je l'avoue, ne recommandait

27.

à la vénération publique par leurs antécédens politiques. MM. d'Aramon, d'Arragon, de Greffeuth, de Grammont d'Aster, de Bastard et de Catelan. Mais en revanche reparurent là en nombre les célébrités contemporaines. Je citerai avec plaisir et orgueil le maréchal duc d'Albuféra, le comte Becker, le comte Belliard, le duc de Conégliano, maréchal de France, le comte Claparède, le comte de Dantzik, le comte Daru, le comte Dejean, le maréchal prince d'Eckmülh, le maréchal comte de Jourdan, le comte de La Forêt, le comte de Lacepède, le comte de Latour-Maubourg, le comte Maurice Mathieu, le comte Mollien, le comte de Montalivet, le comte Marescot, le duc de Plaisance, le comte Reille, le comte Ruthy, le comte Rapp, le comte Rampon, le maréchal duc de Trévise, le comte Truguet et le comte Verhetht.

Certes de pareils choix, et quatre ou cinq autres que je passe sous silence pour raisons à moi connues, pouvaient en quelque sorte justifier cette nomination ; j'y glissai un des mes alliés, le duc d'Esclignac, qui avait besoin d'ailleurs de l'inviolabilité de la pairie pour s'en faire un égide contre la mauvaise volonté de ses créanciers.

Lorsque cette ordonnance parut, datée du 5 mars 1819, ce fut un tumulte, un déchaînement à ne plus s'y reconnaître. Cette pairie prise ainsi d'assaut, livrée *au premier venu*, je répète les expressions employées, causait un étonnement qui passait toutes les bornes. On se demandait quelle cause avait nécessité cette *autre invasion des barbares;* bonnes gens qui oubliaient la vivacité et l'astuce de l'agression, afin d'avoir le droit de crier contre la défense ! Ce qu'on croira difficilement, sans doute, c'est que ce monde si furieux s'avisa en même temps de vouloir me forcer la main pour augmenter la liste; qu'on vint bravement me recommander cinquante à soixante ultrà, lesquels, disait-on, étaient des constitutionnels oubliés par moi. Le comte Decazes était véritablement assiégé de son côté. Ceux qui clabaudaient contre lui au faubourg Saint-Germain venaient le cajoler dans son salon pour lui demander une pairie absolument nécessaire.

La proposition Barthélemy fut repoussée à l'aide de ce nombreux renfort à la chambre des pairs et à celle des députés, et nous évitâmes cet écueil. On ne manqua pas, pour s'en venger, de mettre en doute mon droit de créer des pairs. Le marquis de Lamoignon parla sur ce texte ; on le renvoya à la charte, où il put lire que le roi fait des pairs à volonté.

L'administration dès lors marcha avec beaucoup plus de fermeté. M. Decazes avait pris des mesures dans son ministère, lesquelles déterminèrent une unité qui lui était nécessaire; il congédia des préfets, en changea d'autres de place; ce mouvement eut lieu dans les sous préfectures. Il me proposa certains adoucissemens aux lois d'exceptions, et je me laissai aller à la clémence, qui a toujours été un besoin pour mon cœur. J'établis également, sur sa proposition, une exposition des produits de l'industrie nationale; elle eut lieu cette année au mois d'août, et devait être renouvelée de trois ans en trois ans.

D'autres créations, non moins importantes, suivirent celle-ci. Je citerai les conseils généraux de l'administration des prisons, d'agriculture, des améliorations dans le reste de la justice, un comité central pour la garde nationale, une commission qui préparait une loi d'organisation municipale, dont le besoin se faisait sentir; d'autres avantages, apportés dans tous les intérêts publics, signalèrent cette année de mon règne, commencée par une tempête politique, et qu'un autre orage terminerait.

Parmi les travaux qui remplirent la session parlementaire, en dehors des agitations des divers partis, je citerai l'abolition des droits d'aubaine, la récompense nationale à accorder à M. de Richelieu, qui consista en un majorat de cinquante mille livres de rente. Le duc fit la faute d'en appliquer le produit aux hospices de la ville de Bordeaux; ce fut une sorte de dédain qui ne convient point à l'égard d'un don offert par le roi et le concours des deux chambres. M. de Richelieu agit ainsi par pique, il aurait voulu que la résolution eût été unanime dans les deux chambres, et elle ne le fut point.

Venaient ensuite une loi sur la fabrication et le commerce de salpêtre, une qui fixa le prix des poudres de chasse, de guerre, de mine, etc., une autre sur les opérations du grand-livre ; celle qui maintint, au profit de l'état, le monopole du tabac; celle qui créa dans chaque département de petits grands-livres, mesure financière qui, presque partout, est demeurée sans résultat; la loi concernant la presse dans tous ses rapports avec le gouvernement et la société; loi très-importante, et qu'on divise en trois parties :

La première comprenant la répression des crimes et délits commis par la voie de la presse ou par tout autre moyen de publication ;

La seconde relative à la poursuite et aux jugemens des crimes et délits commis par la voie de la presse, ou tous autres moyens de publication ;

La troisième s'attachant spécialement aux journaux et à leur publicité. Celle-ci avait pour but de suppléer à la censure, lorsqu'il ne plaisait pas au gouvernement de la mettre en jeu.

La loi relative aux servitudes imposées à la propriété, pour la défense des places fortes de l'état, etc.

La session fut close le 17 juillet, et l'on dut se préparer aux débats de celle qui suivrait. Ce fut pendant la durée de cette session, et à l'époque de la discussion de la loi sur la liberté de la presse, que M. Bignon, du haut de la tribune, menaça mon ministère de la révélation d'un terrible secret. Nous sommes curieux, en France; aussi de toutes parts demanda-t-on le secret de M. Bignon. Malgré ces provocations, M. Bignon se tut, par la meilleure des raisons, c'est qu'il n'avait rien à dire. Son but était de produire de l'effet, et de se faire passer pour quelque chose ; ceci exécuté, il n'alla pas plus loin.

Le parti libéral, s'il possédait des capacités supérieures, avait aussi dans ses rangs des personnages bien en état de le déconsidérer. M. Bavoux est du nombre, puis M. Monjau, qui, sans son procès, n'eût certes été connu d'aucun dans le royaume; mais on tourmentait de temps en temps des nullités, afin de leur donner de l'importance; M. de Serre prenait particulièrement ce soin. Royaliste, ai-je dit, de corps et d'ame, semi-libéral avant d'entrer au ministère, il revint à ses anciennes opinions aussitôt qu'il fut au pouvoir.

M. de Serre se montra l'un des premiers, dans le conseil, effrayé de la tendance rapide que tout prenait vers la gauche. Il craignit que trop d'indulgence ne fût nuisible, et pour y mettre des bornes, il déclara en pleine tribune que les régicides ne rentreraient jamais en France. C'était bien, sans doute ; mais, ce mot *jamais* déplut à M. Decazes et à ses amis; il en résulta que, quatre jours après, quelques-uns de ces hommes, autrefois coupables et aujourd'hui repentans, furent rappelés.

Ceci commença à mettre de la désunion dans le conseil. M. de Serre se plaignit, et on lui répondit que si, avant de parler, il avait consulté ses collègues, il aurait su que la détermination était prise et pour ainsi dire la parole royale engagée, de permettre le retour clandestin de certains de cette classe d'exilés, et que par conséquent on ne pourrait avoir égard à son discours.

Quoi qu'il en soit, dès qu'on connut le mécontentement de M. de Serre, le pavillon Marsan vint à lui, et le cajola, ainsi que c'était sa coutume toutes les fois qu'il croyait pouvoir détacher un ministre de M. Decazes. On s'adressa à M. de Portal; ces deux ministres opposèrent aux décisions à prendre dans le cabinet une inertie qui se fit sentir plutôt qu'elle se montra; ils s'allièrent en secret au duc de Richelieu, à son retour du voyage qu'il avait entrepris d'abord dans le midi de la France, puis dans les pays étrangers.

Cependant je reprenais des forces, après avoir souffert de ma goutte pendant sept mois environ, de manière à ne pouvoir quitter le château des Tuilleries. Le 28 juin, je sortis en calèche; la joie que les Parisiens firent éclater de mon rétablissement, me fut douce. Le peuple m'a toujours aimé; il a compris, à toutes les époques de ma vie, que je regardais mes intérêts comme intimement liés aux siens. Je me rendis ensuite à Saint-Cloud, pour y passer la belle saison. Ce fut là que je reçus le comte Capo-d'Istria, diplomate renommé et en faveur auprès de l'empereur de Russie. Il possédait la confiance de ce souverain, et, quoiqu'il ne fût qu'en arrière du comte de Nesselrode, il partageait avec lui les travaux du ministère de l'intérieur, à

Saint-Pétresbourg. M. Capo-d'Istria est Grec, il en a la finesse, la facilité aux affaires, le sens exquis de la diplomatie ; c'est un plaisir de l'entendre parler sur un point de politique ou de simple littérature. Ce fut le comte Pozzo di Borgo, ambassadeur de son souverain près de moi, qui me le présenta. Je voulais lui être agréable, et j'y parvins.

Le comte Capo-d'Istria venait, au nom de son maître, me faire part de matières qui se discutaient en ce moment à la réunion de Carlsbad. Un congrès s'était rassemblé dans cette ville, pour y traiter des affaires relatives à l'Allemagne ; l'objet principal en était bien déterminé, et pourtant les ultrà y dépêchèrent un des leurs, afin de se plaindre de la tendance de mon ministère, dont les opérations pourraient ramener, disait-on, le triomphe de l'anarchie.

La loi des élections était le perpétuel champ de bataille sur lequel on attaquait mon cabinet. L'empereur Alexandre avait fini par s'en alarmer, dans mes intérêts, après ce que le duc de Richelieu lui avait dit : il m'envoyait donc M. d'Istria pour me conseiller de méditer sérieusement sur cette loi, qui élevait tant de clameurs.

Je fus touché de cette démarche tout amicale du czar, et je dis à mon ministre secret. « Que jusque là la loi des élections ne m'avait nullement inquiété, que la maintenir était pour mon conseil une question de vie ou de mort, et que la troisième épreuve allait en être faite. Celle-ci, poursuivis-je, sera définitive: si les élus ne sont pas en très-grande majorité les amis du gouvernement et les serviteurs de ma famille, alors je n'hésiterai pas à détruire un mode d'élection dont les conséquences seraient funestes. Dites au Czar que, moins qu'un autre, je veux suivre une voie qui nous ramènerait vers la révolution. »

Ces paroles satisfirent le comte Capo-d'Istria. Je pensais ce que je lui avais dit. L'adoption ou le rejet de la loi électorale tenait uniquement à la manière dont les choix auraient lieu ; je n'avais point encore touché ce point avec M. Decazes ; mais quelle que fût son opinion à cet égard, j'étais bien déterminé à n'avoir en vue que les intérêts de ma couronne.

La visite du comte Capo-d'Istria, et le secret profond qu'il garda sur les objets traités dans l'audience particulière que je lui avais accordée, intriguèrent beaucoup de monde autour de moi. Le bruit courut d'abord que M. de Richelieu allait reprendre son influence sur mon cabinet, et que M. Decazes serait disgracié. Les conjectures furent portées à tel point que mon ministre conçut de l'alarme : il m'avoua ses craintes avec une franchise dont je lui sus gré ; je le rassurai complètement, et choisis cette occasion pour lui faire part de ma pensée relativement à la loi des élections.

— La sagesse du roi, me répondit-il, est trop supérieure à la mienne, pour que je ne m'empresse pas de lui obéir dans toutes ses inspirations.

CHAPITRE XXI.

Le roi reçoit en audience publique des princes de Madagascar. — Le bâton de maréchal dans la giberne de tout soldat. — Succès que le roi obtient de sa visite aux produits de l'industrie. — Naissance de *Mademoiselle*. — Prétentions de S. M. Ferdinand VII. — Ce que le roi répond à son agent. — Son projet relativement à la succession de M. le duc de Bourbon. — Mort de plusieurs têtes couronnées. — Réflexions. — Bruits menaçans contre M. le duc de Berri. — Révélation suspendue. — Le cheval de bronze du Pont-Neuf, un corbillard et un somnambule. — Récit du duc de La Châtre. — Les libéraux s'enhardissent. — Comité directeur. — A la vue des élections le roi se décide à revenir sur la loi électorale. — MM. Lecarlier, Méchin, Foy, Labbey de Pompières, Taraire, Sébastiani, Bodin, François de Nantes, Sapey, Grégoire. — Effet que la nomination de ce dernier produit à la cour. — Lambrecht. — État de la France. — Complot libéral, — Ministère proposé par les orléanistes. — Révélation de Cambacérès et de Barras. — Causes qui amenèrent la dissolution du ministère Dessolles.

Pendant que j'étais à Saint-Cloud, un chevalier Roux, honnête homme, très-monarchique, me présenta le 8 août deux jeunes princes, fils de deux souverains d'une portion de l'île de Madagascar; il était leur gouverneur; je leur fis bon accueil, et leur parlai de leur patrie. Ma science géographique les surprit. Madame Royale, Monsieur et les princes mes neveux les traitèrent fort bien aussi. Somme toute, nous les renvoyâmes très-contens.

Ce même jour, les élèves de l'école de Saint-Cyr m'ayant rendu la visite que je leur avais faite l'année précédente, je me mis sur le grand balcon, afin de les voir manœuvrer. Je fus frappé de leur ensemble et de leur précision. Il était facile de reconnaitre que cette école renferme l'élite de la société future. Je leur dis ces quelques paroles, qui produisirent un grand effet :

« Mes enfans, je suis très-satisfait de votre bonne conduite ; persévérez dans vos travaux ; la patrie et le roi vous en récompenseront par leur amour. Vous êtes destinés à remplacer les braves que la mort moissonne chaque jour. Tous les grades militaires vous sont assurés, chacun de vous a dans sa giberne le bâton du maréchal Oudinot ; c'est à vous de l'en faire sortir. »

Toute cette belle jeunesse se mit à crier *vive le roi*, et cela du fond de l'ame. Je fis servir un bon repas impromptu à ces braves élèves, qui me quittèrent enchantés de la réception que je leur avais faite.

Le 12 du mois je revins à Paris, et le 25, jour de ma fête, il y eut aux Tuileries réception de toutes les autorités. Harangues et réponses obligées, rien n'y manqua ; le 28, j'allai visiter les produits de l'industrie exposés au Louvre, en vertu de l'ordonnance royale. J'étais heureux et fier de pouvoir commander à un peuple capable de produire de tels chefs-d'œuvre; je n'étais pas d'ailleurs étranger aux connaissances requises pour juger la matière, car j'en avais fait une étude dans ma jeunesse.

Je prolongeai cette visite royale pendant plus de cinq heures, toujours au milieu des fabricans, des inventeurs, des négocians et des artistes. mes questions leur plaisaient, parce que je ne les faisais pas au hasard. J'éprouvais une joie sincère de prouver à ces hommes estimables que j'étais digne de les apprécier. J'ose croire que les récompenses, dont ma visite fut suivie, obtinrent le suffrage général. La foule reconnaissante m'accompagna à ma sortie de ses acclamations. Ces joies, où je me confondais avec mon peuple, m'étaient toujours agréables.

Je conseillai à mon frère de m'imiter lorsqu'il serait sur le trône. On aime les rois populaires, lui dis-je, et un souverain ne peut jamais trop se montrer à ses sujets.

Monsieur me promit de suivre mon exemple : je suis certain qu'il tiendra sa parole; il est naturellement bon et affable, il aime les classes inférieures et surtout leurs acclamations. Le silence du peuple, à son approche, lui serait pénible. Grâce à Dieu, c'est une punition qu'il ne m'a jamais infligée.

Le 21 septembre, Madame la duchesse de Berri accoucha heureusement d'une fille qui reçut au baptême les prénoms de Louise-Marie-Thérèse, et que je titrai de *Mademoiselle*. Sa naissance nous procura sans doute un moment de joie bien douce ; néanmoins, dans la situation des choses, un prince venu à sa place nous eût satisfaits davantage.

Un héritier direct me devenait de plus en plus nécessaire. Déjà des gens, bien intentionnés d'ailleurs se disposaient à se rattacher à la branche d'Orléans; le nombre de ses partisans s'accroissait au détriment de nos intérêts. On croyait si probable que la branche aînée s'éteindrait, faute d'enfant mâle, que le roi d'Espagne me fit parler pour connaître mes intentions, relativement à l'avenir. Je trouvai que Ferdinand VII se pressait beaucoup; et je me contentai de répondre à la personne chargée de cette négociation délicate, par ces deux vers si connus:

Seigneur, trop de prudence entraîne trop de soin;
Je ne saurais prévoir les malheurs de si loin.

Le négociateur insistant pour une réponse plus précise, je lui dis:

« Selon moi, le droit des enfans de Louis XIV est supérieur à celui des enfans de son frère; mais un obstacle invincible s'opposera toujours à ce que la branche d'Espagne jouisse de ses droits, et cet obstacle provient de ce que les membres sont nés hors de France. Si on veut envoyer à Paris des infans, et qu'ils s'y marient, les mâles qui proviendront de ces mariages, rentrant dans le droit de cité, évinceront nécessairement toute branche plus éloignée; mais se flatter que le roi régnant d'Espagne ou les siens puissent devenir rois de France, sans retrempement de civilisation, je déclare la chose impossible. »

Je parlai dans le même sens à Madame royale; je fis plus, je proposai que le duc de Bourbon appelât près de lui, ou un prince de Naples, ou le duc régnant de Lucques (ci-devant roi d'Étrurie), qu'on marierait à la fille nouvellement née du duc de Berri, et qui, par son rang, se trouverait en position d'obtenir la suprématie sur la branche d'Orléans. Je souhaitais que la fortune des Condé n'allât pas grossir celle que le régent avait amassée en consommant la ruine de la France.

Depuis un an, la mort promenait sa faux sur les têtes couronnées. La reine d'Angleterre, qui veillait avec un soin si religieux sur son époux infortuné, Georges III, et méritait tant d'être heureuse par ses vertus, termina sa carrière le 17 novembre 1818.

La reine d'Espagne, seconde femme de Ferdinand VII, et fille de Jean VI, roi de Portugal, termina également sa brève destinée, le 26 décembre de la même année. Elle n'avait point donné d'enfant à son royal époux, qui, l'année d'après, se remaria à la princesse Marie de Saxe, que j'aurais choisie pour mon neveu, le duc de Berri, si déjà je ne me fusse arrêté sur la princesse de Naples.

Ce décès fut promtement suivi de celui de la reine belle-mère de cette jeune princesse, la femme de Charles IV, roi d'Espagne avant Ferdinand VII, fille du duc de Parme; elle était née le 9 décembre 1751.

C'est cette reine dont la folle passion pour Godoï à fait tant de mal à cette branche de ma famille. Seize jours après sa mort, qui eut lieu le 4 janvier 1819, son époux, Charles IV, la suivit au tombeau; il l'avait laissée à Rome, et était venu à Naples voir son frère, Ferdinand IV. Ce fut dans cette ville qu'il expira.

La reine de Wurtemberg, Catherine-Paulowna, sœur de l'empereur de Russie, était morte le 14 janvier 1819, âgée de trente et un ans.

L'un de mes deux beaux-frères, celui qui l'était doublement, puisqu'il avait épousé ma sainte sœur Clotilde, Charles-Emmanuel, roi de Sardaigne, lequel, par une abdication volontaire, avait antérieurement cédé le trône à son frère puîné, mourut à Rome le 9 octobre. Il est du petit nombre des souverains qui ont la certitude de retrouver dans une meilleure vie la couronne qu'ils perdent dans ce bas monde.

Tous ces trépas devaient nécessairement m'inspirer de tristes réflexions, et me rappeler plus vivement cette sentence d'Horace :

> *Pallida mors æquo pulsat pede*
> *Pauperum tabernas*
> *Regumque turres.*

Et que notre Malherbe a rendue avec tant de génie, quand il a dit, en parlant de *la pâle Mort*, dans son ode sur le trépas de la fille de Duperrier

> La mort a des rigueurs à nulle autre pareille,
> On a beau la prier,
> La cruelle qu'elle est se bouche les oreilles
> Et nous laisse crier.
> Le pauvre en sa cabane où le chaume le couvre
> Est sujet à ses lois,
> Et la garde qui veille aux barrières du Louvre
> N'en défend pas nos rois.

Quelque chose me disait que ce spectre hideux rôdait autour des Tuileries, me menaçant de sa faux impitoyable. Hélas ! il ne m'était pas donné de comprendre que ce ne serait pas moi qu'elle frapperait le premier !

Cependant je recevais des avertissemens sur le malheur prêt à fondre sur notre famille. Je ne sais comment, vers la fin du mois d'octobre, la nouvelle se répandit dans le château qu'un jeune homme, dont le duc de Berri aurait enlevé la sœur ou la maîtresse, prétendait qu'il se vengerait, dans le sang de mon neveu ; on parla beaucoup de cet incident : la galanterie du prince m'était connue je craignis qu'il n'eût mérité l'inculpation, et j'ordonnai à la police des recherches sur ce point ; elles furent toutes infructueuses. On ne put trouver ni le jeune homme furieux, ni la femme prétendue enlevée. C'était un conte fait à plaisir. J'en parlai au duc de Berri, qui me répondit avec sa franchise habituelle, qu'il avait bien assez de ses anciens torts, sans y en ajouter de nouveaux.

Ce prince infortuné faisait allusion à un premier

attachement qu'il avait eu en Angleterre, et duquel étaient provenues deux filles, et à une fantaisie d'un peu longue durée, il est vrai, pour une demoiselle de l'opéra, depuis son retour en France.

A cette rumeur, succéda celle qu'un complot, qui devait trancher dans sa seule branche vivace l'arbre antique de ma famille, s'ourdissait dans l'ombre, et qu'il se rattachait à une conjuration d'origine jacobine et buonapartiste; que sous prétexte de rétablir la *république avec l'empereur*, on réunissait tous les fontionnaires disgraciés, officiers à demi-solde, puis les gens sans-aveu.

Raconterai-je un fait encore plus étrange, et si merveilleux, qu'en le rapportant, je pourrais être accusé d'être crédule comme une vieille femme? Dans tous les cas je ne dirai pas jusqu'à quel point j'y ai ajouté foi, au plutôt je le donne pour ce qu'il vaut.

Je vis un jour venir La Châtre, l'air sombre, et ayant en outre dans sa contenance cette solennité de commande qu'il sait prendre chaque fois qu'il veut exciter ma curiosité. Je le questionnai; il se tint sur la réserve, prétendant que je le raillerais s'il parlait, bien que la chose valût la peine d'être répétée; bref, je lui ordonnai de remplir ce devoir de tout sujet fidèle, qui consiste à regarder le souverain comme un confesseur, et par suite à ne lui rien cacher.

Alors La Châtre me dit qu'un jeune domestique à son service s'était levé au milieu de la nuit, tourmenté par une insomnie pénible, et qu'étant descendu dans la rue pour se promener, il avait vu passer Henri IV monté sur le cheval de bronze du Pont-Neuf.

— Le cavalier est de poids, ne pus-je m'empêcher de dire en riant, et la matière un peu lourde. Votre domestique l'a-t-il suivi pour aller tenir l'étrier à mon grand aïeul ?

— Oui sire, répondit mon premier gentilhomme, et il s'arrêta....

Je ne sais pourquoi cette interruption m'inspira tout à coup une terreur superstitieuse, un de ces mouvemens involontaires de l'ame, auxquels les hommes les plus philosophes ne peuvent pas plus se soustraire que les esprits faibles. Je m'imaginai que Henri IV était venu visiter les Tuileries, et la politesse du mort auguste m'aurait paru de mauvais augure pour moi ; j'hésitais donc à continuer mon rôle d'interrogateur..... Enfin, rougissant de ma faiblesse.

—Où le grand roi s'est-il arrêté ? demandai-je.

— Rue du faubourg Saint-Honoré, en face de l'Élisée-Bourbon. Il a frappé à la porte avec sa main gauche..... La porte s'est ouverte.

—Eh bien ?

—Eh bien ! sire, un convoi funèbre en est sorti, un convoi royal..... Il y avait sur le corbillard une couronne fleurdelisée.

Je m'indignai de l'oppression que me causait ce récit, et affectant de rire :

—Ton page s'est réveillé ? repris-je.

—Non, sire, il a eu le courage de suivre la vision ; elle est entrée dans la ville par la rue Saint-Honoré, a tourné celle de Richelieu, puis elle a fait une station en face la bibliothèque royale, vis-à-vis l'Opéra, et tout a disparu.

—Et tu viens avec audace me rapporter ce mensonge..... Tu es fou, La Châtre!

— Je puis affirmer au roi que mon domestique est plein de bon sens et que la même scène s'est renouvelée pour lui à deux autres reprises.

— Mais quand elle a fini, il s'est trouvé dans son lit?

— Il soutient que non. Le concierge de l'hôtel prétend, qu'en effet, il lui a ouvert la porte ; il est vrai que chez moi on le dit somnambule. La chose cependant n'en est pas moins singulière, et j'avouerai qu'elle me frappe.

Ce n'était pas la première fois que pareil prodige m'était rapporté : d'ailleurs je me souviendrai toujours de ce couteau que j'ai vu enfoncer dans le portait du roi de Suède, Gustave III, quelques jours avant l'assassinat de ce monarque. Je sentis de nouveau une sotte inquiétude me saisir; je défendis à mon vieil ami de faire part de ce rêve de triste présage. Menaçait-il le duc de Berri ou bien annonçait-il que mon neveu ne revivrait pas dans sa postérité ? Cette idée me donna de la mélancolie quoiqu'en réalité je n'attachasse aucune importance aux fascinations dont un somnambule peut être dupe.

Les semaines s'écoulant, je cessai de m'occuper de ce fait; j'eus d'ailleurs tant d'autres distractions et tant d'amertumes réelles, que je dus y donner toute mon attention.

La marche des affaires ne me convenait guère plus qu'auparavant. Vainement faisais-je de mon mieux pour contenter l'un et l'autre parti ; je m'étais décidé, par une condescendance extrême, à exécuter à peu près le concordat de M. de Blacas, ou plutôt celui de Léon X renouvelé, en y faisant, de concert avec le saint siége, des changemens ordonnés impérieusement en France, par la disposition des esprits à la tournure que prenaient les choses. Le haut clergé avait émis une déclaration prétendue constitutionnelle, dont nous cherchions à paraitre satisfaits, bien que lui-même ne le fût pas.

J'entendais avec peine faire sans cesse les plus graves reproches à M. Decazes; il s'était mal entouré. M, Guizot et autres *ejusdem farinæ* lui faisaient commettre des fautes; il payait les hommes ennemis directs de ma dynastie; il faisait rentrer en trop grand nombre les exilés : si encore ils eussent été tous comme Cambacérès, je n'aurais pas eu à me plaindre. Ce personnage, ayant obtenu à cette époque l'autorisation de son retour, me prouva sa reconnaissance par de bons avis qu'il me fit passer. Je dois convenir que mon gouvernement en tira parti.

Mais les autres hommes de la révolution ne se conduisaient pas de même. Profitant de l'indulgence de mon ministère et de la mienne, ils rentraient en France pour y attiser la discorde, pour y fomenter la guerre civile. Déjà un comité directeur s'était formé, comité qui se composait dans ses sommités de MM. de Lafayette, Laffitte, Benjamin Constant, Casimir Périer, le général Lamarque, Audry de Puyraveau et trois ou quatre autres, tous agissant avec discrétion, mais sachant prodiguer l'argent que leur fournissaient la famille Buonaparte et autres.

Ce comité directeur, que l'on connaît et que cependant on n'ose signaler parce que les preuves patentes manquent, ce comité avait, dès son origine, tourné ses soins vers les élections. Il aspirait à s'en emparer pour amener une chambre factieuse qui, par le refus de l'impôt procéderait au renversement de la monarchie. C'était le but avoué des conspirateurs, je commençais à le voir. M. Decazes, au contraire, s'abandonnait à une funeste sécurité; il se reposait sur les assurances fallacieuses que certains libéraux lui donnaient. Un coup de tonnerre le réveilla, ce fut le résultat des nouvelles élections

Ici chacun se mettait en mesure. L'Europe, inquiétée par les dénonciations qui lui étaient faites de l'intérieur, craignait que la chambre des députés ne finît par pousser à la révolution. Le comte Capo-d'Istria était venu à ce sujet déposer dans mon sein les allarmes de son souverain. D'une autre part, la Prusse, l'Autriche et l'Espagne n'étaient pas tranquilles. Le prince régent d'Angleterre ne pouvait non plus se défendre de l'inquiétude générale, et lord Wellington avait aussi reçu de lui la mission de me demander si mes mesures étaient bien prises et si je me croyais à l'abri d'un coup de main despotique.

De mon côté je mettais mon amour-propre à diriger le troisième résultat de la loi électorale de manière à ce qu'il démentît les assertions ennemies. Je souhaitais ardemment qu'il produisît des choix propres à tranquilliser l'Europe, la France et la cour. J'avais pour cela désigné moi-même, pour présider des colléges électoraux, des hommes connus par leurs opinions modérées et constitutionnelles, me flattant par là de leur rallier les exagérés. Je ne réussis qu'à demi ; le comité électoral des libéraux fut plus heureux ou plus habile que mon ministère, et les noms qui surgirent cette fois prouvent que vainement nous tâcherions de pactiser avec les révolutionnaires, sous la condition de les conduire à des sentimens modérés. Parmi les députés hostiles à mon gouvernement et à ma famille, on signale en première ligne un Lecarlier, fils de régicide, et dont les opinions n'annonçaient pas qu'il déplorait le vote criminel de son père. Le baron Méchin, bon administrateur, tout saturé de buonapartisme, et qui se montrait l'ennemi du trône parce qu'on était décidé à ne plus l'employer. Le comte Foy, habile homme de guerre, et l'un des plus célèbres orateurs qui aient paru à la tribune depuis Mirabeau. Labbey de Pompières, ennemi personnel de ma famille, et en secret dévoué au parti d'Orléans. Ganilh, libéral quand même. Le général Tarayre qui voulait me punir de ce qu'on ne se battait plus. Le comte Sébastiani, homme naturellement tenu au pouvoir, et qui néanmoins fera de l'opposition tant que le pouvoir ne voudra pas de lui. M. Savoye Rollin, réputation à la manière antique, et presque étranger à la tendance moderne, parce qu'il voulait moins son avantage personnelle que le bien de son pays.

Le comte François de Nantes, réputation de l'empire, qui me serait hostile jusqu'au moment où je consentirais à le mettre à la tête de l'administration des droits-réunis. M. Sappey, libéral parce que nous n'avions pas voulu de ses services. L'abbé Grégoire enfin, le jacobin, le régicide par lettre, le sénateur, l'évêque schismatique; l'expression abominable de la convention nationale, apostat à son ordre, toujours au premier rang parmi les acharnés à notre perte, janséniste fanatique, dangereux par sa science, ses vertus privées, son désintéressement, sorte de fagot d'épines honorable du parti. L'introduire à la chambre des députés, l'appeler à prêter serment dans mes mains, c'était le comble de l'audace et de l'injustice.

Dès que ce choix fut connu, le château retentit de la juste indignation de Monsieur, de Madame Royale et de tous les miens. J'avoue que mon cœur se souleva à la pensée de cet affront qu'on osait me faire. Je mandai le ministre de l'intérieur.

— Monsieur, lui dis-je, ou je sortirai du royaume une troisième fois, et celle-ci volontairement, ou Grégoire n'entrera pas dans la chambre des députés.

M. Decazes essaya de me calmer, et le reste du ministère me promit qu'on n'épargnerait rien pour m'éviter ce désagrément. Je dirai ensuite ce qui arriva à ce sujet.

Le Bas-Rhin envoya le comte Lambrecht, ex-sénateur, honnête homme dans la vie privée et néanmoins autre étendard révolutionnaire; puis le baron Demarcay, Leseigneur, Fradin, et deux ou trois autres libéraux à peu près obscurs.

Le côté droit n'avait fait aucune acquisition ni même conservé ses hommes les plus importans. Les centres également avaient leur part à cette réélection; tout en apparence était balancé. Mais le choix de Grégoire détruisait l'équilibre et renverserait tout.

On me proposa dans le château des moyens extrêmes que je rejetai. J'imaginai celui qui rentrait dans la constitution, et j'en fis part à M. Laîné, demeuré l'un de mes fidèles parmi ceux qui étaient intimement revêtus de ma confiance.

La France, au moment où elle approchait de l'ouverture de la session de 1820, ne pouvait pas plus que moi se dissimuler qu'une nouvelle crise se préparait. Les libéraux gagnaient le terrain que perdaient les royalistes, et, bien que ceux-ci me fussent peu attachés, je voyais en eux les amis de la monarchie et de ma famille, et par conséquent je penchais secrètement vers ce parti. Le choix électoral ne me permettant plus de douter de l'imminence du péril, je me déterminai à me présenter en face de la révolution flagrante; car il y avait nécessité de repousser une attaque directe qui amènerait ma chute.

Je savais que déjà le comité prétendu républico-buonapartiste penchait vers l'orléanisme, parce que les propositions faites par les chefs de ce parti lui avaient paru si belles que chacun de ses membres y avait accédé. Je savais qu'on projetait de donner le commandement des gardes nationales de France au marquis de Lafayette, le ministère des relations extérieures au comte Sébastiani; celui de la guerre au général Lamarque; celui de l'intérieur à M. Périer; celui des finances M. Laffitte; celui du commerce, qu'on rétablissait à M. Audry de Puyraveau; celui de la justice à M. Dupont de l'Eure, et celui de l'instruction publique à M. Benjamin Constant.

Je savais encore que de hautes fonctions, des grades militaires étaient promis aux autres conspirateurs et surtout aux membres de la chambre des députés qui donneraient le branle lorsque *la majorité constitutionnelle* y serait arrivée. Croirat-on que les vrais buonapartistes, ayant eu vent de ce complot, en conçurent une telle inquiétude,

29.

qu'ils m'en firent prévenir par le duc Cambacérès, et que je reçus aussi à ce sujet une lettre du comte de Barras.

Toutes ces choses me déterminèrent premièrement à remanier la loi des élections sur des bases plus monarchiques ; secondement, à faire tous les sacrifices nécessaires pour rallier en faisceaux et les royalistes purs et ceux qui se rattachaient à la coalition. J'en parlai à M. Decazes ; il convint que la circonstance était telle qu'une marche rétrograde devenait indispensable. Je le chargeai de voir les autres membres du cabinet et de s'entendre avec eux.

Ceci était difficile, le cabinet manquait d'unité. le président, le marquis Dessolles, voyait avec jalousie l'amitié que je portais à M. Decazes ; il prétendait que les affaires étaient dirigées par le ministre de l'intérieur ; à ce premier grief il s'en joignit d'autres, si bien qu'on ne se concertait plus franchement sur les mesures à prendre.

M. Decazes ne me le dissimula pas. Je lui dis que mon intention était de mettre un terme à cette désunion. Je connaissais assez les talens de M. Decazes pour savoir qu'il serait très-capable de remplir les fonctions de la présidence. Pitt n'avait pas son âge, que déjà il gouvernait l'Angleterre ; or donc, si M. Dessoles ne s'accommodait pas du rôle que je lui assignais, il pourrait se retirer, son successeur étant déjà nommé dans ma pensée. Voilà où nous étions lorsque mon ordre relatif aux changemens à introduire dans la loi électorale, amena la dissolution du ministère actuel.

FIN DU TOME ONZIÈME.

TABLE DES MATIÈRES

CONTENUES

DANS LE TOME ONZIÈME.

Pages

Chap. I. Propos de M. de Talleyrand.—Le roi prouve son injustice.—Nouveau ministère à former.—Prévention du pavillon Marsan. — Liste qu'on y dresse.—Monsieur la présente au roi. — Plaisanterie qui mène à une conversation sérieuse.—Le président de Grosbois. — Marquis d'Herbouville. — Vicomte du Bouchage. — Suite de la conversation avec Monsieur.—Pourquoi le roi veut mettre M. Decazes à la police. — Et le baron de Vitrolles nulle part. — En quels termes le roi s'explique sur le comte Jules de Polignac. — Il instruit le duc de Richelieu de la dissolution du conseil.—Joie qu'en a le Czar. — Le roi a une sorte d'explication avec le duc de Richelieu sur des faits passés. — Conversation relative à la liste du pavillon Marsan. — Liste du ministère donné par le roi. — M. de Barbé-Marbois.—M. de Vaublanc. — Embarras pour trouver un financier parmi tant de faiseurs de chiffres.—Comte Corvetto. — Le conseil des ministres dans son complément. — Quelques détails. — Le roi nomme chambellan le prince de Talleyrand. . 5

Chap. II. Situation des affaires. — Balance du ministère en sa diversité d'opinion. — On veut imposer au roi un discours d'ouverture — Il punit une inconvenance par une plaisanterie. — Discours d'ouverture de la session de 1819.— prétention du duc de Richelieu.—Comment le roi la repousse. —On veut que la charte donne la fièvre au comte d'Artois. — Les principaux ultras à la chambre élective.— Parallèle entre le duc de Richelieu et le comte de Vaublanc.—définition d'un coup d'état. — Épisode du serment Polignac.— Physionomie de la chambre des pairs. — Comte Barthélemy.— Marquis de Fontanes.—Parti ultra.—Vicomte de Châteaubriand. — Petite guerre du prince de Talleyrand. — Majorité constitutionnelle dans la première chambre.—Comment les opinions divisées éclatent.—Que l'union aurait été le plus grand des biens.—Séguier aide le plus M. Decazes. . 22

CHAP. III. Fin présumée de la revolution. — M. Boissy d'Anglas demande au roi une audience secrète. — Conseil qu'il lui donne. — Que la France seule coupable du fait de la seconde invasion, n'a rien à reprocher au roi. — Traité du 20 novembre, signé à Paris.— Pourquoi le roi n'en parle pas. — Situation intérieure. — Les royalistes aspirent à trop de choses.—Fusion d'où sort le libéralisme. — Il adopte astucieusement La charte. —Ce qu'il veut faire du duc d'Orléans. —Anecdotes sur ce prince et les intrigues qui se forment autour de lui.—Suite des révélations faites au roi. — ..... Fin de sa conversation avec le duc d'Orléans. — Ce prince en Angleterre. —Madame la duchesse, sa mère, se rend son garant auprès du roi. — Monsieur parle aussi en faveur du duc d'Orléans. — Le roi maintient sa détermination. — Le duc d'Angoulême va dans le midi. — Noble discours de Monsieur à la chambre des pairs. — Opinions divergentes de MM. de Richelieu et de Vaublanc relativement aux libéraux. — M. Decazes comprend bien ce parti. — Ce qu'il en dit. 39

CHAP. VI. Que la position d'un roi est difficile. — Louis XVIII tient en 1815 la conduite qu'il devait tenir. — Sa sévérité opposée à celle de Buonaparte.—Les catégories militaires.—Détails sur l'évasion de M. de Lavalette.— Ce que le roi dit à une altesse. — Conversation avec M. de B..... — Il dénonce au roi une partie de

DES MATIÈRES. 339

son ministère. — M. de Barbé-Marbois aux prises avec la chambre des députés. —Distinction à faire dans les articles d'une charte. — Projet de la loi d'amnistie. — M. de La Bourdonnaye. —Son contre-projet.—Division dans le ministère.—Séance à la chambre des députés.— Le projet du roi est mal accueilli de M. de Corbières. **55**

CHAP. V. Suite des débats relatifs à la loi d'amnistie.— Réponse du roi au duc de Richelieu. — La France persiste à vouloir bannir les régicides. — Le roi cède. — Discours qu'il dicte au président du conseil. —Pourquoi il avait d'abord qualifié la chambre d'*introuvable*. — Loi des élections présenté par M. de Vaublanc à la chambre des députés. — La chambre en renverse les dispositions. —Anecdote de la lettre des quatre prélats pairs. — M. de Bausset. — Les pairs réformant la loi anticonstitutionnelle. — Le roi en fait préparer une seconde. — Le rameau d'olivier.— La chambre remanie le projet de loi. —Détails de la séance qui décide M. Lainé à se démettre de la présidence de la chambre élective. — Clôture de la session. . . . . . - . **72**

CHAP. VI. Causes qui déterminent le roi à retirer à M. de Vaublanc le portefeuille de l'intérieur. — Il explique sa position. — Ce qu'il avait promis à Monsieur. — Une phrase d'un discours de M. de Vaublanc détermine sa retraite.—Démarches de Monsieur en sa faveur.—M. de Barbé-Marbois est congédié. — M. d'Ambray reprend les sceaux. —Éloge des congédiés.— M. Lainé ministre de l'intérieur. — Mouvement à Grenoble. — Lettre du général Donadieu. — Le roi est trompé.— Il ne peut ramener à lui les libéraux. —Il se plaint des royalistes. — Conversation avec madame de..... — Nécessité de marier le duc de Berri. — A qui revient le trône de France à défaut de la branche aînée des Bourbons.—Le roi croit que c'est à la maison d'Espagne. —Que le duc d'Orléans régent l'a lui-même reconnu.— Que la couronne est à qui le peuple la donnera. **89**

CHAP. VII. Récit des démarches faites pour marier le

duc de Berri avant 1814. — Femme qu'on lui offre après sa rentrée. — Démarches de la cour de Russie.— De la cour de Vienne.—S. A. R. Caroline de Naples.— Le duc d'Avray et M. de Fougy vont la recevoir à Marseille.—Générosité du duc de Berri et du roi.—Maison de madame la duchesse de Berri.—Le maréchal de Reggio. — Le duc de Lévis.—Une des lettres de M. le duc de Berri à sa fiancée. — Une des réponses de la princesse. — Elle est reçue à Fontainebleau. — La vieille étiquette. — Ce qu'en dit le roi.—M. de Chabrol.—Cérémonie du mariage le 17 juin 1816. — Fêtes et amnistie.—Les ducs de Coigny, de Feltre, le marquis de Beurnonville, le comte de Viomesnil.—Le duc d'Orléans fait des démarches pour rentrer.—Sollicitation de la famille royale en sa faveur. — M. le marquis de L..... — M. de L..., banquier — Opinion du roi sur l'un et l'autre. 106

Chap. VIII. Le roi consent au retour du duc d'Orléans. — Ce qu'il dit à ce sujet.— M. Decazes. — Causes de l'attachement que lui porte le roi.— Pourquoi il gagne ce que perd le duc de Richelieu — Aveu important. — M. Decazes plaît au roi.—On a eu tort de le dire son favori.—Raisons qui le rendaient désagréable à certains.— Le roi imagine de dissoudre la chambre des députés.— Il en parle à M. Decazes.— Il veut inspirer cette pensée au duc de Richelieu. — Détails curieux sur ce fait. — Récit de la séance où la dissolution est décidée au conseil des ministres.— Secret gardé. — Conversation paternelle. — Préparatifs du coup d'état. — Préambule et texte de l'ordonnance du 5 septembre. — Effet qu'elle produit. 123

Chap. XI Résultats dans les départemens de l'ordonnance du 5 septembre — Ce que le roi dit à MM. Ravez et Bastard.—Mauvaise humeur de M. de Châteaubriand.— M. Michaud. — Mouvemens des élections. — Balance des députés. — principaux ultrà. — M. de Villèle commence à primer. Ce que le roi pense de lui. —Il promet la pairie à M. Decazes. — pamphlet, chansons— Dis-

DES MATIÈRES.

cours d'ouverture de la session de 1816. — Le paysan Martin et l'archange Raphaël. Générosités du roi envers le clergé. — Il fonde le chapitre royal de Saint-Denis. — Il relève l'ordre de Saint-Michel. — Quelques nominations. — Lois principales présentées à la session de 1816. — Celle des élections. — La famille royale cesse de siéger à la chambre des pairs. — Conversation à ce sujet avec Monsieur. 139

CHAP. X. Causerie intime avec madame de — Le roi se décide à retirer les sceaux au chancelier. — Audience qu'il lui accorde. — Combinaison ministérielle manquée. — Le baron Pasquier garde-des-sceaux. — M. de Serre. — M. Royer-Collard. — Le duc de Broglie. — Comme il est mystifié par M. Decazes. — Quelques députés. — Le marquis d'Argenson. — Le marquis de Chauvelin. — Le marquis de Lafayette. — Martin de Gray — Camille Jordan. — Malice que le roi n'a pas voulu faire aux libéraux. — Quelques membres de la droite. — M. de Villèle. — M. de Corbière. — M. de Castelbajac. — M. de Sallabery. — M. de Puymaurin. — A quelles conditions M. Decazes se serait rallié aux ultrà. — Le roi répare une inadvertance qui lui est échappée. — Les trois polices en présence. — Diminution de l'armée d'occupation. 156

CHAP XI. Retour du duc d'Orléans — Ce que le roi lui dit. — Comment je ferme la session. — Naissance et mort de la première fille du duc de Berri. — Conduite du duc d'Orléans. — Ce que lui dit le duc de Berri. — Sa réponse. — Histoire du concordat de 1817. — L'ancien évêque de Saint-Malo. — M. de Blacas le remplace à Rome. — Cardinal Gonsalvi. — Négociation. — Demandes du Saint-Siége. — Concordat de François 1er et de Léon X rétabli. — Surprise de M. Laîné. — Embarras du ministère. — Comment le roi vient à son secours. — Mouvement dans le conseil. — Le maréchal Gouvion Saint-Cyr remplace le duc de Feltre. — M. Molé à la marine. — Lettre du roi au comte de Blacas. — Qui se décide à venir à Paris.

— Le roi croit devoir une explication sur ce voyage au duc de Richelieu et au comte Decazes. 170

Chap. XII. Le roi rassure en particulier le comte Decazes. — Situation de la cour en apprenant l'arrivée de M. de Blacas. — Cause qui empêche le roi de lui rendre la place qu'il occupait. — Comment il le reçoit. — Autres changemens à son égard. — Chagrin du roi. — Le duc de Blacas retourne en Italie. — Comte Molé. — Faute politique de M. de Richelieu. — Le salon de 1817. — Tableau de l'entrée de Henri IV à Paris. — Le roi nomme M. Gérard premier peintre. — Ce qu'il dit à M. Girodet. — Réponse de celui-ci. — Mot sur les arts en France. — Le roi achète des tableaux et des statues. — Sa réplique à l'économie du comte de Pradel. — Le cardinal de la Luzerne. — Son éloge. — Ce que lui dit le roi. — Le cardinal de Bausset. — Mutations de Majorats pour la pairie. — Session de 1817. — Discours d'ouverture. 184

Chap. XIII. Curiosité qu'inspire le discours du trône. — Causerie à propos de M. Beugnot. — Loi sur la liberté de la presse rejetée. — Le concordat n'est pas mieux traité. — Loi de recrutement. — Débats qu'elle occasionne. — Le roi croit devoir en causer avec sa famille. — Il n'en a pas de satisfaction. — Ce qu'il dit au maire de Dijon. — *La Minerve.* — *Le Censeur européen.* — *La Bibliothèque historique.* — *Les Lettres normandes.* — *Le Conservateur.* — Comment le roi s'y prend pour les lire en secret ainsi que les autres brochures politiques. — Propos plaisant d'un des valets de pied. — M. Fiévée. — Il attaque durement le roi. — Réprimande que le roi adresse indirectement à qui de droit. — Il fait grâce à de vrais coupables. — Son opinion sur ce point. — Bouts rimés politiques d'une jolie femme. — Impromptu paternel d'un roi. 199

Chap. XIV. Le roi donne la pairie au duc Decazes. — Mot de Charles XIII, roi de Suède. — Détails sur lui, son neveu et le prince Bernadotte. — Mathurin Bruneau ou le neveu du roi en police correctionnelle. — Un autre

DES MATIÈRES.

Charles de Navarre à Charenton.—Incendie de l'Odéon.
— Mesures réparatoires en faveur de ce théâtre. — Le
duc d'Orléans devenu ultrà par amour de la propriété.
—Mot du duc de Berri renouvelé des Grecs. — Mot de
M. le prince de Condé. — Son éloge funèbre par une
main royale.—Propos heureux du duc de Brunswick.
—Le prince de Condé n'aimait pas le duc d'Orléans.
—Le roi le fait ensevelir à Saint-Denis. — Séjour à
Saint-Cloud. — Visite à la maison royale d'Écouen. —
Madame De Guengo. — Détails de cette journée.—Jolie
repartie d'une pensionnaire. —Visite à l'école militaire
de Saint-Cyr.—Ce quele roi dit aux jeunes gens. . . 214

CHAP. XV. Le coup de pistolet de Lord Wellington.—
Récit. — Révolution. — Avant-propos de la note secrète. — Scène assez amusante. — Récriminations. —
Ce que dit le roi. — *La note secrète.* — Ce qui
l'amène. — Faiblesse du parti ultrà.— Un mot heureux.
— Apparition inattendue du comte Decazes.— Ce qu'il
apprend au roi. — Colère. — Les ambassadeurs font
connaître au ministère ce que le roi sait déjà.— Propos
que le roi tient à madame de..... — Mathieu de Montmorenci. — *A laver la tête d'un maure on perd son
temps.* — Conspiration dite du *bord de l'eau*— Détails publics — Supplément inconnu. —

CHAP. XVI. Juste mécontentement de Monsieur.—Il fait 229
une scène au ministère. — Le roi traite moins sévèrement ses amis. — Monsieur vient au conseil.— Il s'y
plaint sans ménagemens. — Le roi lui répond avec tendresse. — La conspiration du *bord de l'eau* s'en va en
fumée. — Inauguration sur le Pont-Neuf de la statue
de Henri IV.—Réponse du roi à un discours de M. Barbé-Marbois. — Les feuilles de la Sibylle. — Fausse
couche de la duchesse de Berri.—Le roi marie le comte
Decazes.—Le comte Louis de Sainte-Aulaire.—Congrès
d'Aix-la-Chapelle. —Dispositions des puissances envers
la France.— Le roi envoie le duc de Richelieu au congrès. — Ouverture de celui-ci. — On y décide l'éva-

cuation de la France.—Le roi en reçoit la nouvelle. — Beau mouvement du roi.—Alliance secrète des puissances contre la France.—Chagrin que certains en éprouvent. 244

Chap. XVII. L'empereur de Russie et le roi de Prusse viennent voir Louis XVIII.— Détails à ce sujet. — Conversation intime avec S.M. le Czar.— Préparatifs de l'ouverture des chambres. — Ils sont entravés par les nouvelles idées du duc de Richelieu.—Réticence du roi. —Quelques députés. — M. Girod de l'Ain.— M. de Kératry.— M. Rodet. —M. Guilhem. — M. Manuel. —Comte de Bondy. — Général Grenier. — Marquis de Grammont. — M. Martin de Grai.— Baron Benjamin Constant. — Marquis Lafayette. —Menées du duc de Richelieu contre la loi des élections. — M. Roy est nommé ministre des finances sur la démission du comte Corvetto.—Séance d'ouverture de la session de 1818. — Discours du trône.— Discussion au ministère. — M. Ravez.— Conseil du cabinet. — Monsieur vient proposer au roi un ministère. — Le roi prophétise . . . 260

Chap. XVIII. Le roi envoie chercher le duc de Richelieu, qui lui annonce qu'il ne veut plus administrer avec M. Decazes. — Peine qu'en éprouve le roi. — Il sent la nécessité du concours de M. de Richelieu. — Il ne veut à aucun prix du prince de Talleyrand.— Nouvelle intrigue de celui-ci. —Au château on s'appuie sur son avis. — Il est conspirateur par nature, parce qu'il agit en secret. — Causes de division dans le ministère.— L'intrigue marche. — Démission donnée par MM. de Richelieu, Lainé et Molé. — Ce que dit le roi. —Démission du comte Decazes. — Embarras du roi. — Il évite de répondre au duc de Richelieu. — Il ne peut l'amener à s'accorder avec M. Decazes.—Celui-ci ne peut non plus aider utilement le roi. — Le duc de Richelieu écrit au roi ses conditions. . . , . . 276

Chap. XIX. Le prince de Talleyrand vient se montrer au roi, qui le devin et le mystifie.—Adresse de la chambre des Pairs.— Conséquences du gouvernement représenta-

DES MATIÈRES. 343

tif.— Noble désintéressement du comte Decazes. — Ce que le roi lui dit pour le consoler.—Il se décide à donner au duc de Richelieu la direction des affaires.— Son premier ministère échoue par le refus de MM. Lainé et Roy.— Comte Siméon.—Baron Cuvier.— Marquis de Lauriston.— M. de Villèle.— Le comte Mollien.— Refus de ces deux derniers. —Embarras du duc de Richelieu.— Il avoue au roi qu'il ne peut plus rien.— Néanmoins il donne un bon conseil au roi. — Sa Majesté revenue à M. Decazes. — Qui a un ministère composé à l'avance.—Le roi l'accepte.— Marqnis Dessolles. — M. de Serre. — M. Portal. — Désespoir des vaincus.— C'est la *seconde journée des dupes*.—Nouvelle intrigue du prince de Talleyrand.— Il use de son influence à la chambre des pairs, qui tourne contre la loi des élections.—Proposition de M. Barthélemy.—Détails historiques. — Les pairs adoptent la proposition. — Embarras du ministère. —Conseil qu'on donne au roi. 290

CHAP. XX. La situation du moment —Parti des *zelanti*. — Pouvoir qu'il prend sur Monsieur. — Le roi s'en plaint au cardinal de Bausset.—Pourquoi le roi n'admet pas tous les pairs éliminés en 1815. — Quelques noms. — Le comte Fabre de l'Aude.—Le duc d'Orléans donne une fête. — Ce que le roi lui en dit. — Nouveaux pairs. — Duc d'Escliguac. — Colère des ultrà. M. de Lamoignon. — Morale du cabinet. — Majorat du duc de Richelieu. — Certaines lois. — Clôture de la session. — Secret de M. Bignon. — M. Bavoux. — Le *jamais* de M. de Serre. — Commencemens de zizanie dans le conseil. — Comte Capo-d'Istria,— Ce qu'il vient faire en France, — Conjectures à son sujet. 305

CHAP. XXI. Le roi reçoit en audience publique des princes de Madagascar.—Le bâton de maréchal dans la giberne de tout soldat.—Succès que le roi obtient de sa visite aux produits de l'industrie. —Naissance de *Mademoiselle*. — Prétention de S. M. Ferdinand VII.— Ce que le roi répond à son agent.— Son projet relativement à la succession de M. le duc de Bourbon. — Mort de plusieurs têtes couronnées.—Réflexions.—Bruits menaçans contre M. le duc de Berri. — Révélation suspendue. — Le cheval de bronze du Pont-Neuf, un corbillard et un somnambule. —Récit du duc de La Châtre.— Les libéraux s'embardissent. — Comité directeur. — A la vue des élections le roi se décide à revenir sur la loi électorale. —MM. Lecarlier, Mechin, Foy, Labbey de Pompières, Taraire, Sébastiani, Bodin, François de Nantes, Sapey, Grégoire.—Effet que la nomination de ce dernier produit à la cour.—Lambrecht.—État de la France.— Complot libéral. —Ministère proposé par les orléanistes.—révélation de Cambacérès et de Barras. — Causes qui amenèrent la dissolution du ministère Dessolles. . . . 318

FIN DE LA TABLE DU TOME ONZIÈME.

www.ingramcontent.com/pod-product-compliance
Lightning Source LLC
Chambersburg PA
CBHW060459170426
43199CB00011B/1262